奥斯汀：
语言现象学与哲学

杨 玉 成 著

商 務 印 書 館

2013年·北京

图书在版编目(CIP)数据

奥斯汀:语言现象学与哲学/杨玉成著.—北京:商务印书馆,2002(2013.4重印)
ISBN 978-7-100-03454-8

Ⅰ.奥…　Ⅱ.杨…　Ⅲ.奥斯汀,J.L.(1911～1960)-哲学思想　Ⅳ.B561.59

中国版本图书馆CIP数据核字(2002)第008138号

奥斯汀:语言现象学与哲学
杨玉成　著

商　务　印　书　馆　出　版
(北京王府井大街36号　邮政编码100710)
商　务　印　书　馆　发　行
北京民族印务有限责任公司印刷
ISBN 978-7-100-03454-8

2002年7月第1版　　开本850×1168　1/32
2013年4月北京第2次印刷　　印张8¾

定价:25.00元

序

奥斯汀是二次大战后英国著名的分析哲学家,是所谓牛津派普通语言哲学的领袖人物,在英美哲学界有极大的影响。但是,奥斯汀的名字,直到上世纪80年代以前,对中国读者来说还是陌生的。近20年来,国内学术界对奥斯汀的思想、著作虽陆续有所译介、述评,但专门的论著迄今仍然少见。我高兴地看到,杨玉成同志致力于奥斯汀哲学研究,积数年之功,撰著《奥斯汀:语言现象学与哲学》一书,为弥补我国学界的这一缺憾做了一件有益的工作。

从书中可见,作者对奥斯汀的全部著作(量虽不可谓巨大,但读懂远非易易)做过很扎实的研究,对奥氏的思想有深入透彻的理解,因而对其哲学能做出相当全面完整的论述和阐释。人们或以为奥斯汀乃至整个普通语言派皆泥于一词一句、一事一例的支离而零碎的分析,似无理论而言,更无系统可寻。作者对这种误解力予澄清,指出奥氏的整个哲学是由具有内在联系和理论创见的三个部分组成的:语言现象学方法、言语行为理论和对传统哲学问题的语言分析。我以为这为读者总体地把握奥斯汀哲学提供了一个极有见地的精要的提示。

奥斯汀和牛津派的普通语言哲学出现后在西方哲学界曾遭致种种的批评,其中以罗素的批评最为尖锐。他指责这种哲学背离了二千多年来哲学家们以理解世界为己任的传统,只讨论各式各样的语言的用法,而不关注世界和人与世界的关系,不涉及"实质性(substantial)的问题”。为了纠正这种偏激的看法,作者在此书中专有一章论语言和世界的问题,为奥斯汀做了辩护。作者认为,奥氏的语言现象学不是纯语言研究,不仅关注语言现象,而且关注语言之外的经验现象或世界。他以语言分析的方法所探究所处理的正是或者说主要是若干重要的传统的哲学问题,如现象、实在、一般、个别、物质事物、感觉材料、知识、真理等等。而且作者对奥斯汀使用的与语言相对照的有关世界的词语(如实在、事物、现象、事实、事件、事态等等)及我们用语言谈论世界的方式(尤其是他独创地提出的言语行为理论)有很细致的介绍和说明,令人信服地指出奥斯汀的语言分析虽然主要是在语言层面上对这些哲学范畴进行意义的分析,而不是对它们做本体论或认识论的“实质的”研究,但绝非与世界了不相关。不过,这里有一个似应论及而作者暂且未予深究的问题,即语言和世界究竟是什么关系?何以可用我们的语言谈论世界?这是一个关乎奥斯汀及牛津派的基本哲学倾向的根本性的问题。也许我们并不能从奥氏著作中直接找到明确的回答,但在他的弟子那里对此却有明白的表述。例如,塞尔说,“世界是按照我们区分它的方式而区分的,而我们区分事物的主要方式是在语言中。我们关于实在的概念是一个语言范畴的问题。”语言并非如实在论者设想的那样是世界的图像或摹本(奥斯汀和所有普通语言派的人都反对这种语言观),反之,我们是“通过语言的范畴来经验世界,这些范畴帮助我们赋予经验本身以形式”,诚然世界不是语言创造的(塞尔说“我不是说语言创造实在”),但是世界之具有被我们所经验的形式,世界之成为我们所经验的对象,却是由语言范畴所塑造的。(参阅 Magee,*MEN OF IDEAS*,pp.183-185)在这个意义上,世界作为经验的对象与经验的语言范畴是同时成立的，正如在康德那里作为知识对象的现象世界与知识的诸范畴形式是同时成立的一样，我们用语言谈论世界之所以可能，其秘密即在于此。这或许可以称之为一种现代形式的康德主义。

奥斯汀的哲学被称为普通(或日常)语言哲学，“普通”二字尤为批评者所诟病，其注重普通语言被讥为对语言的“普通用法”的一种盲目“崇拜”，“把哲学弄成了琐屑不足道的东西”。作者在此书中谈到奥斯汀关于普通语言的看法，指出奥氏并非迷信普通语言，而是也看到普通语言有这样或那样的缺陷，“所以，奥斯汀认为，我们在强调现实语言的事实时，又不能满足于普通语言，不能因发现了‘日常用法’而自满”，这个评论是公允的。同时作者又指出，奥氏正是通过对普通语言、对语言的普通用法的研究揭示了语言的多功能性，纠正了以往哲学家尤其是所谓理想语言派的分析哲学家们以描述为语言的首要乃至惟一功能的简单化的观点，这确是奥斯汀和普通语言派在哲学上的一大贡献。当然我们似亦不能不承认奥斯汀们对普通语言的强调有其褊狭之处。他们都拳拳服膺维特根斯坦《哲学研究》中的一句箴言：“我们把语词从其形而上学的使用重新带回其日常的使用。”在他们看来，尽管普通语言可以有这样那样的缺陷，但是普通语言的用法对于哲学来说却有一种规约的作用。他们认为，哲学与各门科学不同，后者可以有其专门的术语，这些术语可以有其自己的特定的涵义，而哲学则没有也不应该有其专门的术语，哲学的词汇都是从普通语言来的，但是哲学家们赋予它们以不同于普通用法的异常的涵义，这就违背了普通语言的使用规则，从而造成了混乱，引起了种种争论不休的哲学问题，如果哲学家们能按照普通语言的用法使用语词，这种种问题似乎就自然消解了。例如奥斯汀讨论“实在”一词，列举了这个词在普通语言中的各种用法,其中绝无哲学家们所谓与现象对立的形而上学的涵义,于是实在与现象这一对范畴作为对普通语言的误用而被消解了。这样,奥斯汀实际上是用所谓普通语言限制人们对语言的哲学的使用,也就是限制人们对世界进行更深沉更精湛的深求,使人的认识停留在、局限在日常生活和普通常识的水平。就此而言,他的哲学恐难免贻人以“浅薄”之讥。

陈 启 伟

2002 年 3 月于北京大学畅春园

目　录

导　论

奥斯汀(J. L. Austin, 1911－1960)是二战后英国最有影响的哲学权威之一，是现今在语言哲学和语言学中已很著名的言语行为理论的首创者。自奥斯汀逝后，西方学者对言语行为理论的研究越来越深入细致，已使之成为语用学的一个重要组成部分。他们当中许多人对奥斯汀的兴趣主要偏重语言学方面，倾向于把奥斯汀的后期著作看作是与哲学无关的语言学著作①。这种从语言学方面对奥斯汀的研究当然是有意义的。因为奥斯汀本人就曾经暗示他的语言探究不仅有其哲学上的目的，还有语言自身方面的目的，他甚至希望对语言的全面、详尽的研究可以导致一门新的语言科学的建立，以便超越和取代传统的哲学家、语法学家和语言学家在该领域所做的一部分工作(参看 1956b, 232，关于本书的引注的说明详见本导论的最后部分)。

当然，总体上说，本书的兴趣不在"语言科学"方面，而在哲学方面，在于作为哲学家的奥斯汀。诚然，奥斯汀是作为一名卓越的古典语言学者步入哲学之门的，他在哲学上诸多新颖的原创性的

---

① 奥斯汀对语言学界的影响甚巨。西方学者的语用学方面的著作几乎都要论及他的言语行为理论，而对言语交际理论的研究更是离不开奥斯汀。中国语言学界在 70 年代末就已注意到奥斯汀，许国璋先生在《语言学译丛》第一辑(中国社会科学出版社，1979 年)就已摘译评介《如何以言行事》一书。中国哲学界对奥斯汀的评介工作似乎要晚一些。

洞见肯定在很大程度上得益于他在语言方面的高度敏锐。他终身对复杂的语言现象保持高度的兴趣,不时在其哲学论文和演讲中插入与论题相关的细致的语言研究。但是,奥斯汀对语言所做的探究毕竟与经验语言学家的纯语言研究不同,他的语言探究是有其哲学上的目的或意图的。他对语言的某些表达式的意义和用法的极其细微的差别所做的具体的、详尽的研究是因为这些表达式与传统哲学问题有密切的联系,而他的言语行为理论对语言所做的概括性研究也是从哲学角度对语言的本质所作的探讨。因此,尽管奥斯汀不赞成把他对语言所作的探究称为“语言分析哲学”或“分析哲学”,认为这类名称引人误解,但他明确承认他从特殊的观点对语言所作的研究具有哲学上的意义或重要性。正是在这个意义上,他把他对语言所作的探究看作是做哲学的一种“方法”或“方式”,即通过语言探究来处理某些传统哲学问题,他提议为避免误解最好把这种做哲学的方式称为“语言现象学”(linguistic phenomenology,参看 1956a, 182)。

奥斯汀对“语言现象学”这一名称未详加解释,但有一点是明确的,即“语言现象学”研究的是“什么时候我们会说什么,在什么情况下我们会用什么词”(1956a, 182)。这种研究实际上就是语言使用的研究①。在这种研究中,我们不仅要盯住语词,还要盯住我们使用语词所谈论的实在,“我们是在运用对语词的敏锐觉察去

---

① 奥斯汀所使用的“use”一词实际上相当于“employment”(使用),在不严格的意义上也可译为“用法”,但应注意“用法”(use)与“惯用法”(usage)之间的不同,对前者的研究要考虑使用者的意图以及使用情境因素,后者相当于使用规则,对它的研究是语义学家的事。可参看赖尔的“日常语言”一文,载查佩尔(V. C. Chapell)编的《日常语言》,纽约,多佛出版有限公司,1964 年。

磨锐我们对现象的知觉”(1956a,182)。因此,奥斯汀的“语言现象学”不是纯语言的研究,它不仅关注语言现象,还关注语言之外的经验现象。对语言的研究和对实在的研究不仅不相互排斥,而且实际上二者是相互促进、相互补充的。一方面,“对体现在日常语言中的微妙区分的澄清同样阐明了世界中的区分”①,因此,研究语言使用上的细微差别有助于理解实在;另一方面,研究实在或经验现象的多样性和复杂性又可以帮助我们认识语言的“不适当”和“任意性”,有利于避开语言给我们设置的陷阱。

正因为“语言现象学”在理解语言和理解实在两个方面都有积极的作用,因而它对传统哲学来说是重要的,它会导致某些哲学上有重要意义的结果。借助这些结果,某些传统哲学问题可以得到解决或得以消除。正是在这个意义上说,语言探究是处理哲学问题的一种特殊的“方法”或“途径”。从实际情况看,奥斯汀首先注意的是语言现象学的哲学后果,而它为新的语言科学奠定基础乃是第二步的或将来的目标。对于这个第二步的目标,他谈的很少,大致只有一种模糊的构想,并未付诸实施。有人认为奥斯汀在《如何以言行事》中几乎达到“语言的科学”②,这种说法毕竟有些夸张。实际情况是,奥斯汀仅仅在《如何以言行事》中论述到他的“一般的”言语行为理论,他对这个理论并不感到满意,仅仅承认它足以摧毁真/假偶像和价值/事实偶像(参看 Words, 150),而未宣称它是新的语言科学之雏形。由此看来,他的言语行为理论不仅是

① 威茨 (Morris Weitz) 编的《二十世纪的哲学:分析的传统》,纽约,自由出版社,1966 年,第 327 页。

② 约翰·巴斯摩尔 (John Passmore)《哲学百年》,伦敦,企鹅图书公司,1966 年,第 455 页。

对语言的本质所作的探究,不仅是一种语言哲学,它同时还有一般的“哲学意义”,可以用于处理传统哲学问题,尽管奥斯汀并未详细讨论它的哲学“后果”,而把它在哲学中的有趣运用留给读者自己去思考(参看 Words, 163)。

对于语言探究的哲学“后果”,奥斯汀是有自觉意识的,因为他所研究的大多是与传统哲学有关的语词的使用,以便求得某种“结果”。在他从 1947 年起所作的有关知觉问题的演讲中,他就兼研究知觉语词和知觉事实,并以他的结果检验传统的知觉理论的论证(参看本书第四章)。在 1956 年的“为辩解辩”一文中,他明确指出对辩解词族的研究“尤其对道德哲学做出特殊的贡献,在肯定方面提出了一种谨慎的现代行为观点,而在否定方面又纠正了从前的一些比较草率的理论”(1956a,177－178)。在 1956 年的“如果和能够”一文中奥斯汀强调指出,他对“ifs” 和“cans”的研究之所以重要的理由之一就是它们与哲学上的决定论问题有关,因而他的研究是以一定的哲学问题为背景的,是有哲学意图的(参看 1956b, 231)。即使在其“语言味”最浓、并在后来确实极大激励语用学研究的言语行为理论中,奥斯汀也时时意识到他的工作与传统哲学事业的关系。另外,尽管奥斯汀主张运用他的语言探究技术的初学者应该选取离传统哲学较远的话题,但他本人所加以详察的“知道”、“相信”、“是真的”、“看起来”、“真实的”等等,都是哲学家们的常用词汇,即便是他认为较少受哲学践踏的辩解词族,也因其与责任和自由问题有关而受青睐。由此看来,奥斯汀的语言探究的哲学用意是很明显的。

当然,奥斯汀的语言探究的哲学后果是双重的,既有肯定面又有否定面。前段已提及辩解词族研究对于道德哲学的肯定性后果和否定性后果。事实上,他对其他语词的研究也有这两方面。从否定方面看,奥斯汀对传统哲学的几乎所有的概念都提出质疑,共相、殊相、个体、物质事物、感觉材料、知识、真理、自由、行为等术语无不受他的挑战,而感觉材料和物质事物、共相和殊相、事实和价值、真和假、现象和实在、描述话语和评价话语、分析判断和综合判断等拙劣的二分法的思维模式无不受到他的批评,这就是说,他对传统哲学的否定态度极为彻底,不愿意接受传统的范畴框架,甚至不愿意接受传统的哲学问题,用他自己的话说,就是大量传统难题或错误可以被消解或消除(参看 1956a, 180);从肯定方面看,他致力于寻求哲学上的“新的开端”,力图厘清一些哲学概念的真正内涵,使知识、真理、行为等问题在新的阐释中获得新生。他通过对传统哲学问题进行批判性的考察,改变了问题的提法和思考的框架,拓展了解决问题的思路,因此,他不是哲学的取消者,而是革新者。比较而言,奥斯汀更注重肯定面,而视否定面为“附带的结果”,终究也是服务于肯定面的,因为破毕竟是为了立。因此,奥斯汀对哲学的总的态度是积极的,他力图使问题变得清楚,从而明确解决问题的方向,用他自己的话说,他使哲学研究获得“积极的新开端”(1956a, 180)。

总之,奥斯汀的“语言现象学”是他对语言的使用所作的一种特殊的探究,这种探究的最切近的努力是获取哲学上有启发性的结果。本书的主题就是探讨奥斯汀的这种语言探究及其在哲学上的有教益的方面,探讨它在哲学观念上所带来的变革和创新。当然,应该注意的是,奥斯汀与那些主张所有的哲学问题都因“语言”而产生的“语言分析哲学家”(linguistic philosopher)不同(参看本书第一章第二节),他并不主张所有的哲学问题都是语言问题,也不认为语言探究是解决哲学问题的惟一合法的途径，因此，他在哲学探究中也不仅仅运用所谓的“语言现象学方法”。他所探讨的大多是“实质性”的哲学问题，如知觉问题，真理问题和知识问题等，这些问题都需要实质性的讨论，而不能仅仅停留在语言层面上。因此，尽管他偏爱从语言探究开始的方式，但也常偏离语言现象学的步骤，直接面对哲学问题作实质性的议论，如在知觉问题上他就揭示了艾耶尔企图把世界观念化的唯心主义的隐秘动机。因此，尽管本书的课题重在探讨奥斯汀的语言现象学及其哲学后果，但并不固执于由语言现象学步骤所推出的哲学结果，也不细究奥斯汀的语言辨析的细节，而主要着眼于问题的实质方面，着眼于奥斯汀所持的哲学见解。

还有两点需在导论中加以说明，其一是奥斯汀的思想渊源问题，其二是奥斯汀哲学之内在关联问题。与维特根斯坦不同，奥斯汀是个学者型的哲学家，有深厚的哲学史功底，对西方哲学史上几乎所有的大哲学家的学说都极为熟悉，在他为数不多的公开发表的论文以及演讲稿中几乎提到所有大哲学家的名字，并几乎是顺手拈来就可以加以点评。我们很难确定他究竟受了哪些哲学家的思想影响以及影响的程度如何。大致说来，亚里士多德、莱布尼茨、弗雷格、穆尔、柯克·威尔逊、A.普利查德等人的思想或多或少在奥斯汀的思想中有痕迹，而柏拉图、贝克莱、休谟、康德、罗素、艾耶尔等人的思想则主要是他的批评对象。从大的思想背景看，奥斯汀所属的当然是英国经验论传统。在英国理智传统上根深蒂固的是一种对具体性和个别性的感觉，一种对抽象和夸大其词的概括的不信任。这种传统与欧洲大陆的抽象、思辨的理性论传统形成鲜明的对照。从20世纪分析哲学传统内部看，奥斯汀显然不属于以罗素、前期维特根斯坦、卡尔纳普、塔斯基、蒯因和戴维森等为代表的理想语言派传统,而属于穆尔开创的普通语言派传统,除奥斯汀外,属于这个传统的重要哲学家有赖尔、后期维特根斯坦、威斯顿、斯特劳森、塞尔等。当然,在我看来,由于奥斯汀思想高度的独创性,细究他的思想渊源可能收效甚微,因此,本书不拟专门讨论他的思想与前人或同时代人的关系,而是直接进入主题,在讨论具体的相关问题时顺便讨论他与其他哲学家的思想关联。

关于奥斯汀思想的内在关联问题,有人持否定的意见,认为奥斯汀对哲学问题的探究是一系列相互独立的探究,彼此之间没有多少联系,因而要对他的"哲学"给予系统的说明是不可能的①。我不赞成这种否定意见。在我看来,奥斯汀的整个哲学是由相互密切联系的三个部分组成的:其一是他所独创的日常语言的探究方法,即语言现象学方法,这是他整个哲学的前提和基础;其二是他比后期维特根斯坦和赖尔更鲜明地用这种方法来探求对语言的本质的认识,其结果是著名的言语行为理论,这项工作通常被看作是语言哲学(philosophy of language)工作的一部分,而言语行为理论可以看作是他的语言哲学,即他的"语言现象学"的理论部分;其三是他运用自己的方法探究传统哲学问题,尤其是知觉、真理、知识、行为等问题,这项工作就是通常所说的"语言分析哲学(linguistic philosophy)"的工作,这可以说是"语言现象学"的具体运用部分。从时间顺序看,奥斯汀先做的是第三方面的工作,而只是到后期才形成他的语言哲学理论,即言语行为理论;但从逻辑顺序

---

① 参看保罗·爱德华(Paul Edward)主编《哲学百科全书》中的"Austin"词条,伦敦,麦克米伦出版公司,1967年版,第212页。

看,语言哲学理论应是在先的,因为对语言性质的看法影响了他对特定哲学问题所作的语言分析,如他的知识概念分析就严重依赖于他的"施事话语(performative utterance)"概念,尽管当时他尚未形成系统的言语行为理论。

本书所采取的是逻辑顺序,先讨论奥斯汀的方法(第一章)。然后讨论语言和世界的关系(第二章)以及语言与行为的关系(第三章)。实际上,语言和行为的关系是语言和世界关系的一个方面,因为行为是可见世界的一部分。其区分在于语言和世界的关系是间接的、抽象的和不固定的,它必须通过言语行为来实现;而语言和行为的关系则是语言和世界的现实联系,即语言和世界在言语行为中的结合。奥斯汀区分了语言和言语,把言语的本质看作是人类的行为,从而也就把语言看作是人类行为的一部分,看作是可见世界的一部分。奥斯汀欲破除语言和世界的严格的二分法,语言和行为的关系是他关心的重点。最后,我还要依次讨论奥斯汀对知觉问题、真理问题、知识问题、伦理问题所作的探究(分别构成第四、五、六、七章)。为了便于读者进一步了解奥斯汀的生平和哲学活动情况,提供有关奥斯汀思想的一些背景材料,我还选择摘译了与奥斯汀关系亲密的学生或合作者的几篇有关纪念文章,置于正文之后,构成附录Ⅰ、Ⅱ、Ⅲ、Ⅳ、Ⅴ。关于文中的注释,奥斯汀著作的引述采用文中注,其余均作为当页脚注,脚注中引述的英文原著翻译为中文,英文目录详见书后参考书目。S & S代表*Sense and Sensibilia*(《感觉和可感物》,牛津大学出版社,1962年),Words代表*How To Do Things With Words*(《如何以言行事》,牛津大学出版社,1962年版),*Philosophical Papers*(《哲学论文集》,牛津大学出版社,1979年版)中的论文标出写作年代,没有

明确写作年代的直接标出在该论文集中的页码。有关论文写作年代如下:

1939:"有先天概念吗?"(Are There A Priori Concept?)

1940:"一个词的意义"(The Meaning of a Word)

1946:"他人的心"(Other Minds)

1950:"真理"(Truth)

1953:"如何谈论:一些简单的方式"(How to Talk—some simple ways)(简记"如何谈论",'How to talk')

1954:"对事实的不公正"(Unfair to Facts)

1956a:"为辩解辩"(A Plea for Excuse)

1956b:"如果和能够"(Ifs and Cans)

1956c:"施事话语"(Performative Utterance)

1958:"伪装" (Pretending)

论文年代之后的页码是《哲学论文集》(1979 年版)中的页码。例如"1950,120"就读作:"真理"、《哲学论文集》的第 120 页。

第一章 “语言现象学”作为一种哲学方法

导论中已提及，奥斯汀的“语言现象学”是对语言使用的研究。它包括对某些特定的表达式的使用作具体的研究和对一般的使用语言的方式作概括性的研究。前者是处理某些传统哲学问题的方法之一，其结果是传统哲学问题的消解或转换；后者则是对语言的普遍特征或本质的研究，其结果是一般的语言理论或语言哲学理论。因此，“语言现象学”既是一种哲学方法，又是一种有关语言使用的一般理论。本章主要讨论作为哲学方法的“语言现象学”，而把作为一般语言使用理论的“语言现象学”留待第二章和第三章探讨。

第一节 奥斯汀的一般哲学概念和哲学方法概念

在讨论奥斯汀的语言现象学方法之前，我们有必要先弄清奥斯汀头脑中对哲学的性质和方法究竟持有什么样的一般概念？在1956年的“如果和能够”一文的结语部分，奥斯汀写道：

“在人类探究的历史中，哲学拥有当初的中心太阳的地位，潜含待发而又混乱喧嚣，它不时甩掉自身的某个部分使之成为一门科学，成为一颗冷却的、秩序井然的行星，坚定地朝着遥远的最终状态前进。很久以前,数学就这样产生了,而后又产生了物理学;只有到上个世纪我们才又一次目睹了同样的过程,通过哲学家和数学家的共同努力,数理逻辑科学缓慢而又几乎难以察觉地产生了。在下个世纪,通过哲学家、语法学家和许多其他语言研究者的共同努力,难道不可能产生一门真正的、全面的语言科学吗?到那时,我们将以我们曾经能够摆脱哲学的惟一方式(即把它明升暗降),摆脱掉哲学的一个更大的部分(当然,还会有许多东西剩下)”(1956b,232)。

这段引文表明奥斯汀意识到过去在“哲学”名义下所作的那些探究,实际上是对许多不同类型问题的探究,而且这些最初的哲学探究是一种前科学状态的探究,它们通常处于混乱的争论之中,在历史的发展过程中,它们当中的某些问题的讨论渐趋成熟,已经从哲学中独立出去,成为有序前进的具体科学,而对其他问题的探讨仍然处于纷争之中。但是,除了强调哲学是养育各门科学的温床,而某些科学已从所谓“哲学”中分化独立出来这样一个基本的事实之外,奥斯汀对哲学的性质并没有什么正面的系统的一般见解,相反,他对哲学却有许多否定性的意见,认为哲学家们总是争吵不休,达不到任何一致的意见,处于混乱状态似乎成了一个问题之为哲学问题的标志,而粗心、草率、固执的创新倾向、依赖于定义不明确且不可靠的专门术语的倾向、过分简单化、过早的概括以及对非此即彼的二分法的偏爱等,不仅是哲学家易犯的职业病,而且简直可以说是哲学家所从事的职业(参看 Words,38/1956c,252)①。

---

① 还可参看瓦诺克(G. J. Warnock)《J. L. 奥斯汀》,伦敦,劳特利奇出版社,1989年,第9页中对哲学家过失所作的概括。

基于上述的对哲学的“否定性”的理解，对奥斯汀而言，他的任务有两个：一是充当新的语言科学的助产士，使哲学对语言所作的探究成为语言科学的一部分；二是努力澄清尚处于混乱之中的某些哲学问题，使其中的一些似是而非的问题因此得以消失，使被歪曲的问题得以修正，为问题的解决寻求新的开端。需要做第一方面工作的理由是，在奥斯汀看来，既然哲学的探讨并没有自身所固有的一般性质，而是对诸多异质问题的前科学状态的探讨，因此，哲学家的一个重要任务就是促使对某些问题的探讨走向成熟，让更多的东西从哲学的混乱局面中摆脱出来，成为独立的科学。由于传统的哲学家和语言学家两方面对语言资源和语言问题都缺乏全面的、彻底的研究，也由于奥斯汀自己所感兴趣并擅长处理的是语言，因此，他希望对语言的研究从哲学中独立出来，摆脱混乱局面，成为井然有序的科学。这是他所设想的长远的目标，而他的言语行为理论也许可以说是他在这方面工作的初步的尝试。

奥斯汀的第二方面的任务实际上就是为哲学清扫地基。需要做这方面工作的理由是，未并入科学而继续被称为“哲学”的那些问题仍然处于混乱之中，造成这种混乱的原因很多，但至少部分是由问题的不清楚造成的，因此作某种程度的清理是必要的。在奥斯汀看来，现实的情况是哲学家对如何回答哲学问题缺乏一致的意见，他们的论证总是表现为驳斥和反驳斥，人们在哲学的无休止的论战和争吵之中似乎看不出它有什么进步。哲学的这种混乱的景象与科学的井然有序形成鲜明的对照，其暗淡的现实状况使奥斯汀受到很大的刺激，但他不相信这种混乱的状况是无望改变或无可救治的。尽管无结论和争吵确实是哲学的实际表现，但无论如何，这不是哲学所固有的本质特征。哲学上的不断的争吵是由哲学家们所易犯的一些过失造成的，一方面是由于他们的专门术语的含混不清和对普通语词的滥用，另一方面则是由于他们对事实的概括过于简单化。这两方面的过失即便不是有缺陷的人类所能完全消除的，但至少可以通过诚实的努力而得以减少。总之，哲学给我们带来的是一些很有争议的难题，这些难题需要得到小心的处理，至少需要得到澄清，这是摆脱哲学混乱的第一步的工作。

奥斯汀的上述两个方面的任务都与对语言的研究有关——为语言科学做准备必须包含语言的研究自不必说，而消除哲学混乱也必须详细研究某些语词的意义和用法，以揭示哲学术语之不适当和哲学家对普通语词的滥用——因此，奥斯汀在实践中通常通过对语言使用的详细研究来处理问题。当然，奥斯汀所关注的语言是我们通常所使用的普通语言，在"为辩解辩"一文中他还对从普通语言出发的"语言现象学"方法进行了理论上的反思和辩护(详见下节)。然而，由于奥斯汀对哲学问题的性质没有正面的一般见解，因而他在对如何处理这些问题的方法问题上也没有系统的看法。尽管他坚持适当的哲学方法应包含对语言的研究，但他的看法并不独断，并不坚持对语言的研究是惟一的适当的哲学方法，而只是坚持它是"可能的做哲学的一种方法"①。因为，在他看来，既然"哲学"所涵盖的是一系列完全异质的探究，这些探究就不会具有任何单一的目标，因而也不大可能共有任何单一的方法。因此，他并不预先制定任何普遍的方法原则，而倾向于认为哲学家们可以采用他们各自认为有效的办法讨论哲学问题。他自己则经

① 参看厄姆森（J.O.Urmson）"J.L.奥斯汀"一文，载《哲学杂志》，第62卷1965年，第500页。

常采取他所熟悉的语言探究的方法来处理他所感兴趣的一些哲学问题。

当然，尽管奥斯汀对哲学方法并没有系统的概念，但他在对如何“做哲学”或如何处理哲学问题这一问题上，还是有其明确的态度和一般倾向的。他强调要不惜一切代价防止“哲学”的过于简单化(参看 Words, 38)，主张对语言现象和经验现象作尽可能详尽的研究和描述，这种对语言和现象的详尽的研究需要敏锐、头脑清楚、仔细和耐心等必要的品质，还需付出艰苦的劳动。另外，尽管奥斯汀不认为有惟一的、标准的哲学方法，但他坚持无论哲学家采取什么方法讨论哲学问题，这种讨论都应该是合作的讨论，即许多人的协作探求，通过协作者对定义明确的问题所作的讨论来达到可靠的一致意见。奥斯汀不大相信哲学上的个人天才和单个人的苦干，认为哲学的目的如果不是为制造某种个人影响或某种“文学的”效果，而是要在某些问题上取得结论的话，那么，最好的方式应该是合作的、耐心的讨论。在讨论“辩解”问题时，奥斯汀特别强调“发现的乐趣、协作的快乐和取得一致意见的满足”(1956a, 175)。因此，奥斯汀在有关做哲学的方式上的一个重要的态度是主张讨论，即为达到共识、为把事情做好的仔细的批判性的讨论。他的“语言现象学”就是一种批判性讨论的方法，它在实际操作步骤中所表现出来的一个重要的特征就是批判性的讨论，即由一组人相互协作地劳作并相互批评、相互修正，最后在某些点上达成共识。无论这种共识多么微小，但在奥斯汀看来，达成共识总是意味着进步。下面开始具体讨论奥斯汀所提出的语言现象学方法。

第二节　语言现象学方法的提出及其理论辩护

导论中已提及,奥斯汀把他的语言探究看作是一种适当的哲学方法,他对这种方法的惟一的肯定性的建议是称之为"语言现象学"。奥斯汀只是非常简短地谈到他的提议的理由。他认为,由于"日常语言"、"语言分析哲学"(linguistic philosophy)①、"分析哲学"、"语言分析"等诸如此类的口号或名称的流行,极易使人们对他的语言探究产生误解。为了避免误解,他提出最好用"语言现象学"作为他的哲学方法之名称,因为他的语言探究与通常所谓"语言分析"不同,他的"从日常语言出发"的语言现象学方法考察的是"什么时候我们会说什么话,在什么情况下我们会什么词"(1956a,182),这种考察所注意的不仅是我们的话(或语词),它还关注说话的境况以及我们用语词意指的东西,即关注语言之外的实在或现象。这表明奥斯汀是重视"实在问题"的,不是常被指责为过分着迷于语言问题的"语言分析哲学家"。

无论如何,从奥斯汀的简短说明中,我们可以得到一些启示。首先,他把他的语言探究称为"语言现象学",这表明他力图把语言

---

① 把"linguistic philosophy"译为"语言哲学"或"语言学哲学"似乎都不妥当,因为前者无法与"philosophy of language"区分开,而后者无法与"philosophy of linguistics"区分开。关于"philosophy of language"和"linguistic philosophy"之间的区分可参看塞尔(John Searle)《语言哲学》(牛津,牛津大学出版社,1971 年)的导言部分和《言语行为》(剑桥,剑桥大学出版社,1969 年)的第一章。

使用的研究上升为一种系统的理论研究，而不像维特根斯坦等人所做的零碎的“治疗性的”研究，这暗示了他想把语言使用研究纳入将来的扩充了的语言科学的远景目标。他所提出的描述语言的某些重要概念，如言语行为概念，可能会在语言科学的发展中扮演重要的角色。其次，“语言现象学”是一种提醒哲学关注事实的方法。奥斯汀对语词的敏锐的觉察是为了磨锐对现象的知觉，就是说，他对某些表达式用法的细微差别的关注是为了使人想起世界中的事实的区分，因而，这种关注具有哲学上的重要性。例如，传统哲学以简单化的方式处理了大量的有关知觉和行为的复杂事实，而奥斯汀对涉及知觉和行为的语词的用法作详细的比较和区分的目的是，使人们以具体的方式认识到与知觉语言和行为语言有关的各种复杂的境况。在这方面，奥斯汀和后期维特根斯坦有相似之处，他们都希望哲学关注世界，并且都主张关注日常话语，关注我们非反思地描述世界的方式。因为关注日常话语有双重的作用：其一，它是一种提醒的方法，即对日常语言的反思能使人们认识到世界中的区分；其二，语言本身是世界的一部分，是人的世界的一部分，哲学应理解这个世界，而不是去制造大量过分简单化的理论。再次，对回到事实的关注暗示奥斯汀的“语言现象学”与欧洲大陆的现象学似乎有某种关联。他的语言现象学的目的在于消除妨碍我们重新察看世界的概念框架，这与欧洲大陆现象学“以新的、没有妨碍的方式重新察看世界和我们的经验”这个口号极为相似。因此，他的“语言现象学”这个提法应该有来自欧洲大陆的“世界现象学”方面的依据和激励。不过，正如塞夫（Walter Cerf）所指出的，奥斯汀头脑中的现象学概念似乎不是胡塞尔的先验的建构性现象学,而是胡塞尔追随者的普通的描述性现象学。①

当然,奥斯汀自己并未解释他是在什么意义上使用"现象学"一词的,更未说明它与欧洲大陆的"现象学"有什么关联。也许正因为如此,"语言现象学"这个名称在研究者中并未得以流行。我把这个名称用于本书题目是因为它是奥斯汀对他的语言探究工作所做出惟一的肯定性说法。我把它与"语言的使用研究"同义使用,不细究它有什么特别的意味。我认为,从奥斯汀实际所做的工作看,他的"语言现象学"包括两个方面:一是特定术语的语言现象学,即对特定术语的使用所作的研究,这主要是处理哲学问题的一种方法;二是一般的语言现象学,即对"语言的使用"作一般的系统的研究,这主要是对语言的本质所作的探讨,是一种普遍的语言理论或语言哲学。

尽管奥斯汀明确宣称"语言现象学"是一种哲学方法,但由于他对这个名称未作明确的解释,因此,在有关他的哲学方法问题上

---

① 塞夫是注意到奥斯汀的语言现象学与欧洲大陆现象学之间的关联的少数研究者之一,他的看法尽管有发挥成分,但还是颇有启发性。在"对《如何以言行事》的批判性考察"一文中,他认为,奥斯汀思想的一些方面和现象学家以及生存主义者的某些先见有密切的联系。如他的描述态度受现象学家影响,而他的要求考察"在总体情境中的总的言语行为"这种整体主义与英国传统的原子主义相冲突,而与从海德格尔到梅洛-庞蒂的生存主义相一致。另外,他的语言现象学要求消除传统的语言观,以便重新察看人类在诸情境中即在世界中如何运用语言,因此,他的语言现象学,不同于通常的逻辑分析或语言分析,而与生存论分析有同调之处,因为语言是人类所特有的,运用语言是人类区别于动物的一个本质特征。在塞夫看来,奥斯汀的语言现象学与欧洲大陆的"世界现象学"相对应,并且以世界现象学为基础。他还指出,从奥斯汀的言语行为分析到汉普舍尔的《思想和行动》这条道路与从胡塞尔到海德格尔这条路相似,这两条路都通向生存论分析。塞夫的该论文初发于《心》杂志(1966 年),重印于范光棣(K. T. Fann)编的《J. L. 奥斯汀讨论集》,伦敦,劳特利奇和基根·保罗出版公司,1969 年,第 351 页。

依然存在很大的争议。大致说来，有两种相互对立的意见。一是通常的看法，即奥斯汀通常被看作是语言分析哲学家中的一员，与后期维特根斯坦和赖尔等人一样以语言分析或阐明为方法来解决或消解传统哲学问题。与此相反的另一种意见是奥斯汀的共事者或追随者所持的看法。他们强调奥斯汀的独特性，不承认奥斯汀是语言分析哲学家或以对语言分析或阐明为方法，甚至认为奥斯汀并不持有特别的哲学方法，更没有对他的“方法”进行辩护的原则或一般意义上的哲学方法论。厄姆森就认为奥斯汀并不预先制定任何方法论原则，只是在实际操作技术方面提出一些忠告，他拥有的是一套系统的开始工作的方式，某种相当于“实验技术”的东西①。瓦诺克则认为奥斯汀在哲学和语言之间的关系上并不持特别的看法，也不赋予某种语言探究在哲学方法中的中心地位。在他看来，奥斯汀仅仅坚持哲学家应更加努力地工作以及为达到一致意见而应作仔细的、批评性的合作讨论，除此之外，哲学探究没有什么特定的目的，也没有什么专门的方法②。汉普舍尔甚至认为奥斯汀的所谓的“方法”最好应被看作是一种“思想风格”或“思考习惯”③。由于这些人与奥斯汀的亲密关系，他们的见解在专门的研究者中有广泛的影响。

我认为，上述的第一种意见乃是引人误解的空泛之谈。实际上，奥斯汀是否应该被看作是语言分析哲学家还颇不易说(关于语

---

① 参看厄姆森“J.L.奥斯汀”一文，载《哲学杂志》，第62卷(1965年)，第499－508页。

② 参看瓦诺克《J.L.奥斯汀》的导言，伦敦，劳特利奇出版社，1989年。

③ 参看汉普舍尔(Stuart Hampshire)“J·L·奥斯汀”一文，转载于罗蒂(Richard Rorty)主编的《语言的转向》，芝加哥，芝加哥大学出版社，1967年，第240页。

言现象学与语言分析之间的关系见下节),这涉及“语言分析哲学”这个术语的界定问题。按瓦诺克的看法,语言分析哲学的典型观点是认为典型的哲学问题和困惑以某种方式潜伏在语言本身之中或由语言本身而产生,因而能通过对语言的详尽的研究而得到解决或以某种方式得到处理。尽管赖尔也不喜欢“语言分析哲学”这个标签,但他确曾一度认为哲学上的麻烦是由于自然语言的某些通常的形式是“系统地引人误导的”,即语言外表的一致性和表面的相似性掩盖了深层的概念差异,使我们丧失了对它的洞察力。这样,哲学的目标就是抵制被误导,揭示表达式的致人误导的形式,避免落入语言给我们设置的类比和同化的陷阱,从而消除试图把我们的思想压缩进不合适的形式所引起的不适和困惑①。后期维特根斯坦更是强调我们必须抵制“语言对我们理智的迷惑”,抵制“由语法幻觉所产生”的迷信,抵制“因误导我们的语言形式所导致”的迷信②。如果说赖尔和维特根斯坦是典型意义或强意义上的语言分析哲学家,那么,奥斯汀肯定不是这样的哲学家。尽管他也提醒我们要注意语言给我们设置的圈套,但他并不认为哲学问题都因语言而产生,也不认为语言探究是哲学的惟一合法的工作;尽管他同维特根斯坦等人一样试图通过语言研究消除某些哲学困惑并因此而使他的语言探究有否定性的一面,但由于他的更为重要的目标是透过语言更好地理解实在,以便使哲学获得新的开端,因此,他的语言探究与维特根斯坦的止于“治疗”目的的零碎的探

---

① 参看赖尔“系统的引人误导的表达式”一文,载弗卢(Antony Flew)编的《逻辑和语言》(1),牛津,巴西尔·布莱克威尔出版公司,1960年。

② 维特根斯坦《哲学研究》,牛津,巴西尔·布莱克威尔出版公司,1958年,第109-111节。

究不同，他的探究更为系统、详尽，用他自己的话说，更类似于“昆虫学家”的分类工作(参看 1956c，234)。这就是说，他的语言探究更具科学性，更有建设意义，它的作用不仅在于消除哲学困惑，治疗“哲学疾病”，还能积极地预防哲学困惑的产生。或许我们可以据奥斯汀的高徒约翰·塞尔的看法，把奥斯汀看作是不仅对传统哲学问题有兴趣，而且还试图通过细致处理我们用于描绘世界的语言来探究世界的某一方面这样一种弱意义上的语言分析哲学家①。无论如何，由于“语言分析哲学”这个名称的含义不明确，容易引人误解，因此，奥斯汀拒绝这个标签，而煞费苦心地新创了“语言现象学”作为他的哲学方法的名称，其用意就是为与通常的“语言分析”有所区别。

从以上的论述可见，奥斯汀的哲学方法不是典型意义上的“语言分析”方法。那么，前面所说的第二种意见是否更为合理呢？我认为，第二种意见在拒绝第一种意见时又走到了极端，实际上等于否认奥斯汀有独特的哲学方法，这种意见也是极为偏颇的。诚如厄姆森所言，奥斯汀主张在“哲学”名目下所涵盖的是一系列全然异质的探究，因而它们并不拥有任何单一的目标，也不大可能共有一种方法，因为对处于混乱之中哲学问题，人们尚未找到解决它的标准办法②。但是，我认为，由奥斯汀的这一主张并不能得出他自己的哲学探究没有特定的目标和方法，由哲学本身没有惟一适当的目标和方法不能推出持这一主张的哲学家本人没有明确的目标或不作方法原则方面的探讨。因此，尽管作为奥斯汀遗嘱的执行

① 参看塞尔《语言哲学》的导言，牛津，牛津大学出版社，1971 年。

② 参看厄姆森“J.L.奥斯汀”一文，载《哲学杂志》，第 62 卷(1965 年)，第 499 页。

人,厄姆森对奥斯汀的“实验技术”的操作步骤的报道是可信的,但他认为奥斯汀的“实验技术”的辩护只在于实践中的成功而无理论依据这个观点则证据不足。

在我看来,奥斯汀是一个以方法见长的哲学家,他在哲学上的独创性与他的独特的方法是密不可分的。如果他的方法仅仅是一套实际的操作技术或技巧,而无理论依据或辩护,那么,这种失之无据的技术或技巧就显得极为任意,这不仅不能让别人信服,也不能令奥斯汀自己满意,我想,奥斯汀是不会停留在无根基的“技术”之上的。事实上,奥斯汀的语言现象学不仅仅是一套实验的操作技术(所谓“实地考察”和“实验技术”仅是实际操作技术的特征),而是有其原则依据的,这种原则贯串于他的操作步骤之中。尽管我们还不能确定是否应该将奥斯汀在方法原则方面的探讨称为哲学方法论(据瓦诺克报道,奥斯汀讨厌“方法论”这个词①,但事实上奥斯汀在研究“辩解”中曾明确指出它在方法论上是一个吸引人的主题),但毫无疑问的是,他确实讨论了为语言现象学辩护的三个理由:

“第一,词是我们的工具,而至少我们应使用干净的工具。我们应当知道我们意指什么和不意指什么,而且我们必须预先把我们自己武装起来,以免掉进语言给我们设置的陷阱。第二,词不是事实或事物(除了在它们自己小天地里)。因此,我们需要把它们与世界分开来,使它们与世界保持距离并与世界相对照,以便我们能认识到它们的不适当和任意性,这样,我们就能在没有妨碍的情

---

① 瓦诺克“周六晨会”,见台湾刘福增《奥斯汀》(台北,东大图书公司,1992 年)一书第 13 页的摘引。

况下重新看世界。第三,更为鼓舞人心的是,我们所拥有的共同词汇体现了许多世代人们在生存中所发现的值得划分的一切区别以及值得标示的联系:与你或我在午后的安乐椅上构想出来(这是人们最喜欢采用的方法)的那些词相比,这些词确实可能数量更多,更可靠(因为它们已经经受住长期的适者生存的考验)、更微妙(至少在一切日常的和合理的实际事务中是这样的)。”(1956a,182)

奥斯汀的三个辩护理由所表达的总的思想是,日常语言的语词固然有缺陷,但更主要地却是凝结着人类世代对世界的丰富认识,对日常语言的详细研究既能探得珍宝,又能消除其不利影响。具体地说,奥斯汀的前两个理由谈的是日常语言的缺陷及其对哲学的消极影响,这不是什么新东西,其他哲学家曾强调过。第三个理由谈的是日常语言的优点及其对理解世界的积极作用,这个理由是新颖的、值得注意的。这个理由表明对特定领域的语词的使用所作的研究能使我们对认识世界的概念前提有可靠理解,从而使我们对现象或者事实的洞察力变得更加敏锐。奥斯汀的这三个理由实际上是作为他的语言探究的三个原则体现在他的整个哲学工作中。第一个理由最明显体现在他与艾耶尔有关知觉问题的论战中,第二个理由见之于他与斯特劳森有关真理和事实问题的争论中,而第三个理由在他对“辩解”词的积极研究中得到充分的表达。

然而,瓦诺克却认为,奥斯汀的这三个理由不是在为他的哲学方法辩护,而是在评论一个哲学主题,即为研究“辩解”这个主题辩护①。我觉得瓦诺克的这个观点是令人费解的,因为哲学方法和

① 参看瓦诺克《J.L.奥斯汀》,伦敦,劳特利奇出版社,1989年,第5页。

哲学主题不是相互排斥的。实际上,对日常语言这个主题的辩护同时也应是对“从日常语言出发”这种方法的辩护。正是由于日常语言蕴藏着许多代人的经验和敏锐,与哲学家所构想的专门术语相比更优越、更有价值,因而,“从日常语言出发”的语言现象学方法是合理的,尽管日常语言也有缺陷,不是现象的最后的裁决者,不是定论(last word),还可以被补充、改进、甚至被取代,但它至少是哲学家不得不使用的并由之出发的“初论”(first word,参看1956a,185)。无论如何,从日常语言出发,研究日常语言使用的语言现象学是一种适当的、有益的哲学方法,尽管它不是惟一适当的哲学方法,不是对所有哲学领域都有效。事实上,不存在惟一的普遍的哲学方法,也不存在为这种普遍方法预设原则的方法论,就此而言,奥斯汀的语言现象学不仅不失为一种哲学方法,而且似乎也不缺少理论辩护。

第三节 语言现象学和语言分析

上节已经说过,奥斯汀的“语言现象学”所探究的不仅仅是我们所说的东西,而是“什么时候我们会说什么,在什么情况下我们会用什么词”,即它既是对语言的探究又是对世界的探究,把这种探究仅仅看作是“语言分析”,显然是不甚恰当的。当然,奥斯汀的哲学工作是处于20世纪分析哲学的大背景之中的,他的方法与这种分析的背景不无联系,尤其是与概念分析或语言分析关系密切,因此,有必要讨论他的方法与这种分析的关系。我认为,无论是在方法上还是在论题上,奥斯汀的思想与穆尔的思想有密切的关系,本节先从穆尔的分析方法谈起。

1、穆尔的分析概念。在“为常识辩护”一文中，穆尔认为存在许多常识命题，它们都完全是真的，我们也知道它们完全是真的，它们还全都不模糊，我们都理解它们的含义，因此，困扰着哲学家的不是它们的真值，也不可能是它们的含义，使我们不安的倒是它们的分析，即对一个常识命题的含义的正确分析是什么，这是一个极其困难的问题①。在穆尔看来，对概念或命题进行分析是哲学的一项重要任务。对穆尔的“分析”究竟意指什么颇不易说清，从人们经常引证的穆尔把“兄弟”这个概念分析为“一个男性同胞”这个例子可以看出，他的分析是下定义，即对概念的内涵进行分解②。但是，根据A.怀特的论证，穆尔在实践中有时背离了这种分解式的分析方法，而采取区分式的分析方法，即把一个表达式的特定含义与该表达式的其他含义或其他相关表达式的含义作比较和区分③。穆尔的著名论文“存在是一个谓词吗?”就采用区分的方法来区分“存在”和“咆哮”或“抓”这两种行为之间的巨大差异④。

2、奥斯汀对穆尔的继承和背离。至少在对待常识方面，奥斯汀以穆尔的立场作为出发点。像穆尔一样，他把许多常识观点看作肯定是真的。如我有时知道另一个人在发怒，我有时看到一只猫等等。这类常识的观点明显是真的，无需论证。在他看来，对常

---

① 参看穆尔(G.E.Moore)“为常识辩护”一文，载于穆尔《哲学论文集》，伦敦，乔治·阿灵和昂文出版有限公司，1959年，第37页。

② 参看穆尔“对我的批评者的一个回答”一文，载于希尔普(Schillp)编的《G.E.穆尔的哲学》，芝加哥，西北大学出版社，1942年，第666页。

③ 参看A.怀特《G.E.穆尔》，牛津，布莱克威尔出版公司，1958年，第74-75页。

④ 参看穆尔“存在是一个谓词吗?”，载于A.弗卢编《逻辑和语言》(II)，牛津，巴西尔·布莱克威尔出版公司，1953年，第82-94页。

识的论证往往依赖于比它们自身更为可疑的前提。

在方法方面,奥斯汀受到穆尔在实践中所运用的区分方法的影响。区分同一语词的不同使用和比较不同语词的不同使用构成奥斯汀的"语言现象学"的一个重要环节。然而,奥斯汀不接受穆尔的概念分析或命题分析,因为他并不相信实体化的概念的存在,他在 1939 年的"有先天概念吗?"和 1940 年的"一个词的意义"这两篇论文中对实体化的概念和实体化的意义进行激烈的拒斥,而 1959 年他在瑞典的哥德堡所作的题为"作为一个哲学家我做了什么"的演说中曾说他实际上并不相信有任何概念①。既然不存在可加以分解或分割的概念或意义,那么,穆尔把一个概念分解为更小单位的其他概念的分析方法就是成问题的。

3、奥斯汀对"共相"的批评。奥斯汀拒绝穆尔的概念分析是因为他不相信"概念"的存在,而他怀疑概念存在的重要的理由是,惟一的能够据以解释概念的共相并不存在(参看 1939,32－40)。他指出,"共相"因先验的论证而被推断为存在,典型的论证有两个:A、相应于通名的不是易逝的感觉内容,而是某种单一的等同的东西,我们称之为"共相";B、相应于真的科学陈述的东西不是感觉内容,而是某种实在的不可感知的东西,即"共相"。在奥斯汀看来,且不说这两个论证各自包含许多漏洞,单就这两个论证的结论而言,它们所论证的"共相"就彼此很不相同,除了它们都具有不可感这个特性外,我们不知道它们还有什么一致之处(1939,35－36)。然而,就是不可感这个特性对 A 论证来说又是致命的,因

① 参看弗伯格(Mats Furberg)《话语行为和话语施事行为》,哥德堡,哥德堡哲学研究丛书,1963 年,第 22 页。

为,按照A论证,可以把某个感觉内容归于某个通名之下,这样,通名所对应的共相必定在感觉内容中,但它又不在感觉内容中被感知,“我们又如何判定它是否存在于感觉内容中,甚或仅仅是猜测到它?”(1939,38)。由于这个致命的矛盾,许多哲学家转而承认我们确实感知到共相,而未感知到殊相。而这又等于放弃了整个先验论证,因为它承认共相不是在种类上与感觉内容不同的存在物。

更为重要的是,奥斯汀发现A论证所隐含的前提是他所不能接受的,这就是:相同的东西,相同的名字。撇开这个前提其他方面的可疑之处不说,仅就A论证中的“我们把同一名称运用于不同事物”这一说法而言,它就几乎是错误的,因为“灰色”和“灰色”不是同一名称,它们是相似的符号(标记),正如“这”和“那”所指称的事物是相似的事物一样(1939,39)。关于我们为什么以同一名称称呼不同种类事物这个问题,奥斯汀在1940年的“一个词的意义”中有详细有趣的讨论。他认为,唯实论者以“共相”和唯名论者以“相似性”对这个问题所作的解释是错误的,理想语言派的语义学家对这个问题的探讨也是不可靠的,而他则受亚里士多德对“健康的”和“善”等词的探讨启示去研究“实际的”语言,从而发现了几种明显不同的理由(详见1940,69-75)。

基于上述理由,奥斯汀断定先验论证不能证明“共相的存在”,因此,我们也不知道概念是什么。当然,奥斯汀并不反对使用“概念”这个词,他所反对的是作为事物的“本质”或“共相”的概念,而我们通常所使用的“概念”这个词在不同的语境中有不同的含义(1939,40)。

4、奥斯汀对“分析”和“综合”二分法的批评。在“一个词的意义"一文中,奥斯汀认为我们可以问某个特定的词的意义是什么,而且我们可以用语形学或语义学方式去解释某个词的意义。例如,解释"新鲜的"这个词的"语形学"就是,用语词描述新鲜是什么和不是什么,举出可以在其中使用"新鲜的"这个词的例句和不能在其中使用这个词的例句。而直示该词的语义学,就是让提问者去想像或者甚至去实际经验,我们应该用包含"新鲜的"和"新鲜"等词的语句正确加以描述的情形和我们不应使用这些词的其他情形(参看 1940,57)。奥斯汀认为绝大多数普通语词的意义可以用这两种方式加以说明。

但是,正如奥斯汀所指出的,哲学家往往会由追问特定的词的意义而过渡到更为一般的问题,即追问"一个词的意义是什么?",这个问题的意思是"词一般的意义是什么?"或"任何词的意义是什么?"——这是似是而非的问题。哲学家为此提供的答案有"一个概念"、"一个观念"、"一个意象"、"一类相似的感觉材料"等等,这些答案都是对一个似是而非的问题所做出的似是而非的回答。如当有人问我"闷热"这个词的意义是什么时,而我回答是"闷热"的观念或概念,那么,我的回答就是荒唐可笑的,因为这根本不是问者所期待的回答(参看 1940,59)。在奥斯汀看来,"概念"或"观念"等虚构物的产生部分地是由于追问"一个词的意义是什么?"这个问题,而使人们误以为存在着作为词的意义的某种实在的东西。正是由于把意义实体化或把意义看作是某种单独存在物的倾向使人们一再重蹈制造虚构存在物的覆辙。

如果我们把词的意义看作是概念或观念存在物,那它就是可分割为几个部分的东西,这样,说一个概念是或不是另一概念的一部分就是合理的。这是分析/综合二分法的基础。但是,在奥斯汀看来，意义不是概念，不是存在物，不能分为几个部分，因此“X 这个词的意义的一部分”这个短语就是完全不确定的，“它被悬在空中，我们不知道它究竟是什么意思。我们是在使用一个无法适应我们实际想谈论的事实的作业模型。当我们思考我们实际想要讨论的东西而不是思考作业模型时，说一个判断是‘分析的或综合的’到底是什么意思呢？我们一点也不知道。……从一开始，我们的作业模型就显然不能恰当处理语形学和语义学的区分”(1940，62－63)。

当然，必须注意的是，奥斯汀所反对的是分析/综合二分法，而不是分析/综合的区分。分析/综合的区分是存在的，在许多情况下我们可以区分出分析判断和综合判断。但是，有许多边缘情况无法归入这二者，因而并非每一判断都要么是分析的，要么是综合的。因此，错误的不是分析/综合的区分，而是非此即彼的二分法过于简单化，在许多情况中不起作用①。

在当代语言哲学中，奥斯汀是一个对“共相理论”、“意义观念论”和“分析命题/综合命题二分法”持激烈批评态度的哲学家，而且从时间上看，他的批判早于蒯因等人的批判。

5、区分方法的启示。穆尔为概念或命题的分析所困，主张对它们进行分析是哲学的重要任务之一。奥斯汀不相信穆尔所说的“概念或命题”的存在，拒绝穆尔的分析概念，但他接受穆尔在实践中所运用的区分方法。这种区分的方法一方面暗示对某个表达式的阐明可以通过揭示其使用规则而得以实现；另一方面，它又暗示我们不可能在“真空”中有效地讨论某个语词的使用，而必须把它

① 还可参看塞尔《言语行为》，第一章，剑桥，剑桥大学出版社，1969 年。

嵌入整个话语，乃至置于非语言的背景之中。而当话语在其语境中被加以考虑时，就会出现两个问题：A、确定在某个情形中使一个话语成真或成为适当的那些特征是什么；B、确定话语的力量是如何被传达的，如听者如何得以理解该话语是一个报道而不是尝试性的观点或猜测。对前一个问题，传统哲学曾经处理过，而后一个问题则几乎未曾得到过认真的注意。奥斯汀则试图通过他的旨在"弄清整个言语情境中的全部的言语行为"的一般的言语行为理论来处理这两个问题。

奥斯汀的话语行为(locutionary act)处理的是第一个问题，他认为针对这个问题必须研究该类话语究竟会以哪些方式且会在哪些方面出毛病，因为毛病较易发现，而且如赖尔所言，"一种适当方式的界限同时是被禁止的领地的界限"①。例如，我们有时确切无疑地知道花园里有一只金翅雀或汤姆真的生气了，而哲学的一项重要任务就是仔细研究我们是如何知道的，在"他人的心"一文中，奥斯汀通过考察我们的知识主张会如何出错而详细处理了这一问题。当然，奥斯汀并不专注于话语之为真或假的方面，因为许多话语并不以真或假为目的。更确切地说，他的目标是研究不同种类的话语在正常起作用时，它们与世界之间所必须保持的关系。从这方面看，他不是罗素所指责的只"想弄清问题的性质，而对回答问题不感兴趣"的语言分析哲学家(linguistic philosopher)②。

奥斯汀的话语施事行为(illocutionary act)处理的是话语的力量或所履行的功能问题。对此他在《如何以言行事》中有详细的

① 赖尔《哲学的论证》，牛津，克拉宁东出版社，1945年，第14页。

② 参看罗素"普通用法的崇拜"，载于《记忆中的画像》，伦敦，阿灵和昂文出版公司，1956年。

论述。总之,对奥斯汀来说,他在研究正常起作用的话语与世界所必须保持的关系和所具有的力量时,无须把某种东西分解为更小的部分。他所需要做的是区分同一表达式的不同使用和比较不同表达式的不同使用,而这种区分或比较的方法已不是传统意义上的分析。

6、奥斯汀和维特根斯坦。由于奥斯汀和维特根斯坦一样都关注我们通常所说的东西,这使得有些人以为奥斯汀很大程度上受到维特根斯坦的影响,甚至把奥斯汀归入“维特根斯坦派”。这个观点是不符合实际的、错误的。因为一方面奥斯汀对后期维特根斯坦的哲学思想知之甚少,他的思想在时间上与维特根斯坦的思想是平行发展的,二者是相互独立的。另一方面,奥斯汀对日常语言的密切专注隶属于古老的牛津的亚里士多德派的传统。柯克·威尔逊和他的学生普利查德已使牛津的学生习惯于这样的观念:普通语言中所标示的区分决不能轻易地被忽视,而且至少某些哲学问题,可以通过对我们通常所说的东西、我们如何说它以及我们何时说它的认真考虑而得到解决。对语言探究保持哲学上的兴趣是牛津学者的传统。在这方面,我们无须假定奥斯汀是在维特根斯坦影响下形成他的基本思想。

事实上,尽管奥斯汀和维特根斯坦都相信以前的哲学家的方法有问题,都认为正确的方法应包含语言的研究,因此他们之间的思想有相似之处,但无论如何,他们之间的差别更引人注目。首先,维特根斯坦认为一切哲学都是治疗性的,他对语言的使用和语言之外的事实的关注终究是为消解哲学问题,解除精神困惑,他拒绝对语言的功能做系统的分类;但奥斯汀并不坚持哲学的治疗概念,他致力于对语言功能做系统的分类。与此相关,维特根斯坦认为对语言的研究应选择哲学问题聚集的领域以便发现这样或那样的胡说;奥斯汀的"语言现象学"则喜欢日常语言丰富、微妙且较少受传统哲学污染的领域,因为他在消解一些传统哲学问题的同时,更主要地是要为哲学获得新开端,开辟新领域。当然,这方面的差别并不那么明显,因为奥斯汀也关注哲学问题。只是从策略上说,他不大直接攻击"知识"、"真理"、"自由"、"美"这些标题词,而是通过迂回考察与明显重要的哲学难题相邻、相似、同族的语词来使哲学问题更加清楚。

其次,奥斯汀和维特根斯坦在哲学态度上有重要的差别。由于维特根斯坦坚持哲学是治疗性的,因此他关注的是概念问题,并坚持哲学不扩展也不试图扩展我们的知识。然而,奥斯汀认为,哲学不仅仅关注概念问题。他对人们所说的东西感兴趣是因为他认为,人们的说话方式既揭示他们如何构想某种情境又经常使情境中的不同特征昭显出来——即它告诉我们关于世界的某种东西。他的"语言现象学"是阐明情境因素的微小变化如何使说话者改变他们的用词的一种方法。因此,他认为,哲学的任务之一就是阐明这些因素是什么,以这种方式,哲学力图要增长我们关于世界的知识,而不仅仅使我们的概念系统更清楚。这个重要差别足以表明奥斯汀和维特根斯坦之间的相似性是表面上的。

第四节 语言现象学的实际操作技术及其本质

如果我们采用奥斯汀的语言现象学方法进行哲学探究,那我们应如何着手进行呢?奥斯汀在1956年的"为辩解辩"中作了一些指点,厄姆森则根据奥斯汀遗留下的笔记进行忠实的报道①。在这里,我主要以这两个材料为依据先对奥斯汀的实施步骤作些介绍,而后讨论这种操作技术的本质。大致说来,奥斯汀的方法可分为五个步骤:

第一步是研究领域的选定。因为我们不可能在一次或数次讨论会中探讨整个自然语言,因此我们总是得先选择某个研究领域,如责任、知觉、条件句或人工制品等谈话领域。所选定的研究领域既可以是哲学家感兴趣的领域,也可以是离哲学较远的领域。奥斯汀建议初学者应该选择未受传统哲学践踏的领域,以免受过时的理论行话影响(参看1956a,182),但从他所发表的论文看,他自己所选择的大多是与传统哲学有密切关系的领域。

第二步是尽可能完整地收集与所研究的领域有关的所有语言资源(包括惯用语和词汇)。例如,在研究责任时,奥斯汀所收集的语词有“willingly”(自愿地)、“inadvertently”(漫不经心地)、“negligently”(疏忽大意地)、“clumsily”(笨拙地)、“accidentally”(意外地),等等。为迅速而又彻底详尽地收集语词,这个阶段应由一个小组来完成。收集语词的办法有:(a)自由联想。(b)查阅相关文献或科学手册。如研究责任领域就应阅读法律案例汇编,研究器皿就阅读邮购商品广告目录等。(c)使用字典。要么通读整本字典,列出所有似乎相关的语词;要么查阅已注意到的语词并进一步查阅在这些词的解释中出现的新词,直到该词的家族圈子完整为止(参看1956a,186－187)。据说,奥斯汀最为欣赏的字典是《牛

---

①　参看厄姆森“J.L.奥斯汀”一文,载于《哲学杂志》,第62卷(1965年),第499－508页。

津英语词典》。

第三步是以语言现象学的通常方式研究语词可以在什么情况中被使用。这个阶段也应由一个小组的成员协作进行,以便能相互补充并修正彼此的疏忽和错误。该阶段的工作方式是讲述情境故事和进行对话,以此尽可能清楚而又详尽地摆出这个惯用语比那个惯用语更合用或那个惯用语比这个惯用语更合用的情境范例,以及在什么地方我们应该用这个词,或在什么地方我们应该用那个词的例子。这个步骤的目的就是区分语言表达式之间的细微差别,进而就什么场合应该用什么表达式达成一致意见。

第四步是系统表述第三步所取得的结果。奥斯汀认为,在第三步的虚构故事阶段应严格排除理论说明,应小心避免过早的解释为什么的企图,因为过早的理论化会使我们丧失对语言事实的洞察力,会使我们歪曲惯用语的用法以适应理论的需要。在哲学家的著作中对语词的误用并不鲜见。当然,奥斯汀又坚持,终究我们必须达到系统化阶段,因为,"尽管详细探究语词的通常用法作为一项准备工作是重要的,但终究我们总是被迫对它们作些整理"(1953,134)。这种整理就是在详尽地区分和比较语词的用法所得的结果的基础上对它们做出一般的说明。这种说明的正确与否是一个经验问题,它可以不断得到修正。

第五步是依据上一阶段的结果检验传统哲学的论证。这种检验的方式是把上一阶段对语言表达式所作的一般说明与哲学家有关该表达式所说的东西加以比较。例如,在《感觉和可感物》中,奥斯汀考察了"illusion"、"delusion"、"hallucination"、"looks"、"appears"、"seems";"real"、"apparent"、"imaginary"等各种词族,而后试图表明各种传统论证表面上的可能性依赖于对这些以及相似的关键语词的误解和互换。

以上几个步骤就是奥斯汀所推荐的语言现象学方法的实际步骤或实际的操作技术。简单地说，就是一组对某个话语领域有兴趣的人收集与该领域有关的语词和惯用语，构想这些表达式在其中正常使用或被误用的例子，并对这些表达式的用法给出一般说明，还可把这种说明与传统哲学的说明相比较。奥斯汀把这种实际操作方法称为“实验技术”或哲学的“田野工作”。这种“实验技术”在哲学上有什么重要性呢？对此人们的看法不一。有人认为，奥斯汀的这种操作技术比他公开发表的论文更有价值，因为人们可以用他的这种技术进一步解决诸多哲学问题[1]。有人认为他的方法只是个人的思想风格和天才的体现，把它变成一般方法是误入歧途[2]。

在我看来，尽管奥斯汀的“实验技术”在其实施中需要技巧和想像力，但从实质上说它是一种公共可操作的东西，而不是什么个人的技巧或天才的体现。奥斯汀所说的几个步骤中最为重要的是第三个步骤，而第三个步骤本质上是区分和比较方法的体现。上节中我们已谈到奥斯汀受穆尔在实践中所运用的区分方法的影响，这里我们可以更为具体地看到这种区分方法已经融入语言现象学的实际步骤中。想像一个语词的一切可能的使用情境实际上就是为了区分该语词的种种不同的用法，而想像不同表达式在不同情境中的使用就是为了比较它们在用法上的细微差别。

那么，这种区分或比较的方法为什么具有哲学上的重要性呢？

---

① 参看厄姆森“J.L.奥斯汀”一文，载于《哲学杂志》，第62卷(1965年)，第500页。

② 参看汉普舍尔“J.L.奥斯汀”，见罗蒂编《语言的转向》，芝加哥，芝加哥大学出版社，1967年，第240页。

奥斯汀认为,这种方法给我们提供了大量的语言上的或非语言上的区分和联系——因为语言上的区分可能标示着世界中的两种不同的事态类型,因此,语词上的区分同时表明了世界中的区分——这不仅告诉我们人们通常是怎样构想世界的,它还可能暗示新的可能性并因此有助于我们保持开放的头脑。更为重要的是,这种方法所给出的区分比哲学家所构想出来的区分更丰富、更可靠,它有助于我们避免哲学家易犯的过分简单化的、矫揉造作的二分法。例如,分析判断/综合判断二分法就使我们忽视了话语间除相互矛盾外的其他冲突(参看 1940,68),而把知觉区分为真实的和非真实的这个企图则模糊了许许多多重要的区分(参看 S & S,48)。在大多数情况下,二分法的结果是使我们认为归入同一名称之下的所有的现象都是相像的或在某一方面是相像的,这使得我们不注意个别的情况而忽视了现象之间的差异性。但在奥斯汀看来,这种差异性是极为重要的。

与哲学家对二分法的依赖相似的是,那种对语词的否定和语词的对立面标示真实的否定和真实的对立面的信念。例如,(a)一个行为要么自愿要么不自愿地做出,以及(b)不自愿做出的行为的对立面是一个自愿做出的行为。然而,“语言现象学”的区分方法表明这种信念是错误的。对(a)而言,“我打呵欠,但我不是不自愿地打呵欠(或自愿地打呵欠),也不是故意地打呵欠,以任何这样的方式打呵欠恰恰不是真正的打呵欠”(1956a,190)。这个例子足以表明(a)是错误的。对(b)而言,“自愿地”的对立面可以是某种“在强制下”,如胁迫、责任或影响,而“不自愿地”的对立面可能是“故意地”、“有目的地”等等。这种对立面的歧异表明,尽管“自愿地”和“不自愿地”表面上是相联系的,但却是完全不同的东西(参看

1956a,191)。以上两点共同表明自愿行为和不自愿行为必须满足的是不同的而且不是互补的条件系列,一个行为不能成为自愿的,并不因此有资格成为不自愿的,反之亦然。意识到缺乏互补性不仅仅是意识到语言规则,同时是对世界中的因素的觉察。

总之,奥斯汀所推荐的操作技术表明他的语言现象学的本质在于区分,这种区分激发了我们的想像力,使我们意识到语言给我们的思维设置陷阱的一些重要的方式,并且它所提示的区分和联系对我们认识世界来说也是极为重要的。

第二章　语言和世界

奥斯汀的语言现象学所考察的不仅是语言，还要考察我们用语言所谈论的实在或世界，因而，语言与世界之间的关系极为重要①。从总体上看，他的语言现象学是围绕语言和世界之间的关系而展开的，因为语言现象学所研究的是“什么时候② 我们会说什么，在什么情况下我们会用什么词”（1956a，182），显然，我们应说什么是与语言之外的“情况”密切相关的，只有在我们的语言与语言之外的实在或世界保持适当的关系时，我们的“说”才是适当的，或者说我们的话语才正常地发挥作用。为理解语言和世界之间的适当关系，我们先分别看看奥斯汀所理解的世界和语言，然后讨论一下“我们如何用语言谈论世界”的问题。

第一节　世界

我们用语言来谈论世界，通过语言进行沟通或交流，因而语言和世界密切相关。当然，我们还是可以把它们分开，使二者相互对

---

① 奥斯汀没有专门谈论语言和世界的关系问题，本章从他的零碎的论述中重建了他有关这一问题的看法主要是为了解蔽，因为许多评论者认为奥斯汀只关心语言而不关心语言之外的世界。本章专论这一问题意在对这种误解进行澄清。

② 奥斯汀这里用的“when”这个词，不仅具有时间上的含义，还有境况之意味，与“在什么情况中”同义。在奥斯汀看来，世界就是言语情境，即言语所置身于其中的环境。见1953，‘How to Talk’。

照，分别对它们作考察。奥斯汀也明确指出“（除非在它们自己的小角落里）语词不是事实或事物，因而我们需要把它们与世界分开并使它们与世界相对照，以便我们能认识到它们的不适当和任意性，能在不受妨碍的情况下重新看世界”（1956a，182）。

当然，尽管奥斯汀承认可以摆开语言考察世界，但实际上他并未对世界或实在事物作单独的系统的考察，而是在谈语言、真理和知觉等问题时，兼谈及与语言相对应的世界、与陈述相对应的事实或事态以及作为感知对象的事物或现象等。他并不就实在事物本身而谈论实在的“结构”或“形式”（1950，125），不讨论世界的本质，也不根究世界中的个项（individual item）和类型的“形而上的状态”（1953，137），因此，很难说他对世界的性质和状况有独立的系统的说明，很难说他有单独的本体论或存在论。但奥斯汀确实经常谈及语言之外的实在或世界，并对实在或世界有其独特的见解。那么，奥斯汀对语言之外的世界究竟有一个怎样的概念呢？

在日常用语中，“世界”一词在不同语境中有不同的含义。在传统哲学中，世界主要是指与主体或人相对的、作为主体或人的认识对象的外部世界。在奥斯汀的那里，“世界”与“语言”相对照，是语言所指涉、描述或表述的东西。在“真理”一文中他指出，如果我们要通过语言达成沟通，“还必须有与言词不同的某种东西，即运用言词所要加以沟通的东西：这种东西可以被称为‘世界’。除了因为在特定场合所做出的实际陈述本身涉及世界外，在任何其他意义上都没有理由不把言词包括在世界之中。”（1950，121）由此可见，奥斯汀的“世界”是指我们的话语所涉及的东西，除了实际的陈述因为本身指涉世界而应排除在世界之外，通常言词也应包括在世界之中，因为它们本身也可以为陈述所指涉（参看1950，126－

127)。在涉及与语言相对照的世界方面时,奥斯汀的用语有“实在”、“事物”、“现象”、“事实”、“事件”、“事态”、“事况”(situation)、“境况”(circumstance)和“场合”(occasion)等等。这些术语的含义彼此之间既有区分也有联系,这里无法一一论及,但有一点是共同的,即它们都表示世界中之物(things-in-the-world,借用斯特劳森的用语,详见第五章第三节),它们在本体论上的地位并没有什么差异。由奥斯汀的用语和实际的论述中可以看出,他的“世界”所包括的东西极为广泛。世界远不是传统意义上的事物的总和,它还包括许多东西,呈现出的现象,发生的事件,事物的状况、特征,事物之间的关系,人的行为,人的感觉和经验等等①,凡是语言所能谈及的东西都是世界中的东西。这样看来,他的诸多论文所谈论的都是世界中的东西,如知道、相信、许诺、辩解、伪装等都是世界中的行为,因此,指责他只注意语词而不关心世界是不符合实际的。为进一步理解奥斯汀的世界概念,有必要考察一下他对有关概念所作的详细阐明:

1、实在。在谈及语言所谈论的东西时,奥斯汀经常用“实在”这个词,几乎把“实在”与“世界”同义使用。显然,奥斯汀的“实在”不可能是传统形而上学所谈论的与现象相对立的、作为事物本质的实在。他对传统哲学所讨论的超经验的“共相”或“概念”极不信任,认为传统哲学中的种种先验论证根本不足以证明“共相”或“概念”的存在(参看 1939,32－40)。“实在”(reality)这个词是由形容词“real”变来的,从字面意思看,指的是“真实的东西”。为准确地

---

① 在“有先天概念吗?”一文中,奥斯汀把“相似性”等关系看作是可以感知到的事物,参看 1939,48－54。在 1950,123 中,他把“感到恶心”看作是一种事况,可见,他承认感觉等是世界中的东西。

把握“实在”这个概念，奥斯汀详细地分析了“real”一词的用法。他认为“real”根本不是一个规范的语词，即不是一个具有能详加说明的单一意义的语词。概括地说，它有四种不同的用法：①它是一个“缺乏内容”的语词，它不能像“黄色的”或“粉红色的”等语词那样单独用作描述词，而是像“good”一样仅仅在“一个真实的如此这般的事物”这样的语境中才有意义；②它是一个裤词(trouser-word)，即它是一个无肯定意义的而只有否定性使用的语词，它仅仅是排除了成为不真实事物的可能方式，但未对任何事物作出什么正面的描绘，如“一只真实的鸭”与“一只鸭”的不同之处就在于它排除了不作为真鸭的各种情况——如囮鸭[①]、玩具鸭、图画鸭等——但它对鸭并未作任何进一步的描述；③它是一个范围词，是一组差不多起同样作用的词(例如，“恰当的”、“真正的”“可信的”)中最为一般的；④它是一个“调整词”，允许我们去应付新的、未预见的情形，而不必发明一个特别的新词(参看 S & S,68－77)。

在这里，与我们论题尤为相关的是第①和②用法。奥斯汀多次提到“real”一词没有正面的意义，只能与其对立面(“not real”)相对照而得以理解，在特定的语境中从它所要排除的方面来理解(参看 S & S,15 中的脚注，1946,87 和《哲学论文集》第 284 页中的有关论述)。在奥斯汀看来，我们只有在有疑惑或感到有什么不对头时才会考察事物或事实的实在性问题(参看 1946,87 和 S & S,69)，而在我们确定了该事物的实在性之后，我们并未对事物的性质增加点什么，而仅仅是肯定它是其所是，不是其他的什么东西。从更大的范围看，我们所排除掉的东西也并不更少实在性。

---

① 英文为“decoy duck”，指的是诱捕野鸭用的假鸭。

如一只囮鸭不是一只真实的鸭,但它仍然是一只真实的囮鸭,仍然是世界中的真实之物,用奥斯汀的话说,一个对象可以不是真实的X,但是真实的Y。因此,把世界中的事物分为实在事物和非实在事物两类是毫无意义的,因为"真实的"一词并不代表某类事物的共同性质,我们不知道实在事物和非实在事物究竟指的是什么。实际上,"实在事物"和"非实在事物"是相对而言的,并不存在由"真实的X"所构成的特别种类的实在事物,因为一个事物不是真实的X,但同时又可以是真实的Y,它仍然是实在事物。奥斯汀认为,如果我们把"真实的"一词看作有单独的意义,就会导致追问"实在事物是什么?"这样一个只会产生胡说的问题(参看1940,58),或导致形而上学的"实在世界"或"物质对象"的虚构(1946,88)。在奥斯汀看来,并不存在一个与现象界相对立的更为真实的"实在世界",因为尽管我们可以确定某个具体事物的实在性,但对作为事物总体的世界,谈论它的实在性是无意义的,我们无法区分出真实的世界和非实在的世界,一个实际上无法划分的区分是不值得划分的(参看 S & S,77)。另外,"真实的"也不仅仅只能运用于"物质对象"(参看S & S,78-83),实际上,世界中的东西都可以是真实的,只是在通常情况下我们没有必要加上"real"这个修饰词。由以上论述可以看出,奥斯汀所说的"实在"并没有特别的含义,意指的就是通常所说的在世界中实际存在的东西,与"事物"或"存在物"等概念并没有实质上的差别,只是在奥斯汀那里,"实在"所涵盖的范围似乎比传统意义上的事物或存在物等概念所涵盖的范围更广。因为实在就是语言所能谈及的东西,不仅包括一般意义上的事物,还包括行为、情感、经验等,甚至我们所说的话语也包括在内(奥斯汀把陈述看作是"软事实",当它成为更高一层的陈述所谈论的对象时,它也就作为实在之物而属于世界方面,参看1950,127-128)。

2、事实。"事实"这个词比较麻烦。奥斯汀认为我们在用"事实"这个词来代表历史的事况、事件等,并一般地用它来代表世界时,会产生麻烦,因为"事实"这个词常常跟 that 从句连在一起,这会使人们误以为"事实"就是真的陈述的另一种表达方式(见1950,122-133)。斯特劳森就因此而把事实看作是陈述的内容,看作是似是而非的存在物(pseudo-entity),而不是真正在世界中的东西(things-genuinely-in-the-world)①。

然而,奥斯汀决不相信"事实"是似是而非的存在物,在1954年的"对事实的不公正"一文中他对事实这个概念作了细致的辨明。在他看来,尽管"事实"和"事物"、"事件"等词之间有重要的差别,但同时又有重要的相似性,它们同属于真正在世界中的东西,并不存在斯特劳森所说的逻辑上重要的类型差别。因为,真正在世界中的东西远不只是事物和人,还包括现象、事件、情况、事态,而后面这些东西都可以说是事实。例如,第三帝国的毁灭是一个事件又是一个事实——曾经是一个事件又曾经是一个事实。而猫的状况,即猫患有螨病这个事实,是在世界中的某种东西(参看1954,156-157)。

为揭示斯特劳森对事实的误解在语言方面的根源,奥斯汀详细说明了可以使用和不可以使同"事实"一词两种情形之间的细微差别。他认为,"Fact that"这种用法往往引人误解,实际上,它是

① 参看斯特劳森(P. F. Strawson)"真理"(1950)一文,重印于他的《逻辑语言论文集》,伦敦,梅休恩有限公司,1971年版,第190-213页。

谈论包含言词和世界在内的情况的一种简洁的方式，尽管这种谈论方式在日常生活中有其方便之处，但在哲学上，为避免误解，最好把言词和世界分开，把对事实的陈述和事实本身分开（有关奥斯汀对“Fact” 和“Fact that”用法的详细讨论参看 1950，124 和 1954，157－158）。

在奥斯汀看来，说某个东西是一个事实，至少部分意指它是世界中的某种东西，并进一步地把它归为在世界之中的某种特别种类的东西，即这种东西是真实的。正是在这方面，事实与事件或事态不同，事件或事态可以是可能的或虚构的，而事实只能是实际发生的事件或“实际的事态”（1954，165）。此外，奥斯汀还通过词源的考察表明“事实”意指的是“实际发生的某种东西”。他追溯了“事实”与“行为”或“行动”、“事件”或“发生的事物”在词源含义上的关联，从而得出“事实”最初是作为“在世界中的某物”的名称这样一个结论（1954，164）。

从奥斯汀对“实在”和“事实”及其与“事物”、“事件”、“事况”、“事态”等之间的联系和区别所作的研究可以看出，奥斯汀头脑中所构想的“世界”是一个复杂的概念，它既意指一个由实际存在或实际发生的东西所构成的现实世界，又意指我们可以想像的、我们的语言所能谈及的、由可能的事物或事态等构成的“可能世界”（他在 1953 年的“如何谈论”中所构想的 So 中的世界就典型地是一个想像的或可能的世界，尽管他本人从未用“可能世界”这个词，参看 1953，135）。而且，无论是在现实世界中，还是在可能世界中，其中所包括的东西还以不同的、复杂的方式存在，我们语言中的“事物”、“现象”、“事件”、“事态”、“事况”“境况”、“特征”等词汇就有区分地表示它们的不同存在方式。

在考虑世界中的"事物"时,从总的倾向看,奥斯汀强调世界"分"的一面,即强调事物的多样性及其彼此之间的差异和区分,主张对事物作详尽的、客观的描述,反对用抽象的概念对他们进行概括和还原,因而,他的世界概念或实在概念具有多元论和唯名论的倾向。但我感到又很难用一个传统哲学术语来概括他对世界或实在的独特看法。"常识实在论"、"多元论"、"唯名论"这类术语在哲学史上有特定的含义,用在奥斯汀那里似乎都不甚妥贴。我认为,与其用这些引人误解的名目来给他对世界或实在的看法贴标签,不如对它作详细的的报道。具体地说,他对事物或实在的看法有以下三个方面值得注意:

1、事物之间的相似和差别。在谈到我们用语言进行沟通所需要的条件时,奥斯汀认为,从世界方面看,它"必须显示出(我们必定观察到)相似和差异(二者相互依存,没有彼方就没有此方):如果一切事物要么与其他任何事物绝对不可区分,要么与其他任何事物完全不相像,那就没有什么东西可说了"(1950,121)。奥斯汀的这一观点看似平凡,但却道出了事物之间的相似性和差异性相统一的一面。一方面,事物之间肯定有相似的一面,全然的相异是不可能的,正因为事物之间有相似性,我们才可以用"相似的"符号意指相似的事物①,并且,由于与现实世界的无限性相比,我们的语词是有限的,为了用有限的语词谈论无限的世界,我们并不特别坚持最为细致的可察觉的差别,而是应强调相似性(参看1953,

---

① 奥斯汀在1939年的"有先天概念吗?"一文中对"同一名称"提出置疑,他认为"grey"与"grey"不是相同的名称,不是相似的符号,正如"这"和"那"所指谓的事物是相似的事物一样(参看1939,39)。

147);当然,另一方面,事物之间的相似性是相对的,有差异的相似,无差别的“绝对同一”是不可能的,如果没有差异性,我们就不会有不同的语词。由此可见,相似性和差异性是相对的,把事物的相似性和差异性绝对化都会使我们的语词失效。

奥斯汀所讨论的事物的相似性和差异性首先指的是不同的种类事物之间的相似和差异。尽管奥斯汀不相信共相的存在,甚至不承认逻辑构造意义上的“共相”(1939,34),但他承认种类的存在,认为不应将种属问题和共相殊相问题相混淆(参看 1939,33,注释 2),只是他并不详究种类或类型的形而上的状态,而简单地把它看作是“构造物”,认为可以把种类或类型看作是标准或模型,而把归于它之下的个别的项看作是标本或样本(参看 1953,137)。这里且不论种类的本体地位到底怎样,无论如何,在《感觉和可感物》中,奥斯汀坚持事物种类的多样性。他批评把我们所感知到的事物归为单一种类事物的简单化做法,而认为可感物不是一种而是有许多不同的种类。笔、彩虹、火焰、影子、电影银幕的图像、后像、图画、声音、蒸汽等等,都是可感物,它们是不同种类的事物,彼此之间尽管不是在所有方面都不相同,但确实在许多方面是不同的。我们应满足于事物种类的多样性和差异性,不能简单地把它们归结为感觉材料或物质事物或任何其他单一种类的东西。事物种类的数量及其彼此之间的相似和差异或许可以通过科学研究而得以确定,哲学对此似乎无能为力。如果哲学家们把它们概括或归约为物质存在物或观念存在物就会犯过于简单化的错误(参看 S & S,3-4)。

另外,奥斯汀还讨论了同类事物的不同个项(individual item)

之间的相似和差异。他认为,同类事物的不同项目[①]之间当然是相似的,甚至是极为相似的,但它们之间决不可能是同一的。在他看来,一个项目(如一个事态)之属于一个类型乃是意味着它"非常像那些标准的事态"(1950,122,脚注 2),因此,个项与类之间的关系实际上仍然是个项之间的相似关系,个项属于类,但不能完全并入"类"之中,因为尽管它可能非常像那些标准事态,但总有差异的方面要存留下来作为自身的独一无二的个性。

2、事物的可区分性。与事物之间的差异性相连的是它们在种类或性质上的可区分性。在《感觉和可感物》的第五讲,奥斯汀对艾耶尔的"真实经验和虚妄经验以及二者的对象在种类或性质上无差别或不可区分"的论断进行有力的反驳。首先,在他看来,真实经验和虚妄经验在性质上是不同的。例如,梦中到南极和实际上到南极在性质上不可区分吗?答案很显然是否定的,因为总是有公认的办法可以区分梦和醒,否则我们怎么懂得用"梦"和"醒"以及像"梦一般的性质"这类语词?如果梦和醒在性质上无差别,那么,岂非每一个醒着的经验也恰像一场梦?我们的整个经验世界岂不就变成一个梦境?(参看 S & S,48－49 和 1946,87)除梦和醒这个例子外,奥斯汀还列举了其他一些例子,如头脑中想像"看见"星星和抬头望天空实际上看见星星在性质上不是不可区分的,看见以白墙为背景的绿色的后像与看见墙上实际的绿斑块也不完全相像,通过蓝色的眼镜看白色的墙与看蓝色的墙不会完全一样,等等(参看 S & S,49)。在这些情况中,尽管我们可能以同

---

① 奥斯汀对共相和殊相或个体这一对术语的双方都提出了置疑,参看 S & S,脚注 4。他在谈到类似问题时常用种类(kind)或类型(type)和项目(item)这对术语。

样的语词描述经验(它看起来……),但我们没有理由否认经验本身是不同的这个明显的事实。

其次,奥斯汀认为,尽管我们能识别或区分两种或两项非常相似的事物,但由于我们语言分类词的少而粗略,我们未必能对它们作精确的描绘。如我们能识别不同年份的玻尔多葡萄酒,但无法说出识别的根据,也无法说出它们之间的差别之所在。但是,这种描述上的无能只能说是语言的缺陷,而不能证明我们在经验上无法区分不同的事物或事物本身在性质上是不可区分的(参看1946,85)。

当然,奥斯汀承认,由于人类是易误的存在物,因此,在某些特殊情况下我们可能实际上未能把A事物和B事物区分开。但是,他认为由这种实践中的无能不能得出A事物和B事物必定是不可区分的。实践中的无能可能是由于细心或注意不够,或由于经验不足等原因造成的,而不是因为事物本身在性质上不可区分。例如,小孩可能由于经验不足而误以为水中的棍子真的是弯的,但成年人通常不会犯这种错误(参看S & S,51)。如看到水中弯曲棍子,水就是这个“知觉”的一部分,这就与我们看到不在水中而实际上是弯的棍子时所拥有的“知觉”区分开来。

3、事物的变易性。奥斯汀考虑到世界的变易性,他在谈真理时就强调依指示约定我们的陈述与世界中的历史事况相关联(参看1950,122)。在他看来,我们的自然语言所处理的现实世界与他在So言语情境中所规定的不变的世界在一个非常重要方面是不同的,即它是变化着的①。正是由于世界以及其中事物的变动

① 关于So中的世界详见第五章。

不居,在考虑陈述的真理性时,我们要考虑世界状态的历史性。如对于“渡渡鸟灭绝了”这样一个陈述,其真理性就取决于在作出这个陈述时世界的动物区系状况①。我们在某个时候所作出的一个真的陈述在另一个时候很可能就变成假的,因为事情已发生了变化。

奥斯汀还多次谈到与我们的语言相比,自然可能反复无常或出现奇迹。他很喜欢举的例子是,一只与我们多年友好相处的猫突然发表了一个演说这样一个想像的例子(参看 1940,67)。奥斯汀认为,这种奇怪的情境尽管不能证明我们过去的信念是错的,但可以修改我们关于事物的观念,如我们关于金翅雀或真实的金翅雀观念、关于真实绿洲的信念、以及关于真实的猫的观念都是可以修正的(参看 1946,89 & 95 以及 S & S,76－77)。奥斯汀所强调的自然的这种反复无常或恶作剧当然也是事物的变动不居性质的一种可能的方式。他甚至认为,以我们作为个人或作为人类的有限经验无法预期自然的反复无常(参看 1953,147)。

第二节 语言

奥斯汀曾经强调,如果人们接受索绪尔和加迪纳(A. H. Gardiner)在言语和语言之间的区分,那么,他和他的同事们对前者比对后者更感兴趣②。当然,尽管奥斯汀对言语即语言的实际使用

---

① 参看瓦诺克《J. L. 奥斯汀》,伦敦,劳特利奇出版社,1989 年版,第 54－55 页。

② 参看 M. 福伯格(M. Furberg)《话语行为和话语施事行为》,哥德堡,哥德堡哲学研究丛书,1963 年,第 68 页。

更感兴趣，但他并不忽视对语言的研究，他论述中的某些重要的展开研究就是对作为我们说话工具的语言的研究，而不是研究这些工具是如何被使用的。本节所要考察的就是奥斯汀对作为工具的语言——即包括词汇和语法在内的语言——所作的研究。

除在1953年的“如何谈论”一文中讨论他自己所构想的S_0语言和S_1语言外，奥斯汀所讨论的语言大多指的是作为世界或实在的一部分的自然语言或实际的语言，他很少谈及“理想语言”。他对实际的语言或普通语言总的看法是，这种语言是人类不得不使用的交际工具，但这种工具不是完美无缺的，而是有缺陷的工具。奥斯汀对语言的这种总的看法一直没有多少改变。这里，有一点特别值得提请注意的是，尽管奥斯汀认为普通语言体现了许多代人的经验和敏锐，并主张研究普通语言是做哲学的必要准备工作或“从普通语言出发”是一种有效的哲学方法——为此他被看作是普通语言派哲学的主将——但我们决不能由此认为奥斯汀主张普通语言是最终的上诉法庭或者说普通语言是不可改变的、标准的、完美无缺的“定论”。实际情况是，除了在1956年的“为辩解辩”一文中对普通语言的优势作较多的辩护外，奥斯汀在其他论文中几乎很少谈到普通语言的优点，相反，他更为经常强调的倒是普通语言的缺陷。这种情况的原因也许是，在奥斯汀看来，在复杂的现实世界和现实生活中，构造“理想语言”或“迫使现实语言符合某个预想的模型”(1940,69)是行不通的，而普通语言在日常生活中对我们的实际目的来说是合用的交际工具，其优点显而易见，无需过多的强调和辩护，更应强调的是它的缺陷，因为相对于它所谈论的复杂多样的世界来说，它毕竟是一种有缺陷的工具，在使用这种工具时，我们必须警惕，以免受它误导而产生麻烦，特别是在超出实际事务进行哲学研究时,我们更应防止掉进它所设置的陷阱,以免产生哲学上的麻烦。

无论如何,奥斯汀确实经常谈到普通语言的缺陷或遮掩。他所强调的缺陷有以下几个方面:

1、在非常的情况下普通语言会失效。奥斯汀举了一个假想的例子来说明问题,这个例子我们上节曾提到过,即假设我与一只猫和睦相处了四年,而后它发表了一篇谩骂演说(1940,67)。奥斯汀认为面对这种奇怪的情形,普通语言就失效了,普通人所诉诸的“它是一只真猫”或“它不是一只真猫”的描述在语义学上都不符合事实,都是引入误解的,因为你不能对发表谩骂演说的某个东西说前一句话,也不能对四年来一直如此表现的某个东西说后一句话。奥斯汀认为,在这种情况下,普通语言的任何简短的描述都会误述事实,我们惟一且很容易能做的是对事实进行详尽的描述。

2、普通语言妨碍了我们的想像力。奥斯汀举了另一个有趣的例子① 来说明我们的想像力以奇怪的方式受到语词的奴役。他的例子是假设我碰巧想到在一个人刚死后去拜访他的情形,在这种情形中说“他在家”或“他不在家”都是错误的(参看 1940,68)。奥斯汀认为,这种“一个人既不是在家又不是不在家”的奇怪情景通常是难以想像的,因为我们只能使用精确描述或使人想起普通情况的语词去描述我们试图想像的东西,这就使我们的想像力为语词所支配。正因为在通常情况中对“他在家吗?”这个问题的回

① 奥斯汀哲学的魅力部分来自他的例子的独特而有趣,上面所述的猫发表演说和这里的恰在某人死后造访两个例子都是他所喜爱的、多次提到的例子。有关他的例子的评价可参看 G.皮切的“奥斯汀:个人回忆”一文,见(台)刘福增《奥斯汀》,台北,东大图书公司,第 20 页。

答是“在”或“不在”这样确定的答案,这就使我们难于想到上述的“既不是在家又不是不在家”的情形。

3、普通语言的词汇的有限性。奥斯汀多次谈到由于我们人类是有限的存在物,不可能发明、也不可能掌握无限多的词汇,因此,词汇的有限性是任何自然语言所无法回避的特征。尽管这种有限性可以通过调节词等语言手段在一定的程度上得以弥补,因而对日常生活来说未必是一个很大的缺陷,但在面对无限多样的现实世界时,我们确实有时会无能为力。如由于分类词的少而粗略,我们未必能对我们的识别经验进行描述或无法作详细描述(参看1940,85)。

4、普通语言的语法也有引人误导之处。如“fact that”会使人误以为事实就是真的陈述(参看1950,123);“know what I see”中的“what”会被误以为是关系词,而实际上它是疑问词(参看1946,96);而“could”在过去直陈式的情形中也会被误以为是过去虚拟式(参看1956b,215);等等。

5、普通语言包含错误的成分。奥斯汀明确指出,“迷信、错误和各种幻觉的确结合在普通语言中,它们有时甚至还经受住了考验而继续存在下来”,因此,“它在任何地方都可以被补充、改进和取代”(1956,185)。

正因为普通语言有上述的种种缺陷,所以,奥斯汀认为,我们在强调现实语言的事实时,又不能满足于普通语言,不能因发现了“日常用法”而自满,以为没有什么东西有待于讨论和发现,实际上“可能有大量可能发生和确实发生的事需要新的和更适当的语言去描述……甚至关于我们的日常经验,也可能有为普通人和普通语言所忽视的不同寻常的事实”(1940,69)。当然,在奥斯汀看来,在我们应对环境的过程中，普通语言的缺陷不是不可克服的。对非常的情形，我们可以对事实作详尽的描述，还可以发明新的术语；针对语词的有限性，我们可以求助于含糊的短语作描述或求助于调节词；而对语法上的误导我们只要更加仔细研究就可以了；对待普通语言中的迷信和错误所需要的只是补充、改进或代替。因此，尽管普通语言是一种有缺陷的交际工具，但它又是我们不得不使用的工具，我们可以对它进行改进和完善，但不能弃之而构造另一种语言。

为了进一步说明语言的性质及其与世界的关系，奥斯汀还从语言的形式方面作了一些探讨，即从词汇和句法方面作了一些具体的论述。这方面的讨论主要体现在 1953 年的"如何谈论"中对 S_0 语言的讨论和其他许多论文和演讲中对调节词的论述。

1、S_0 模型语言的词汇和句法

奥斯汀构想 S_0 语言模型是因为我们的普通思维和普通语言有时确实运用了这种模型(参看 1953，134)，或者可以说它是普通语言的雏形，研究这种不完善的语言起作用的方式有助于理解普通语言起作用的方式。在他的 S_0 模型中：

"世界由许多个体的事项组成，每一事项属于且仅仅属于一个确定的类型。每一类型全然且同等地与所有其他类型不同；每个事项全然且同等地与所有其他事项不同。许多事项可以属于同一类型，但没有一个事项不止属于一个类型"(1953，135)。

S_0 语言的词汇由受某些约定支配的声音或记号组成。如果不考虑支配它们的约定，这些声音或记号被称为词壳(vocables)。它们只有通过约定与世界中的事项或类型相关联才成为词。按所指约定与世界中的事项相关联的词壳就成为事项词，即 I-词，按含义约定与世界中的类型相关联的词壳就成为类型词，即 T-词。在 S_0 中，事项与 I-词一一对应，类型与 T-词一一对应。而 S_0 所允许的惟一的语句形式是“I is a T”，如“1227 是一个菱形”(1953，138)。因此，在 S_0 语言中，除了断言连结词“is a”外，每个词要么有一个由所指约定所确定的所指，要么有一个由含义约定所确定的含义，但不可能既有所指又有含义。

2、S_1 模型的词汇

假设我们拥有与在 S_0 中同样的语言，但世界更为复杂。它包含“并不与我们库存的任何模式(我们任何名称的含义)相一致的类型所属的事项，尽管它们可能多多少少相似于那些模式中的一个或多个模式”(1953，146)。奥斯汀认为，在多数的实际言语情境中，这种复杂情形以及更为复杂情形的引进是不可避免的。那么，语言如何适应复杂情形的引进呢？当然，我们可以在一个新的类型刚出现时就赋予它一个新的标签。但这通常是不实际的。通常我们可以采取另外两种方式进行。第一种方式是把旧词的含义作些扩展以包容新的事项。如在 S_1 中我们碰到一个事项偏离了 S_0 中的菱形模式，但因为差别很小，我们决定也把它称为菱形(参看1953，149 中的讨论)。另一种方式是引进调节词。我们可以说新的事项像菱形(Like rhombus)，或它们是准菱形(quasi-rhombus)，或它们属于菱形类(rhombus-type)，或它们是近似菱形的(rhombusish)。或者，我们还可以从另一面来处理问题，说尽管新的事项是菱形，但它们不是真实的(real)或真正的(genuine)或准确的(true)或严格意义上的(proper)菱形。

3、调节词(adjuster-words)

在词汇方面,奥斯汀对调节词论述最多,研究最为深入[①]。调节词是使我们有限的语词更能适应世界中出现的无数的不可预见的情境的一种手段。“它是我们用来整理和调整语词意形关系的语言工具的一部分”(1953,120)。如果我们把语词看作是射入世界的箭,那么,按奥斯汀的意见,调节词的功能是使我们能够命中并不处于正前方的目标,它能以弧线的方式射中。借助调节词,我们无需改变它所修饰的术语的含义就获得了灵活性。因为如果我能说“不是真正的猪,但像猪”,我就无须改变“猪”这个词本身的意义(参看 S & S,74－75)。

因为调节词要求有被调整的名词,它本身不能充当述谓表达式。我们不能像说“这是粉红色的”那样说“这是真实的(real)”,我们总是必须追问“真实的什么?”,否则我们就不知道指着一个东西说“它是真实的”究竟是什么意思(参看 S & S,69)。对“true”“genuine”、“proper”等词来说,情况也是这样。

从奥斯汀的论述中我们可以看出,调节词起作用的方式至少有两种,一种可以称作是准扩展式(quasi-extension),另一种可以称作是准缩约式(quasi-contraction)。在准扩展式中,我们运用调节手段使人们注意属于“T”的运用范围的事项与不属于该范围的事项 A 之间的相似性;在准缩约式中,我们表明在“T”运用范围内的事项 A 与其他事项极为不同。在这两种情形中我们都未改变“T”的适用范围,尽管准扩展方式意味着它能合理地被扩展到 A,而准缩约方式意味着它能合理地拒绝 A。

---

① 有关调节词及其在适应世界方面的步骤的论述参看(1946,89),(1950,120),(1953,150),(S & S,73－77)。

奥斯汀显然极为重视准扩展式。他注意到在 S_1 情形中，适合于 S_0 的词汇必须被扩展，以便适合新的现象类型。在那种情境中，"like"(像)是最重要的调节词，或者说是我们最主要的适应手段。如我第一次看到野猪，我的描述自然是采取"我看到某个像猪的东西"这种形式，这就给你有关它的视觉表象的粗略观念。类似的表达方式还有"quasi"、"kind of"和后缀"ish"。

但是，假设在一个土语中还未有单独语词区分"鸭"和"野鸭"，而用"鸭"这个词无差别地运用于二者。现土著人开始对语言的贫乏感到不满而想找一个补救办法。由于保守他们不想发明新词而采用调整旧词的方法。他们指着鸭说"这些是真鸭"，而后指着野鸭说"那些不是真鸭"。这样，他们就实现了准缩约。对于野鸭他们就可以暂时说"鸭但不是真鸭"，不必马上引进新词。因此，使用"real"、"true"、"genuine"、"proper"是限制术语运用范围的第一步，同时也是限制它的含义的第一步。当然这些词在语言中不仅是调节词，还起奥斯汀所说的裤词和范围词的作用(参看 S & S,70－73)。在奥斯汀看来，"real"、"true"、"genuine"这些词连同"same"(1950,120n2)、"free"、"direct"、"good"等词在语言中的作用比较特殊，如不小心就会弄出麻烦的问题来(参看 S & S,15,60/1940,58/1946,88)。

4、语词之间的推导关系

调节词是调整我们的语词以使之符合新的事项类型的方法，它们所调整的是语词与世界之间的约定关系，即"垂直约定关系"。但奥斯汀认为还有另一种约定关系即"水平约定关系"(1953,143)。它的功能不是使词壳与世界中的某物相连结，而是使两个类词的含义以各种方式相关联。推导就是这种水平规则的一个例子。例如,在 S_1 中出现了一种与 S_0 中的"红色"极为相似的颜色,但我们不想把它与"红色"等同起来,而把它叫做"深红色"。当然,我们又不想使两种颜色彼此相距太远,我们对 S_0 中的"红色"一词的含义进行修正,把深红色看作是红色的一种,这样"红色"就成了多种模式的名称,成了属名。这样,由"1228 是深红色"就推出"1228 是红色"(1953,149)。

5、语词的"开放结构"("open texture")

在"如何谈论"中,奥斯汀所讨论的 S_0 和 S_1 都是人工的简单情境,其中的事项都被认为仅属于一个类型或仅拥有一个特征或仅可从一个维度评估,对同一事项拥有多种特征或属于多个类型或可从多个维度评估的更为复杂的情形,他只简单地称之为 S_2 而未作讨论(参看 1953,146)。关于更复杂情形中类型词的讨论在奥斯汀的"他人的心"一文中可以找到。在该文中,奥斯汀谈到在识别一个事项时我们必须注意它的诸多特征,特征的数量是不确定的,它们构成不明确的一个系列。缺乏其中的个别特征无关紧要,但如果缺乏其中的一些特征就会使我们怀疑该事项的真实性。例如,我们就有判别某物是否是一只金翅雀的不明确的标准系列,如红色的头、喧哗的声音、尖嘴、吃蓟草……等等。这个划界标准系列不是完全确定的,其中任何一个特征都不是绝对必要的,但是如果"金翅雀"一词要能正确地运用于眼前的事物,其中相当数量的特征必须出现。另外,如果语词的使用要无缺陷的话,某些前提必须满足,如对于金翅雀来说不能出现"说话"这个特征。如果出现这种奇迹或反常,"我们就不知道该说什么"(1946,88),语词会让我们失望。奥斯汀对分类词划界标准不确定性的论述与魏斯曼关于词项的“开放结构”[1] 概念类似。当然他未使用“开放结构”这个词。

第三节 我们如何用语言谈论世界

以上两节分别从世界和语言两个方面阐述了奥斯汀的有关见解。当然,在奥斯汀那里,语言和世界是密切相关的,谈世界往往是相对于语言而言的,而在谈语言时也脱离不了与之相对照的世界,因此,“分别阐述”不是使二者相脱离,而是在有所侧重中使二者相对照,在这种对照中显示它们之间的区分和联系。下面我们将讨论语言与世界关系的重要方面,即我们如何运用语言谈论世界。

奥斯汀认为,在我们的语言的“立法”阶段已结束而开始按约定使用语言谈论世界时,我们就已由抽象的语言形式转向实际的言谈,即由语言转向言语,更具体地说是由语句转向话语。那么,在什么情况下我们对世界所作的谈论是适当的呢?奥斯汀认为,即使在最为简单的 S_0 模型中,令人满意的话语也须满足三个必要条件:①说话者所使用的 I-词(个项词)按照语言约定真正指称他想要指称的事项;②他所使用的 T-词(类型词)按语言约定真正命名[2] 了他想要命名的类型;③他所指涉的事项真正属于他使用 T-

① 参看 F.魏斯曼“可证实性”一文,转载于帕金逊(G. H. R. Parkinson)编的《意义理论》,牛津,牛津大学出版社,1968 年版,第 37 页。

② 由于在 S_0 中,类型仅仅通过检视就可被认识(参看 1953,135),因而 Austin 把 T-词与类型之间的关系叫做“命名”关系。但在更为复杂的情境中,按他的意见,分类词未必是名称,它与事物特征之间的关系就不宜叫做“命名”,而应叫“描述”(参看 1950,122,n2)。

词所命名的类型(1953,136-137)。

当然,我们这里所要讨论的问题不是话语的适当性,而是我们如何运用语言谈论世界问题,因而上述条件中的①和②所谈的指称和命名关系与我们的问题有关。至于话语的适当性与真理问题有关,我们将把条件③留待第五章讨论。

就我们对世界所作的谈论而言,奥斯汀认为,在So中无论何时我说出一个断言,我即因此在进行指称又在进行命名,即我在运用I-词指称世界中的个项并且用T-词命名世界中的类型。当然,对适当的谈论而言,指称和命名这两个行为都必须遵循我们共同的语言约定,否则就会犯误指和误名的错误。由于语言是交际的手段,因此,误指或误名会使听者受误导。

奥斯汀还谈到误名和误指的两种不同情形。"误名和误指同样可能或是反常的,或是特异的(1953,139)。反常的误名或误指是由于违反了说者和别人共同接受的语言约定,而特异的误名或误指则是因为说者所接受的语言约定与人们共同接受的语言约定不一致。奥斯汀没有详细讨论特异的误名或误指。但他在"他人的心"一文和《感觉和可感物》一书中讨论了反常的误名或误指。为了批驳感觉陈述具有特殊性即说出它们的人不会弄错这样一种观点,奥斯汀区分了两种反常的误名:一种情形是我认识眼前的事项,但我对它用错了词;另一种情形是我误识了眼前的事物而用错了词。前种情形可能出于口误或笔误,但后种情形决不是由于语词上的错误,而恰恰是因为我的感觉本身的不确定造成的。正是由于后一种反常的存在使"感觉陈述具有特殊的确定性"这一观点大打折扣(参看1946,83n2/1946,90-93 S & S,112-113)。

上面所讨论的是在So中话语所包含的I-词和T-词的起作用

的方式。那么,在更为复杂的日常言谈中,话语所包含的语词又如何起作用呢？对此奥斯汀没有作专门的讨论,他只是在1950年的"真理"一文的一个附注中顺便谈及这个问题(参看1950,122,n3)。他认为普通言谈所使用的语句包含起指示作用的语词和起描述作用的语词,它们的作用分别相当于 S_0 中的I-词和T-词。尽管在日常言谈中,指示词经常可以为非语词的实际指示所代替,而且许多指示词实际上只是辅助手段,总是有非语词的根源作为它们的坐标,但无论如何,普通语言总是运用不同的手段作为它们的指示因素和描述因素。

然而,在奥斯汀看来,无论是 S_0 中话语所包含的I-词的指称行为和T-词的命名行为,还是普通言谈中指示词的指示行为和描述词的描述行为,它们都只是我们谈论世界的完整话语所完成的行为之部分,或者可以说是完整的话语行为的从属部分。在我们谈论世界时,我们完整的话语起作用的方式与其从属部分起作用的方式不同。例如,在 S_0 中,当我们说出"1227是一个菱形"这个断言时,我们是在把1227识别为菱形或者是在陈述1227是一个菱形,因此,话语的完整发出是进行识别或作出陈述,而整个的话语就是识别或陈述。在运用"1227"这个词时我可能在误指,在运用"菱形"这个词时我可能犯误名,但在运用"1227是一个菱形"这个语句时,我们所可能犯的是误识或误述,而不可能是误指或误名(参看1953,40)。

相比较而言,奥斯汀更为关心的是完整的话语的功能或起作用的方式,而较少考虑作为话语的部分的语词的功能。他在假定我们的话语在遵守语言的约定方面无懈可击,即在其中所包含的语词正常地发挥作用的情况下,详细探讨了话语起作用的不同方式,即我们运用它们谈论世界的不同方式。他的讨论主要限于 S_0 和 S_1 言语情境中的话语。

奥斯汀告诉我们,在 S_0 中,当我们用“1227 是一个菱形”这样的语句来谈论世界时,我们可以有四种不同的使用方式,或者说,在我们把它作为一个断言说出时,我们可以说是在做四种不同的断言行为或是在给断言行为以四种不同的解释:①C 式识别(C-identifying),即试帽(Cap-fitting)或安置(Placing);②B 式识别(B-identifying)即填单(Bill-filling)或网捕(Casting);③陈述(Stating);④示例(Instancing)。

奥斯汀的这些解释大多是比喻的说法。我们很难将它们准确地译成中文。但他曾举例说明了 C 式识别和 B 式识别之间的区分:“当你把它递给我并问我是否能辨别它,而我说它是月桂,这时我们可以说‘把它认作是(月桂)’:但当你递给我一个载物片且问我是否能在其中辨别出月桂时,我们又可以说‘识别月桂’。在第一种情形中我们在找适合特定对象的帽子;因此就有‘试帽’或‘C 式识别’这样的名称。我们是在试图‘安置’它。但在第二种情形中,我们试图找到适合特定清单的对象;因此就有‘B 式识别’或‘填单’这样的名称。我们按月桂‘网捕’这个事物”(1953,142-143)。由此可见,两种识别的差别是适应(fit)方向的差别;在 C 式识别中我们在找适合特定事项的名称,因而是使名称适应事项;而在 B 式识别中我们在找适合名称的事项,因而是使事项适合名称。而在奥斯汀看来,使名称适应事项显然不同于使事项适应名称,正如栗子适应筛子显然不同于筛子适应栗子(参看 1953,141)。

对陈述和示例这两种行为,奥斯汀未多加说明,因为他认为

“陈述”和“示例”这两个术语无须解释。他仅仅告诉我们这两个行为具有相反的适应方向:陈述像C式识别一样是在使名称适应特定的事项;示例则像B式识别一样是在使事项适应特定的名称(参看1953,142的图解)。那么,C式识别和陈述,B式识别和示例又是如何区分开来的呢?

为了回答这个问题,奥斯汀引进了“匹配的责任”(onus of match)概念:“我们使名称适应事项或使事项适应名称是以事项的类型和名称的含义相匹配为根据的。但是,在比较X和Y中,存在着使X适合Y和Y适合X之间的区别,这可以被称为是匹配责任的差别”(1953,141)。这样,C式识别之不同于陈述就在于,对C式识别而言,事项的类型被看作理所当然,被置疑的是,是否名称的含义真正与之相配;而对陈述来说,名称的含义被认为理所当然,被置疑的是,是否事项的类型真正与之相配。示例以同样的方式区分于B式识别:对B式识别而言,名称的含义被认为不成问题,有疑问的是,类型是否与之相配;对示例而言,类型被认为不成问题,而成问题的是,名称的含义是否与之相配。

为了进一步阐明四种断言行为之间的差别和类似,奥斯汀还考察了它们被误施的情形:

① C式误识表明我们由于不理解名称的含义而在匹配中出了毛病。奥斯汀认为这种错误在比S_0更复杂的情形中可以说是对含义的“误解”(“misconception”,见1953,144)。

② 误示(to misinstance)同样揭示了对名称含义的误解。

③ 误述(to misstate)表明我们不正确地评估了事项的类型。

④ B式误识同样揭示了对事项类型的误觉。

奥斯汀认为,误施的情形显示了C式识别和示例之间以及陈述和B式识别之间的相似性。前二者的问题都出在对名称的误解上,后二者的问题都出在对类型的误觉上。从另一侧面,误施的情形又可以说明C式识别和陈述之间的相似性以及示例和B式识别之间的相似性;对C式误识或误述,我们的回应是"但是,1227不是一个菱形";而对误示或B式误识我们的回应是:"但是,1227不是一个菱形"。前者强调的是名称之不符合特定的事项,而后者强调的是事项之不符合特定的名称。

另外,奥斯汀还指出说明C式识别和陈述以及B式识别和示例之间差别的另一种方式。尽管在C式识别和陈述中我们都是使名称适应事项,但在C式识别中我们的兴趣是通过含义来连结名称和类型,而在陈述中我们的兴趣是通过类型把含义和事项连接起来,这就是说,我们识别的主要是类型,而我们陈述的主要是事项。与此相似,在示例和B式识别,我们都是使事项适应名称,但我们所示例的主要是类型,而我们所网捕的主要是事项(参看1953,145-146)。

由奥斯汀对四种断言行为彼此之间的差异和相似的论述中可见,即使在最为简单的S_0言语情境中,我们的言语即我们对世界所作的谈论也与世界处于复杂的关系中,我们不仅要考虑名称(T-词)与事项的适应关系以及名称的含义和事项的类型之间的匹配关系,而且还要考虑适应的方向和匹配的责任。我们的话语(这里仅限于断言)或把世界中的特定事项认作是某个名称的含义与之相匹配的类型中的一员,或通过与特定名称的含义相匹配的类型网捕世界中的某个事项,或陈述世界中特定事项是与某个名称的含义相区配的类型中的一员,或把某个事项引证为特定名称的含义与之相匹配的类型之一例。

当然,在比 S_0 复杂的言语情境 S_1 和 S_2 乃至在实际的言谈中,我们的话语与世界的关系更为错综复杂。在“如何谈论”一文中,奥斯汀还讨论了 S_1 情境中的言语行为,但未论及 S_2 情境和现实世界中的话语。他认为,在 S_1 中,由于事项的类型并不与我们词汇库中任何名称的含义严格匹配,因此需要一组新的术语来称呼四种不同的断言行为。正如在 S_0 中一样,按照适应的方向和匹配的责任,我们可以把它们称为:①称作;②描述;③例证;④归类。例如,对“1228 是一个多边形”这个断言来说,当我们把 1228 称作或描述为多边形时,我们就承认名称并不准确地适合事项,因为在一种情形中名称的含义并不严格地与事项的类型相配,而在另一种情形中事项的类型并不严格地与名称的含义相匹配。如果我们把 1228 误称为多边形,那我们就被指责为是在滥用语言,即是在破坏语言;而如果我们把 1228 错误地描述为多边形,那我们就被指责为在歪曲事实(参看 1953,147-148)。同样,当我们给出实例而不是示例时,我们承认模式的多样性,而某个样品并不酷似模式;当我们把某个事项归类为多边形而不是按多边形来网捕它时,我们承认忽视了事项的许多特殊性(参看 1953,148)。

在讨论我们“如何谈论”问题上,奥斯汀主要考虑世界方面对我们的言谈方式或言语行为的影响,但他也简要地考察了语言方面对我们言语行为的影响。他认为,如果我们用 SN 类型的语句即“I is not a T”这种类型的语句来对世界作断言性的谈论,那么可能的言语行为的数量就减少了:两种形式的识别就消失了。因为在这些简单的言语行为中,识别的目的是使名称的含义和一个类型相匹配,而“把某个东西认作不是如此这般的东西”是一个无意义的短语。但是,在 S_0N 言语情境中,尽管名称的含义不与类型相配或类型不与名称的类型相配,示例和陈述这两种言谈方式或言语行为仍然作为某种有用的东西而保留下来(参看 1953,152－153)。奥斯汀还相信,以相似的方式,所允许的语句形式的其他变化通常对言语行为的种类有影响(参看 1953,153)。

从以上的论述可以看出,奥斯汀在对我们的言谈方式或言语行为的种类所作的探究中,主要考虑的是语言和世界之间的适应和匹配关系。当然,现在可能有人会问,即使奥斯汀在有关适应和匹配关系上所持的看法是正确的,那它们在哲学上又有什么重要性呢? 对此奥斯汀的观点似乎有三个方面:① 语言并不被以随意的方式使用。我们所使用的不同的表达式,如"识别"、"陈述"、"示例"等,适用于不同的情境类型。这个原则或许可以被看作是对"语言现象学"的辩护,即对言谈方式的探究真正使我们更清楚、更详尽地察看世界。②言语行为的名称比我们通常所考虑到的更多、更专门、更模糊且更意味深长。如果不对它们作更多的研究,它们中的任何一个名称在哲学上都不能以一种普通的方式被安全地使用,如"陈述"或"描述"这样的名称就极为含糊,易引人误解。因此,对不同的断言行为的研究在哲学上有一种预防性治疗的作用[①],此后奥斯汀在谈及对世界所作的或真或假的断言时,不再使用"陈述"或"描述"这样的名称,而代之以他自创的"constative"一词(参看 Words,3)。③言语情境模型的建构有助于我们弄清可能的言语行为的种类,从而有助于我们对语言和世界之间关系的复杂性的理解(参看 1953,150－151)。

① 参看瓦诺克《1900 年以来的英国哲学》,牛津,牛津大学出版社,1958 年,第 148 页。

第三章　语言与行为

本章所处理的是奥斯汀的言语行为理论。前章第三节已谈过，当我们开始使用语言谈论世界时，我们就已由语言转到言语，即我们在实际情境中所作的言谈。言语是在特定的场合中对特定的语言的具体运用，它包括运用语言的说话行为和所说的话。无疑说话本身就是人的一种行为，是人所做的一种事情，因此，即便是在最为通常的“说话”这一层面上，说话也是做事，言(saying)即是行(doing)。奥斯汀论及这种意义上的言语行为，他称之为“话语行为”(locutionary act)，并对它进行剖析，但他关注的焦点不是这种言语行为。他更为感兴趣的是更高层面的言语行为，即我们的说话是有意图的，我们总是在说话中做点说话之外的事情，或就世界中的事件进行陈述或报道，或做些另外的事情，如进行结婚、打赌、致歉、命名、许诺等社会活动。我们在说话的同时总是在做诸如此类的事情。奥斯汀最为关心的就是这种意义上的言语行为，他称之为“话语施事行为”(illocutionary act)。他还对这种行为进行分类。此外，奥斯汀还顺便谈到另一层面的言语行为，即经由说话我们会对自己或他人的思想、感情或行为施加影响，从而获得使相信、使惊奇、使喜欢、使厌恶等言后之果。奥斯汀称这种收言后之果的行为为“话语施效行为”(perlocutionary act)。

以上是奥斯汀的言语行为三分说(即后来人们所说的言语行为理论)之大概。当然，奥斯汀对言语行事现象的认识并不是从一开始就达到如此深入系统程度的，而是经过一个艰苦的探索过程才逐步深化的。他先是提出施事话语/记述话语(performative utterance/constative utterance)区分说，认为“施事话语”是一整类特别的话语，或者说，是我们使用语言的一类特别的方式，即使用语言实施许诺、打赌、命名、致谢、祝贺等约定俗成的社会行为。语言的这种施事的使用方式与语言的记述的使用方式相对照，即与使用语言对世界中的事实或事态作或真或假的记述相对照，因此，施事话语与记述话语是相对照、相区分的两类不同的话语。但是，由于奥斯汀的“施事话语”概念本身的不严格以及他的兴趣的扩展，他后来感到很难坚持“施事话语”和“记述话语”之间的严格区分，转而提出一个更为一般的理论(即言语行为三分说)来处理言语行为问题。从这个一般理论的角度看，施事话语和记述话语不再对立，因为记述话语(语言的记述使用)正如施事话语(语言的施事使用)一样都是在实施某种行为，即都是在实施某种话语施事行为。例如，作一个陈述和作一个许诺一样都是在实施某种话语施事行为，尽管它们所实施的是两种不同的话语施事行为。这样，话语的施事功能就不是某些话语所具有的特别功能，而是一切完整意义上的话语所共同具有的一般特征。奥斯汀先后提出的这两个理论既有联系又有重要的差异，下面将分而述之。

第一节 施事话语/记述话语区分说

1. “施事话语”概念的提出

奥斯汀是通过研究语言的使用而达到他的“施事话语”概念

的，他把“施事话语”看作是语言的一种使用（参看 1956C，235）。通常我们使用语言是为了述说或报道世界中的事实或事件，也就是使用语言谈论世界。从这个意义上说，我们的话语可以与“世界”相对照，即可以考察它们是否与事实相符合，因而，它们是有真假的。传统哲学家和语法学家所重视的就是语言的这种描述功能。这样，尽管他们承认使用语言本身是一种行为，但他们仅仅把这种行为看作是陈述或描述这样的言谈行为，而言谈行为和其他行为是可以区分开的，所谓的“言行不一”表明的就是言谈行为与实际行为的不一致。

然而，这种认为语言的首要功能是描述事实的看法自 20 世纪三十年代初开始受到来自维特根斯坦的挑战。他认为语言是一种工具，除了用于报道事实外，还可用于提问、下命令、编故事、讲笑话、诅咒、祷告等等，因此，描述事实只是语言无数种使用中的一种使用①。奥斯汀在 30 年代后期已经形成有关语言施事使用的想法，并在 1946 年的“他人的心”一文中首次公开表露了这一想法（参看 Words，编者前言），批评那种认为所有语言都是纯描述性的看法是犯了“描述性谬误”（1946，103）。但他后来认识到“描述性谬误”这个名称不妥当，因为他在 1953 年的“如何谈论”一文中已经证明即使在简单的言语情境中，我们谈论世界的方式也是多种多样的，或者说，我们可以给断言行为以不同的解释，而“描述性”行为本身是一种特别的断言行为，并非所有或真或假的陈述都是描述。因此，他更喜欢称语言的描述性使用为“记述话语”（consta-

---

① 参看维特根斯坦《哲学研究》，牛津，巴西尔·布莱克威尔出版公司，1958 年，第 23 节。

tive utterance),自然,那种认为语言只有记述使用的观点应是犯了"记述"的谬误(参看 Words,3)。

当然,与维特根斯坦不同的是,奥斯汀不认为语言的使用方式是无限的,而坚持语言的使用方式是有限的,并认为我们可以对它们进行概括和分类。他认为可以把语言的使用方式分为两大类或者说我们有两大类话语:一类是语言的记述使用,就是上面所说的"记述话语";与此相对照的另一类是语言的施事使用,他称之为"施事话语"(performative utterance)①。他认为这两类话语在性质上极为不同,彼此形成对照。当然,奥斯汀并未给"施事话语"下明确的定义,而是尝试说明它的基本特征:第一,"施事话语"在形式上是无懈可击的、极为普通的直陈式,其中不包含奇怪的或危险的词而且在结构上不成问题,它们在语法上与"陈述"无异;第二,

---

① 有关语言的施事使用,以前的哲学家也曾经注意过。正如奥斯汀所言,对如此广泛而又显而易见的现象,前人不可能完全未注意到(Words,1)。奥斯汀的老师普利查德(H.A. Prichard)就曾经对许诺(promising)感到困惑——仅仅说些什么怎么能建立约束关系?也许正是普利查德对许诺现象的思考引起奥斯汀的兴趣,促使他去思考一般的"施事话语"现象,并更进一步思考说和做、"言和行"这样的一般课题(参看瓦诺克《J.L. 奥斯汀》,伦敦,劳特利奇出版社,1989,第 105-106 页)。如果我们追溯得远一点,可以看到,休谟也曾详细论述过许诺的责任问题,但奥斯汀似乎未意识到这一点。实际上,休谟的观点与奥斯汀的观点极为相似,他也把许诺行为与心理意愿区分开,也意识到许诺的不严肃的使用(参看休谟《人性论》,第三卷第二章的第五节"论许诺的约束力",中译本,关文运译,商务印书馆,1980 年,第 557-564 页)。当然,无论如何,尽管以前的哲学家曾注意过语言的施事使用,但他们的论述是零碎的,只有到奥斯汀那里才首次发现语言的施事使用是一种很普遍的现象,并以"施事话语"概念给予明确的表述。尽管奥斯汀后来自己对"施事话语"和"记述话语"的区分提出严肃的批评,但在哲学文献中这个区分继续得到论述,似乎可以说是一个经典,塞夫(Walter Cerf)甚至声称,施事话语已经成为奥斯汀的标志,如同"机器中的幽灵"是赖尔的标志,而语言游戏则是维特根斯坦的标志一样(参看他的"对《如何以言行事》的批判性考察"一文,转载于 K.T. Fann 编的《J. L. 奥斯汀讨论集》,伦敦,劳特利奇和基根·保罗出版公司,1969 年,第 351 页。

它们实际上根本不陈述任何东西，因此是无真假的；第三，这类语句的说出不是在说点什么，就是说，不是在做陈述或报道这样的言谈行为，而是在做另外的一些事情，如做道歉、保证、许诺等约定俗成的社会行为。而这类社会行为通常并不被看作仅仅是在说些什么。正是由于这第三个特征，这类话语才被称为“施事话语”，因为正是在这类讲话中，我们的言就是行或行的一部分，而我们的行或行的一部分也体现为言，言行合一，不可分离。正是在这个意义上，我们的言语才真正地是在做事——做与言谈不同的其他事情。

奥斯汀承认，“施事话语”概念初听起来似乎有点奇怪，但满足上述特征的话语不胜枚举，根本就不稀奇。例如（参看 Words，5/1956C）：

A、“我愿意（娶这个女人做我的合法妻子）”——在婚礼过程中如是说。

B、“我把这艘船命名为‘伊丽莎白号’”——在轮船的命名仪式中如是说。

C、“我把我的表遗赠给我的兄弟”——做遗嘱时如是说。

D、“我道歉”——在我踩到你的脚时如是说。

E、“明天准会下雨，我敢赌六便士”。

F、“我答应七点钟到那里”。

这类话语在语法上都是我们所熟悉的直陈句，但它们与“猫在草席上”、“他在跑”这样陈述事实或描述事态的语句不同。在说出这类话时，“我”显然不是去描述我所做的事情或陈述我正在做它：我不是在说（=报道）我给一只船命名，而是正在给它命名；不是在说我打赌，而是在进行打赌；不是在说我许诺，而是正在许诺。这就是说，我们不是在描述或报道结婚、命名、遗赠、打赌、道歉、许诺等活动,而是在进行这些活动。说话本身就是在实施这类活动或履行其中的一部分,因此,说话就是施事,这类话语也就被称为“施事话语”。施事话语的首要功用是施事,不是陈述事实或描述事态。因此,它们不存在是否与事实相符合问题,无真假可言。奥斯汀甚至认为,它们之无真假可言正如“见鬼!”之无真假可言一样显而易见,无需论证(参看 Words,6)。

奥斯汀还尤为反对把某些施事话语看作是对某种内在精神行为的或真或假的描述,如把“我保证……”这类令人敬畏的施事话语看作是对内在精神严肃性的描述。他认为这种看法会为种种口是心非的不道德行为提供借口(参看 Words,9－10/1956C,236)。

2. “施事话语”达成的条件及其种种可能的“不适当”方式的分类

尽管施事话语不是对外在行为或内在行为描述,它本身也无真假可言,我们不能拿“真假”概念来评价它,但我们还是有相应的概念可以评价它。这就是奥斯汀所提出的“是否适当”概念(happiness 或 unhappiness)。奥斯汀提出这个概念的意思是,“施事话语”不是脱离情境的单纯孤立的话语,它是处于一定的情境之中的,如果情境不适当或有欠缺(infelicities),那么,“施事话语”所要执行的行为就无法成功实现,或在某种程度上被污损或以某种方式出差错,甚或完全是空的或无效的。奥斯汀把在有欠缺情况下的施事话语统称为“不适当”的话语。如许诺有可能是空的或言而无信或未被履行等种种不适当的情形。因此,与记述话语之有真假相对照,施事话语有“适当”和“不适当”之分。我认为,奥斯汀引进“是否适当”概念来评价施事话语的做法是可取的,因为施事话语既是话语又是行为,是言和行的统一体,而“是否适当”概念既适用于言又适用于行,比只适用于言的“真假”概念更加灵活适用。

奥斯汀认为,一个施事话语要适当,即要顺利达成,必须有适当的情境,即必须满足一定的条件。具体地说,有以下几个必不可少的条件(见 Words,13):

(A1)必须存在一个被接受又具有一定效果的约定程序,这个程序包括在一定的情境中,由一定的人说出一定的话。

(A2)在某一场合,特定的人和特定的情境必须适合所诉求的特定程序的要求。

(B1)这个程序必须为所有参加者正确地实施,并且

(B2)完全地实施。

(Γ1)这个程序通常是设计给具有一定思想或情感的人使用,或者设计给任何参加者去启动一定相因而生的行为,那么,参加并求用这个程序的人,必须事实上具有这些思想和感情,并且进一步改为:

(Γ2)随后亲自这样做。

奥斯汀认为只要违反这六条规则中的任何一条,施事话语就会以这种或那种方式“不适当”。当然,“不适当”的各种方式之间存在很大的差别,他试图对这些方式进行归类并作详细的阐述。

首先,从大的方面看,从 A1 到 B2 规则制约的是外在的情境,违反这类规则的施事话语不能成功实现,奥斯汀称之为“未成”(misfire);Γ1 和 Γ2 规则制约的是内在情境,违反这类规则的“施事话语”是在不诚实的情况下达成的,它滥用了程序,奥斯汀称之为“滥用”(abuse)。当话语未成时,我们所诉求的程序是遭驳的(disallowed)或错坏的(botched),我们的行为就是空的(void)或没

有效果的。例如,犯重婚罪者在说"我愿意"时,他仅仅"经历了结婚的形式",他的"结婚"行为是无效的(见 Words,16)。另一方面,当一个施事话语妄用时,我们的行为就是"伪称的"(professed)或"虚伪的"(hollow)。例如,当我在对你的成功并不感到愉快时而说"我祝贺你",那我就是不诚实的(见 1956C, 239)。

其次,从更细的方面看,违反(A)规则和违反(B)规则是有区别的,因而有两种不同的"未成"。违反(A)规则是程序的误求(misinvocation)——要么没有这样的程序,要么所诉求的程序不适应想做的行为——前者违反了(A1)规则,即所求助的程序实际上并不存在而说话者误以为它存在。如"我要求与你决斗"这句话所诉诸的程序过去曾被人普遍接受,但现已不被接受,因而它是无效的,听者可以对它置之不理。奥斯汀未找到称呼这种程序误求的适当名称,他曾称之为"non-play",但后来又放弃了这个叫法(参看 Words,18 的图表及脚注)。后者违反了(A2)规则,即尽管所诉求的程序确实存在,但说话者以不恰当的方式运用它。奥斯汀称之为误用(misapplication)。例如,给企鹅施行浸礼就是程序的误用。与违反(A)规则相比,奥斯汀认为,违反(B)规则不是由于所诉求的程序不存在、不合适或运用不当,而是由于在程序执行过程中出了差错而使施事话语无效。他称之为误施(misexcution)。对违反Γ规则,奥斯汀也区分了不诚实和违背承诺两种情形①。但在现实生活中,这二者并不易鉴别。

在对"不适当"的方式作初步的分类之后,奥斯汀还对这种分

① 关于违背承诺(breach of commitment),参看奥斯汀的"施事话语—记述话语"一文中有关各种不适当方式的分类,此文转载于塞尔《语言哲学》,牛津,牛津大学出版社,1971 年,见第 15 页。

类作了三点自我评估(参看 Words,18－24)。(1)“不适当”概念的适用范围。首先,“不适当”概念不仅适用于语言行为,还适用于其他礼仪行为。其次,它也适用于某些陈述。如“目前的法国国王是个秃子”这句话就像赠给别人你所并不拥有的东西一样地“不适当”。奥斯汀认为,关于不存在的东西的陈述不是假的,而是空的(void)[①]。(2)这个分类不完全。首先,“施事话语”是一种行为,它会遭受所有行为都可能遭受的被强制做出或偶然做出或错误做出等不适当。其次,“施事话语”可能会不严肃地说出,如舞台对话、作诗或个人独白。再次,“施事话语”也会因误解而失效。(3)种种“不适当”的方式并不相互排斥。一个施事话语可能同时遭受几种“不适当”。而对于一个特定的施事话语究竟以何种方式“不适当”有时也难以确定。这种分类上的不确定性在奥斯汀对各种“不适当”的分别详述中表现得尤为明显,这里因篇幅关系不再细谈。

3．“施事话语”的可能判别标准及其与“记述话语”区分上的困难

在前面的论述中,我们满足于使施事话语之有“适当与否”和记述话语之有“真假与否”相对照、相区分。但奥斯汀很快又发现,这种对照或区分并不可靠。因为,实际上“对适当和不适当类型的那种考虑会影响陈述(或某些陈述),而对真假类型的考虑会影响施事话语(或某些施事话语)”(Words,55)。一方面,记述话语也

---

① 奥斯汀对无所指的指称词的处理办法与罗素和斯特劳森的处理办法都不一样。

易遭受施事话语所遭受的种种“不适当”。如“约翰的所有孩子都是秃头的”这个记述话语，在约翰事实上并没有孩子的情况下，就像某人在没有表的情况下说“我把我的表遗赠给你”这个施事话语一样是空的、无效的，因为它“缺乏所指”(1956C，249)。再如，某人在不相信猫在草席上时而说“猫在草席上”就像某人在不打算到某个地方去而说“我答应到那里去”一样地是不真诚的。另外，我在不知道隔壁房间有多少人的情况下我就无权做“此时此刻隔壁房间里有五十个人”这样的陈述，我最多只能作如是猜测，正如我在不具有支配你的权威时我就无权说“我命令你……”一样，我最多只不过口头说说这句话而已，但不会产生命令的效力。诸如此类的例子足以说明记述话语同施事话语一样容易出现一些不适当的情况。当然，另一方面，“施事话语”也会受真假概念“侵蚀”。首先，尽管“施事话语”本身无真假可言，但会蕴涵着一些别的为真为假的陈述。如“我道歉”这个施事话语的适当与否决定了“我正在道歉”这个记述话语的真假(见 Words，53)。其次，事实会影响“施事话语”的适当性，甚至使其成为有真假的。如“我警告你那头牛将会袭击”这个施事话语要受牛是否真的袭击影响，如果牛并未袭击，这个警告就会受到批评，但批评不应是前面所讲的“不适当”中之一种，因为警告这个行为已被执行，而且也不是在不诚实的情况下被执行的，我们也许更倾向于说它是假的或错的(参看 Words，55)。总之，从“适当与否”概念会渗入记述话语和“真假”概念会渗入施事话语这两方面看，要依据这两个概念把它们区分开来是成问题的。那么，是否存在更为严格的划分标准呢？尤其是，是否存在识别施事话语的某种语法上(或词纂上的)标准？

奥斯汀首先提出两条语法上的标准(见 Words，56－57)。一是具有第一人称单数现在时直陈式主动语态的话语。前面所举的“施事话语”例子都符合这个标准。二是具有第二或第三人称单数或多数现在时直陈式被动语态形式的话语。如“Passengers are warned to cross the track by the bridge only”。但他又马上检查这两个标准,发现只有“显式施事话语”(explicit performatives)才符合这种语法标准,而对“向右转”、“关上门”、“越位”这样的“隐式施事话语”(implicit performatives)来说,这种语法标准不起作用。

奥斯汀又试图通过特别的词汇把“施事话语”标示出来,但反例又使他放弃这一做法。一方面,在没有施事标示词的情况下我们亦可得到施事话语。如用“角落”代替“危险的角落”,用“牛”代替“危险的牛”来做警告;还可用“You will”代替“You are ordered to”,用“I shall”代替“I promise to”,等等。另一方面包含施事标示词的话语也未必是施事话语。如“你答应”、“他准许”就不是施事话语。

由于语法标准上的困难,奥斯汀还进一步尝试是否可把事实上的“施事话语”化约、扩展或分解为语法上第一人称单数直陈主动语态式话语。如我们可把“out”(出局)扩展为“I declare you out”(我判你出局)。奥斯汀承认这种改写通常可以办到,但他又发现具有改写后形式的话语并非都是施事话语。如“I promise only when I intend to keep my word”就用于描述习惯性行为。而像“I state that the sun rises in the east”明显就不是施事话语,而与“the sun rises in the east”一样都是描述事实的记述话语。

奥斯汀最后不得不承认没有纯粹的语言标准可据以把施事话语和记述话语区分开。而且,由于前面说过的“不适当”会侵入记述话语以及评价话语和事实之间关系的“不正确”、“不好”、“不公正”、“不正当”、甚至“错误的”、“假的”等责难也适用于施事话语，因此，“施事话语”和“记述话语”之间的界限已相当模糊，“它们之间的差异已被大大削弱，且实际上已崩溃”(1956c,251)。为此，奥斯汀猜测，所有的记述话语归根到底都是施事话语，是隐式施事话语，都可改写为“I state that……”这种形式，都在实施陈述行为，而陈述同结婚、道歉、打赌等一样都是行为。这样，施事话语和记述话语的区分就只是施事话语内部的区分。记述话语只是诸多施事话语中的一种，最多也只是较为特别的一种。既然记述话语和施事话语不再对立，且“我们不能说出任何话语而不实施某种有关的言语行为”，因此“也许我们所需要的是关于这些言语行为的一种更加一般的理论”①。这就是我们后面要讨论的言语行为三分说。

4. 施事话语和记述话语之间的区分是否真的已崩溃?

奥斯汀原先曾满怀信心地要把施事话语同记述话语区分开，使之作为语言的一种重要的非描述性使用与记述话语的描述性使用相对照，以此表明传统哲学只重视语言的描述功能或认知功能的基本态度是不适当的。但是，他渐渐发现，区分施事话语和记述话语殊非易事，因为我们很难找到识别施事话语的严格标准。这样，他又转而怀疑原来所作的区分，甚至认为原先的区分已崩溃，

---

① 参看奥斯汀“施事话语—记述话语”，转载于塞尔编的《语言哲学》，牛津，牛津大学出版社，1971年，第20页。

应当被抛弃。那么,奥斯汀原初的施事话语/记述话语的区分是否真的已崩溃呢?

不少学者并不赞同奥斯汀的意见,而认为施事话语和记述话语的区分观念是有益的,它们之间的功能性区分是应当坚持的,问题在于奥斯汀寻找判别施事话语的语言标准的努力是误入歧途①。在施事话语/记述话语区分是否崩溃问题上,瓦诺克在《J. L. 奥斯汀》一书中有详尽的论述。我认为他的解释较为合理。他认为奥斯汀对施事话语/记述话语的区分感到困惑的原因在于从一开始他对"施事话语"就没有一个清楚的概念,而他要抛弃这种区分的根本原因是由于他实际上并不对特别的话语类型感兴趣,而是对所有话语的某一特征(在说话中某件事被做出的特征)感兴趣。就是说,由于奥斯汀感兴趣的是我们语言(确切地说是言语)的普遍特征,因而特别的话语类型之间的区分并不是他特别感兴趣的东西②。

确实,从奥斯汀最初所举的例子看,施事话语所实施的都是约定俗成的仪式性行为的一部分,如结婚、给轮船命名、遗嘱、打赌等都是具有约定俗成程序的仪式性行为,我们的话语正是作为某个已确立的约定程序的必要组成部分而成为真正的施事话语——说些什么同时是做些什么,甚至主要是做些什么,做约定程序的一部分。正因为施事话语所执行的是约定俗成的做事过程的一部分,

---

① 参看 A. Sesonske"施事话语"一文,载《哲学杂志》,第 62 卷,1965 年,第 459－468 页,和瓦诺克《J. L. 奥斯汀》,伦敦,劳特利奇出版社,1989 年,第 114 页。

② 参看瓦诺克《J. L. 奥斯汀》,伦敦,劳特利奇出版社,1989 年,第 117－119 页和 146－148 页。另外,还可参看瓦诺克的"施事话语的一些类型"一文,载伊赛亚·柏林等著《诸家论 J. L. 奥斯汀》,牛津,牛津大学出版社,1973 年。

所以奥斯汀把“必定存在具有某种约定效果的公认的约定程序”(Words,14)作为施事话语之适当性的首要条件。然而,奥斯汀后来对施事话语的展开论述表明他对“适当的”约定程序究竟是什么并没有非常清楚的概念,因为他后来明显把事实上并不具有约定俗成程序的劝告、警告等行为看作是约定的行为,可见,他的约定程序概念相当不确定、相当模糊,是极成问题的。正因为他对约定的程序没有明确一致的概念,他对“施事话语”也就没有明确一致的概念,这样,对施事对话/记述话语的区分也就不会有清楚的概念,关于区分的诸多困惑也就随之而来。而既然奥斯汀对要做什么样的区分,要把什么东西从什么东西中区分出来并没有前后一致的清楚的概念,那么,区分之被抛弃或划界企图之崩溃究竟是什么意思也是不清楚的。对这一点下面就更具体地展开论述。

在奥斯汀最初引入“施事话语”概念时,在他的头脑中,施事话语只是一些特别的话语,是作为约定俗成的、仪式的或礼仪的程序中的“施行”因素而被说出的某种东西,尽管这种话语并不罕见或奇怪,因为在社会生活中总是存在做各种各样事情的各种约定俗成的程序。对结婚、离婚、打赌、遗赠或捐赠、给重要的船命名、给婴儿施洗礼、订合同、玩游戏等等活动而言都有规定好的仪式。在这些仪式中说出关键的话就不仅说事情会怎样怎样,实际上它是去做该事情。这样一种作为仪式过程的一部分的“施事话语”概念是清楚的,尽管因为存在许多边缘的、不严格的情况,这种概念允许进一步的推敲和完善,但肯定不存在最终被抛弃的危险。首先,这样的“施事话语”肯定不存在语法上的或词汇上的判别标准,因为任何种类语词的任何符合语法形式的连结——疑问句、单个词、单纯的短语、祈使句、感叹句或陈述句——都可以作为“公认的约定俗成的程序”的一部分而具有施事的功用。因此,施事话语并没有语法上或词汇上的限制,当奥斯汀认为“我们自然应首先追问是否存在识别施事话语的某种语法(或词汇的)标准”时,这种追问本身就已误入歧途,不可能有肯定性的答案。其次,尽管施事话语同记述话语一样蕴涵着真假,而记述话语也不仅仅只同真假问题有关,它同施事话语一样也会是适当的或不适当的,但这只是表明二者并非全然不同,而并不表明二者根本就不存在着差别或区分。因为对奥斯汀最初所引进的这种典型的施事话语而言,它是在进行某种“公认的约定俗成的程序”过程中而被说出的具有某种约定俗成效果的东西,很明显,绝大多数的陈述不是这样的一种东西。因此,典型的施事话语与陈述等记述话语迥然有别,它作为约定俗成的仪式过程的一部分是完全可加以识别的特殊类型的话语,原则上同“普通的”谈话(包括通常的作陈述)很易区分,尽管不是在所有的方面都绝对可分。那么,奥斯汀为何要抛弃他原先所作的这种显而易见的区分呢?

原因在于尽管奥斯汀最初把“存在公认的约定俗成的程序”作为施事话语适当性的首要条件,但他后来并没有坚持这一点。如他把“我命令”、“我警告”、“我劝告”等都作为施事短语,但事实上在说出这些短语时通常并没有约定俗成的仪式性程序。因此可见,他的“施事话语”概念已发生了变化。他的兴趣已不在作为“约定俗成程序”的一部分的特殊类型的话语,而是对如何弄清在说话中说话者所做的东西更感兴趣。如“我劝告你做某事”作为施事话语是因为在说这句话中已清楚表明我是在给你一个劝告,尽管提出劝告肯定不是正式的约定俗成的程序或仪式,正如作出陈述也不是约定俗成的行为一样。

由此可见,对“最初的区分”是否已崩溃这一问题显然不能给予简单的回答。事实上,奥斯汀至少在三个“施事话语”概念之间摇摆不定,因此“区分”也依这三个概念而有不同的结果。首先是作为约定俗成的程序或仪式的一部分的“约定俗成的”话语与普通说话的区分,尤其是与通常的作陈述之间的区分,是清楚的,不会引起严重的异议,这种区分并未崩溃。其次是具有弄清说话者在说话中做了什么这个特别特征的话语——即句子的主动词作为说话者所实施的行为的名称话语,这种话语尽管在某种程度上也可以自成一类,但它与作一个陈述却无法区分开。因为陈述同样可作为说话者在说话中所实施的行为的名称。再次是最为一般的施事话语概念,即无论在说些什么当中说话者做了些什么的概念,这种施事话语不拘于任何形式。这个概念极其模糊,无法做任何简单的区分,因为说话者无论在说些什么时都在做些什么①。正是在这最后一点上,奥斯汀认为必须重新考察说些什么就是做些什么究竟有多少种意思,从而引出更为一般的言语行为理论。

第二节 言语行为三分说

1. 三种基本言语行为之界定、分析或说明

奥斯汀在寻求“施事话语”和“记述话语”的划分标准失败后开始更一般地“重新考虑说些什么就是做些什么,或在说些什么当中

① 参看瓦诺克《J.L.奥斯汀》,伦敦,劳特利奇出版社,1989年,第119页。

我们做些什么,以及甚至经由说些什么我们做些什么究竟有多少种意思"(Words, 94)。因为他认为"做些什么"是一个极为含糊的表达式,需要一些澄清和界定。一方面,我们可以使人们的言和行相对照,在这种对照中,我们可以说他们仅仅在说而什么也不做;然而,另一方面,我们可以使单纯地思考某事与实际上大声地把它说出相对照,在这个对照中,说就是做(参看 Words, 92)。正是依据后一种"做事"概念,奥斯汀在《如何以言行事》的后半部分(自第 91 页起)尝试提出一个更具普遍意义的理论来处理说话就是做事这个问题,这就是言语行为三分说,即现在已很著名的言语行为理论(theory of speech-acts)。

言语行为理论是从总体上研究话语的施行方面,用奥斯汀的话说就是要弄清"总的言语情境中的整个言语行为"(Words, 147)。他把作为整体的言语行为分为三个层次,即认为在说些什么时,我们可能以三种基本的方式在做些什么。他把这三层意义的做些什么分别称为"话语行为"(locutionary act)、"话语施事行为"(illocutionary act)和"话语施效行为"(perlocutionary act)[①]。大体而言,话语行为相当于说出某个具有意义(包括含义和所指)的语句;话语施事行为是指以一种话语施事的力量(illocutionary force)说出某个语句,如做陈述,提疑问,下命令、发警告,做许诺,等等;话语施效行为则是经由说些什么而达到某种效果的行为,如

---

① "illocution"和"perlocution"都是奥斯汀自创的新词。从构词法看,"illocution" = "in locution", 而"illouctionary act"意指在说话当中所实施的行为,直译应为"在言所行"。"perlocution" = "by locution",而"perlocutionary act"意指经由说话所实施的行为,直译应为"由言所行"。这里的译法是意译,以便更符合中文的习惯。至于这两种行为的实际内涵,见后文的界定和说明。

使相信,使惊奇,使误导,劝服,制止等。下面具体看看奥斯汀对这三种行为所作的分析或说明。

A、话语行为。奥斯汀把最为通常意义上的“说些什么”(saying something)的行为称为“话语行为”的实施(Words, 94)。他在谈到话语行为的几个地方(见 Words, 93/94/108/120)说法基本一致,都主张话语行为的基本特征是有意义,即我们以言意指事态或者事实。这样,我们的言就存在着与世界中的事实是否相符问题,因而它是有真假的。

奥斯汀还进一步对话语行为进行剖析。他认为,即使在这种最为通常的“说些什么”的意义上,我们也可以区分出不同层次的“做些什么”(参看 Words, 92)。首先,说者总要发出某些声音,这就是“发音”行为(phonetic act),而所说出的东西是音素(phone)。

其次,说话者通常是用某一种语言说话的,因此,他的发音行为通常又是在发出作为隶属于某种语言词汇库的语词的声音,这些声音按语言的语法规则而得以有序排列,并具有一定的声调。奥斯汀把这种发出一些具有一定句法结构的语词的行为称为“发语行为”(phatic act①),这种行为所发出的东西是语素(pheme),即语言的构成单位,实际上就是语言中的一个句子。

再次,通常,说话者不仅仅说出语言的一个语句,他是为了说一桩什么事情而说出该语句的。就是说,他以带有确定的涵义(sense)和所指(reference)的方式运用上面所说的语素及其成分。

---

① “phatic”一词是波裔英籍人类学家 Malinowski (1884 - 1942)首先使用的,指的是用于建立气氛和维持社会接触而不是用于交流信息或思想的谈话,如对天气的评论和询问健康状况的用语,即寒暄之语。奥斯汀借用这一术语是为了表示机械地说出一个语句而不知其意的谈话。

这就是“发言”(rhetic)行为。这种行为所发出的东西是言辞(rheme)。

以上三层行为共同构成奥斯汀的“话语行为”。他对话语行为的兴趣主要在于弄清它是什么,以便同话语施事行为和话语施效行为相区分。但他对话语行为本身也做了一番“推敲”,因为在他看来这番推敲对哲学家、语法学家和语音学家来说都是极为重要的(参看 Words,95)。奥斯汀的推敲有以下几点值得注意:①发语行为必定包含发音行为,但发音行为则未必同时是发语行为,如猴子发出“go”这个声音就未做发语行为,因为它未把这个声音看作属于某个词汇库。②发语行为的界定包含语法和词汇两项,它也因此会以两种不同的方式被误施:一是使用实际上不属于该语言的“词”,二是以该语言语法不能允许的方式把词杂乱地堆砌在一起。这两种误施的结果是:“它(指语素)的典型缺陷是了无意思(nonsense-meaningless)”(Words,98)。③发音行为和发语行为是可模仿的、可复制的,可用直接引语报道。如“他说,‘猫在草席上’”报道的是发语行为,说话者仅仅是机械地引用了这句话,并不表示他理解这句话,也不表示他想把‘猫在草席上’这个信息传给别人,因而他只是在摆弄语词 ,而不是在“发言”。④发言行为是报道性的,不是可复制的,从形式上看,我们通常用间接引语来报道。如“他说猫在草席上”。在做发言行为时,我们同时做了命名和指称这样的附属行为(可参看上章第三节的有关论述)。我们通常不能做无指称或无命名活动的发言行为。如,读一首古诗而不知其意是做发语行为,而不是做发言行为。⑤发言行为有确定的含义(sense)和所指(reference)。所谓的“含义”是指言辞所意指的事况的类型,而“所指”则指言辞所指示的“历史的事况”。对此奥斯汀在“真理”一文中有详细的论述(参看 1950,122)。言辞也会出问题,“它的典型缺陷”是(含义)模糊或(所指)空洞“(Words,98)”。

从奥斯汀对话语行为所作的剖析看,仅限于“说些什么”这个层次,说话者也做了三种不同的事情。他发出某些声音,说出了一个语句,“说到”某件特殊的事情。在一定的意义上说,这些“行为”明显是可分离、可区分的。做一个鹦鹉学舌般的发音行为而不发出作为语句的声音是可能的——也许因为他未意识到它们构成语句,发出一个语句而不在其中“说到”任何东西也是可能的——也许他只是在模仿或引用。当然,更为经常的是三种行为同时并行:他发出了作为语句“猫在草席上”的一串声音——“猫在草席上”——以便说猫在草席上这件事。

当然,奥斯汀承认,尽管他对话语行为的考察很有趣,但仍无法解释施事话语/记述话语的对照问题。例如,尽管我很可以弄清在说出“牛将要攻击”时我们是在说些什么,但我们还是弄不清这句话意在做警告,还是做陈述。为了弄清话语所言之外的“所为”,还需进一步考察“话语施事行为”。

B、话语施事行为。所谓“话语施事行为”从字面意思看是指在说话当中所实施的行为,即在说话中实施了言外之事。奥斯汀用公式“In saying X, I was doing Y”表示这种行为(参看 Words, 121)。如 In saying “I will come tomorrow”, I was making promise。在这里,saying (something)是话语行为,而 promise 是指在说话中所实施的言外之行,即在说“I will come tomorrow”中行许诺之事。英文的“illocutionary”是由 in + locutionary 构成的,其中的“in”就是话语施事行为公式“in saying”中的“in”,表示

Y(许诺)尽管与 saying X(“I will come tomorrow”)不同,但是在 saying X 中完成的,因而仍然是一种言语行为。

“话语施事行为”当然与我们使用话语的方式有关,但奥斯汀认为“以何种方式使用”这个表达式的意思本身就极为模糊,因而他不主张用这个术语来说明这种行为,而是引入语力(force)这个新的概念来说明问题。他认为,我们在关注语言的施事使用时,我们所关注不是话语的意义,而是关注说话者为表达其意图而在说话中显示出来的力量(force)。因此,他又把旨在说明语言的不同类型施事功能的理论称为“话语施事力量”说。

C、话语施效行为。所谓“话语施效行为”是指说话者在说了些什么之后通常还可能对听者、说者或其他人的感情、思想和行为产生一定的影响(参看 Words,101)。这种影响之产生不是话语施事行为,因为它不是在说话中所实施的行为,而只是言后之果。但它毕竟与话语行为和话语施事力量有关,是经由说话产生的效果,因而也是一种言语行为,实际上是收言后之果。

奥斯汀解释“话语施效行为”的公式是:“by saying X,I did Y”(Words,121)。我们可更具体地把这个公式改写为“by saying X and doing Y , I did Z”。如,by saying “I will come tomorrow” and (thus)making a promise, I reassure you。在这里,“reassure you”(使你放心)就是言后之果。英语的“perlocutionary”中的前缀“per”等于“by”,也就是话语施效公式中的“by”,而“话语施效行为”就是成 Z 之事,它是通过说 X 和实行 Y 而得到的结果。

以上简要说明了奥斯汀所区分的三种基本言语行为。但实际上奥斯汀并不很关心三种行为的严格界定,也不完全拘泥于三种行为的字面意思，而认为“In saying X ，I was doing Y”和“by saying X，I did Y”这两个公式并不很可靠（参看 Words，130页）。他倒是更喜欢直截了当地用例子来说明这三种行为（参看 Words，101－102），如：

X—话语行为

他对我说“枪毙她！”，用“枪毙”意指枪毙，用“她”指称她。

Y—话语施事行为

他力劝（劝告、命令等）我枪毙她。

Z—话语施效行为

他说服我枪毙她。

他促使我（或使我，等等）枪毙她。

再如：

X—话语行为

他对我说，“你不能做那”。

Y—话语施事行为

他抗议我做它。

Z—话语施效行为

他制止我、阻止我。

他使我不再进行，他使我醒悟过来，等等。

他使我烦恼。

与此相似，这三种行为还可解释为：

X—他说……

Y—他争辩……

Z—他使我相信……

2. 三种基本言语行为之区分

奥斯汀承认,他的主要兴趣在"话语施事行为"及其与其他二种行为的区分或对照(参看 Words,103)。因为他认为传统哲学过于长久地忽视了对话语施事力量的研究,有忽略话语施事行为而偏爱话语行为或话语施效行为的固执倾向(参看 Words,103),如"描述谬误"就是错把所有问题看作"话语的惯用问题",即错把话语施事行为看作是话语行为。因此,充分研究话语施事行为是必要的。奥斯汀对话语施事行为的"充分研究"一方面体现在他力图弄清这种言语行为与另外两种基本言语行为的区别,另一方面体现在他对话语施事行为所作的分类。这里主要讨论"区分"问题。

A、话语行为和话语施事行为的区别。奥斯汀承认,话语行为和话语施事行为有密切的联系,因为"一般说来,实施一个话语行为可以说也就是实施一个话语施事行为"(Words,98),反过来说,"实施一个话语施事行为必然要实施一个话语行为"(Words,113),因此,"每个真正的言语行为都同是二者","话语行为和话语施事行为一样只是一种抽象"(Words,146)。这就是说,在实际的言语情境中,话语行为和话语施事行为是分不开的,但奥斯汀又认为,在对言语行为的分析中,我们必须把二者加以抽象,区别开来。话语行为就是仅仅说出一个具有意义的语句的言语行为,至于说话者以什么方式或以何种话语施事力量说出该语句,则不属话语行为,也不是该语句的意义所能决定的。因此,奥斯汀说:"我要在把意义等同于意思和所指的那种意义上把力量和意义区分开来"(Words,100)。在他看来,一个语句的意义似乎是独立或中立于任何一种话语施事力量的。他正是依据这一点把话语行为和话语施事行为区分开。

在这里，我们应注意奥斯汀对“意义”和“使用”这两个术语的含混性所作的批评。首先，“意义”(meaning)这个词极为含糊、宽泛。在日常用语中，我们在谈到话语施事力量时也可用“meaning”这个词，如“He mean it as an order”。这样，意义似乎也与说话的意图或话语的施事力量有关。如不加界定地用这个术语会模糊话语行为和话语施事行为的区分。为此，奥斯汀把他所使用的“意义”一词等同于“涵义和所指”(sense and reference)。如果我们参照他在“真理”一文中有关“事况类型”和“历史的事况”的论述，我们可以分别把含义和所指看作是话语行为所说出的言辞所表达的“事况类型”和“历史的事况”(参看，1950，121－122)。既然“意义”所指的是与言相对的事况，它当然与话语施事的力量无关，二者当然是可区分的。其次，奥斯汀认为，“使用”这个词和“意义”这个词一样含混、宽泛，“已变得经常遭人嘲笑”(Words，100)。因为“以何种方式使用”、“表达式的使用”、“语言的使用”或“语句的使用”等术语不仅适用于话语施事行为，还适用于话语行为和话语施效行为，甚至适用于其他言语行为。我们很可以弄清话语行为意义上的语句的使用，而不触及话语施事行为意义上的语句的使用(参看 Words，100)。因此，用“语句的使用”或“语言的使用”这样宽泛含混的术语无法把话语施事行为和话语行为区分开。为此，他引进“力量”这个新的概念解释话语施事行为。

B、话语施事行为和话语施效行为的区别。奥斯汀通过他所界定的“意义”概念和他所新引进的“力量”概念把话语行为和话语施事行为区分开。他认为这两种行为的区别是显而易见的，因此，无须过多的论述。但他承认，话语施事行为和话语施效行为之间的区分会产生麻烦(参看 Words, 109)。

首先,“语言的使用”这个概念在区分话语施事行为和话语施效行为方面无能为力,正如未经界定的“意义”和“语句的使用”在区分话语行为和话语施事行为上的无能为力一样。因为“语言”之用于争辩(arguing)或警告恰如“语言”之用于说服、激怒和惊吓一样都是语言的使用①。

其次,解释话语施事行为和话语施效行为的两个语言公式——“In saying X, I was doing Y”和“by saying X, I did Y”——不能作为区分话语施事行为和话语施效行为的可靠标准。奥斯汀在构造“illocution”和“perlocution”这两个词时依据的是“in”和“by”这两个词的差别,他自然希望上述的两个公式能为两种言语行为的区分提供可靠的保证,但他通过对实际语言现象的研究最终发现这两个公式最多只能作为区分话语施事行为和话语施效行为的极不可靠的标准,尽管“in”和“by”这两个词仍然值得尽可能详尽的研究(参看 Words,130-131)。奥斯汀的论证可简述如下:一方面,“In saying……”公式并不总是挑出话语施事行为,如我们可以恰当地说“在说他在伦敦当中,我忘记了他在节日可能外

① 实际上语言还有用于开玩笑、作诗、演戏等寄生的、退化的或不严肃的使用,维特根斯坦在《哲学研究》(1953 年版,第 23 节)所列举的诸多语言游戏都属不严肃的使用,不属奥斯汀的三种基本言语行为之列。此外,语言还有暗示或暗讽(insinuating)的使用,这种使用也不是话语施事行为,因为我不能说“I insinuate……”(Words,105)。从奥斯汀对“语言的使用”的含混性所作的批评看,尽管他最初是通过研究语言的使用而触及言语施行问题的(把施事话语看作是语言的一种特殊的使用),但当他转向言语行为三分说时,他就开始不满于“语言使用”的模糊性,因为各种言语行为都是“语言的使用”,言语本身就是语言的使用。这样,“语言的使用”在区分不同的言语行为时就成了无用的概念,无法说明他所关心的话语施事行为的特殊性,“语力”概念由此应运而生。

出”，但忘记明显就不是话语施事行为，也不是任何其他种类言语行为；另一方面，“by saying……”公式也并不总是挑选出话语施效行为，如“经由说案件已结束，我的意思是我们已无事可做”就与话语施效行为无关。由此可见，“In saying……”和“by saying……”这两个公式如果被机械地运用就根本不足以作为区分话语施事行为和话语施效行为的根据。

既然“语言的使用”概念毫无用处，而“in saying”和“by saying”这两公式又不足据，那我们到底该如何把话语施事行为和话语施效行为区分开呢？奥斯汀头脑中所想到的区分有三条：一是话语施事行为是约定俗成的，而话语施效行为则不是约定俗成的；二是话语施事行为可通过显式施事话语公式弄清，而对话语施效行为则不能使用这个公式（参看 Words，103）；三是话语施效行为实质上仅仅是说话带来什么效果问题，是实际上发生了什么的问题，而话语施事行为则不是说话的效果问题。现在先讨论较少引起争议的第三点和第二点。当奥斯汀在说“我们完全可以弄清某人是否在争辩而不触及他是否使人相信这个问题”（Words，103）时，他所想到的显然是说话者的“意欲什么”和说话后果的区别。话语施事行为是在说话中所做的事情，类似于说话者的“意欲什么”，是说话者想要话语如何被接受的问题，它不是说话的结果。说话的结果（话语施效行为）则是“其次发生了什么”的问题。说话者的“意欲什么”也并不必然对听者产生某种效果，它作为话语施事行为不依赖于是否对听者产生了什么效果，不依赖于实际上随后发生了什么。如果在说“我家的狗没有拴住”时，我意在警告你不要进来，那么我的警告（即我所意欲的东西）就不是说话所引起的效果，而是在说话中我在做的事情，至于你是否因此被阻，那是更进一步的效果问题。另外,说话者的意图可以通过加上显式施事话语公式而得以彰显,如“我劝你辞职”这句话本身就表明它的话语施事力量:我意在劝你辞职,这样,话语行为本身就确定了话语施事行为,我们只要理解话语的意义就知道它所实施的话语施事行为,不会产生进一步的疑问。但话语施效行为则不能通过显式施事话语公式而得以彰显,因为它是实际上发生了什么的问题,我不能仅仅通过说我要做什么而事实上就能使你相信、使你惊骇或使你放心等,我也不能仅仅通过理解话语的意义就知道它会产生怎样的效果。我们要知道言后之果就必须等着看。由此可见,显式施事话语公式作为说话意图的明确指示者在区分话语施事行为和话语施效行为方面是有帮助的。如“我警告”、“我劝告”、“我建议”等短语都明示我意指什么,我意谓什么,从而使我的说话意图易于为听者所把握,这对于话语施事行为的成功实施来说是很重要的。在这方面,话语施效行为大为不同,它的成功实施不在于说话意图彰显,而在于事实上的后果是否和说话者的意图相一致。如“我使你相信”、“我使你吃惊”“我驳倒……”都与后果有关,不是说话意图的指示者,不能作为施事话语公式。

对于第一点,即话语施事行为的约定俗成问题,评论者颇有争议。奥斯汀对此未做多少论证和说明,只是反复地加以强调。他说道:“我们务必注意到,话语施事行为是约定的行为,是遵照约定而实施的行为”(Words, 105),又说“我们也实施通知、命令、警告、许诺等话语施事行为,即进行具有某种(约定的)力量的讲话”(Words, 108),“除非所使用的方法是约定的,否则不可能有话语施事行为”(Words, 118),“话语施事行为是约定的,话语施效行为则不是约定的”(Words, 120)。那么,奥斯汀所谓的“约定”是什么意思呢?

显然,当奥斯汀说话语施事行为是一种约定的行为时,他的意思肯定不仅仅指这种行为包含语言的某种使用。诚然,语言的使用是一种约定的行为,但这种约定只是一般的约定,不是奥斯汀所说的那种“特别的约定”。因为奥斯汀明显承认话语施效行为也包含语言的使用,但却坚持它不是约定的,而仅强调话语施事行为是约定的。由此可见,他的“约定”一词有特别的意义,如果仅指一般的语言约定就没有强调的必要。那么,它到底有何特别的意味呢?答案在于奥斯汀认为正是“约定”给予话语行为以话语施事的力量。例如,你说在附近的田野里有一只狼,我们很可以说你做了一个断言,即说了某种作为事实的东西。但是,这仅仅是以最一般的术语回答了你做了什么话语施事行为这一问题。我们还会进一步提出问题:你是在警告我离开?还是叫我注意一个有趣的现象?这“更进一步的问题”如何获得回答?什么使得你的说话行为成为警告行为?这也许就是由于“特别的约定”,正如奥斯汀所言,一个特别的话语施事行为就是依约定而实施的行为。

然而,我认为,奥斯汀的这个回答是错误的。他的“约定”概念实际上来自他最初的“施事话语”概念。他最初坚持施事话语/记述话语区分的一个重要的理由就是认为“施事话语”是某个约定程序的一部分,因而是仪式性的、约定的,而记述话语则不是这样。但是,当奥斯汀后来坚持“做一个话语行为通常……同时也就是做一个话语施事行为”(Words ,98)时,他已不再坚持仪式性的施事话语和记述话语的区分,而认为说任何东西都可能在实施话语施事行为。然而,奥斯汀此时依然坚持所有的话语施事行为都是约定的行为,即通常的话语之具有某种话语施事力量的原因在于符合一个公认的约定程序。这个观点令人迷惑不解，而奥斯汀也未提供令人满意的解释。他只是简单地说“在它(指话语施事行为)至少能被施事话语公式彰显的意义上说”(Words,103)，话语施事行为是约定的。由此可见，他的“约定”概念与他的“显式”施事话语的概念有关。但我们在上节对施事话语和记述话语的区分是否崩溃的讨论中已指出，他的具有“I v-es”形式的显式施事话语已不是他原先所区分的作为约定程序的一部分的施事话语，这种话语之为施事话语不是由于它隶属于某个约定的程序。奥斯汀似乎未意识到这个差别，而错误地认为具有显式施事话语形式的话语都是约定的，从而也就错误地认为可通过施事话语公式彰显的所有的话语施事行为都是约定的。实际上，大多数的话语并非由于约定而具有话语施事的力量或成为话语施事行为，而是由于说话者的意图和听话者对意图的理解使然。例如，我对正要下河游泳的孩子说：“河水非常湍急。”我说这句话的意图是警告孩子不要下河游泳。使我这句话实施警告行为的不是什么约定，而是我让孩子意识到湍流危险的意图以及孩子对我说话意图的理解。无论孩子是否因此而放弃下河游泳，只要我的话带有警告的意图并为孩子所理解，我就适当地实施了警告行为。

第三节 “三分说”取代“区分说”之深层根源及其哲学意义

1. 施事话语/记述话语区分之重审

在《如何以言行事》的倒数第二讲，奥斯汀重新拾起施事话语和记述话语之间的区分和对照是否靠得住这个问题,即施事话语的做些什么和记述话语的仅仅说些什么之间,以及施事话语之有“适不适当”和记述话语之有“真假”之间的对照是否可靠(参看Words,131)?

奥斯汀在言语行为三分说的框架中重新检讨了这两个区分,结论依然是,它们是靠不住的。因为他的言语行为三分说已表明,在说些什么和做些什么之间不存在对立,也不存在严格的界限可分。去说些什么总是去做些什么——必定去做一个发音行为,且在任何正常的情况下又去做完整意义上的话语行为和话语施事行为,还可能去做话语施效行为。这就是说,说话者无论说些什么都会引起他做些什么这个问题,而回答这个问题的方式又是多样而有趣的,既然我们的话语总是在做各种各样的事情,被视为“做些什么”的施事话语和被视为“说些什么”的记述话语之间的区分就是很成问题的。

奥斯汀先从记述话语方面重新考虑“区分”问题。这方面的考虑有两点值得注意。首先,记述话语不仅说些什么,也在做些什么。奥斯汀以陈述作为记述话语的典型范例说明问题。他说道:“去陈述和去警告或宣判完全一样,都是做一个话语施事行为……‘陈述’似乎满足我们用于识别话语施事行为的所有标准”,它可以“绝对地被置于争辩、打赌和警告这个层次上”(Words, 133)。例如,我可以说“在说它正在导致失业中,我不是在警告或抗议,我只是把它当作一个事实在陈述”。在这里,“陈述”和“警告”一样规定了我说话的话语施事力量。另外,尽管陈述(stating)是“行为”

(doing),但这并不排除它的有“真假”可言[①],因为如果我陈述它在导致失业,我的陈述是否为真问题当然会产生。其次,记述话语不仅有真假,还容易遭受施事话语所容易遭受的所有的“不适当”,“适不适当”和“真假”之间不存在排他性的对立(参看 Words, 135-138)。

然而,由于奥斯汀未能清楚地区分陈述行为和陈述内容,而认为做陈述的行为是有真假(参看上页脚注),这种混淆促使他认为如果从施事话语方面看“区分”问题,我们会感到施事话语缺少陈述所具有的真假,因为尽管“施事话语在做些什么的同时也附带说些什么,但我们会感到它们不像陈述那样本质上是有真假的”(Words, 139)。这样,“真假”似乎是评价记述话语的特有维度。当然,奥斯汀又指出,对记述话语的特殊性的感觉不应被“放纵”,因为他发现在这方面记述话语和施事话语之间的差别实际上并不那么大:一方面,对施事话语也有与“真假”相类似的评价;另一方面,对记述话语本质上有真假的说明过于简单化。从第一方面说,“在估计、判定和宣判这类裁决话语中,有一种明显的朝向真假的滑动”(Words,140),估计有“正误”之分,判定和宣判有“正确和不正确”之分,而“正确地”、“错误地”和“不正确地”等都是对施事话

① 在这点以及下面的有关陈述的适当性问题上,我认为奥斯汀都未能很好地区分陈述行为和陈述内容。他最初在谈论施事话语和记述话语的区分时主张把陈述本身(即陈述内容)和做出陈述的行为区分开(参看 Words,1,脚注)。但在这里他似乎又忘记了这个区分,因为他在把陈述理解为与警告,争辩等同层次的行为时,又把这种行为看作是有真假的。实际上,“真假”只发生在内容层次(无论是陈述内容,还是警告或抗议的内容),而行为(陈述,警告,命令等)本身是无所谓真假的,尽管它有“适不适当”之分。如“目前的法国国王是秃头的”之不适当是对作出这个陈述的行为而言的,从内容方面,这个陈述是假的,应用罗素的摹状词理论处理。这种混淆使奥斯汀认为陈述有些特别之处,我们后面马上会谈到这一点。

语和事实之间的复杂关系的评价,尽管这类评价似乎并不那么"客观"。从另一方面看,对记述话语的"是真是假?"也未必有简单方式的回答。不少陈述的真假是相对于说话的目的、意图、语境和知识背景而言的,因而"真假"问题也未必那么客观(参看 Words, 141-143)。如对"法国是六角形的"的恰当评价是"粗略的",对"拉格伦勋爵打赢了阿尔玛战役"的恰当评价是"夸张的",而对"所有的天鹅都是白的"的恰当评价是"有局限的"(参看 Words, 142-143),撇开话语的意图或目的或背景而坚持它们的"客观的"真假是无意义的。

当然,应该看到,尽管奥斯汀正确地注意到施事话语同记述话语一样与事实有复杂的关系,但在这个问题上,他的观点并不彻底。因为,实际上,正如瓦诺克所指出的,在施事话语中,"我们肯定并不真正拥有朝向真假的滑动,而恰恰与陈述一样包含同样的真假观念"①。例如,对"我警告(和打赌、陈述、猜测等)天在下雨"这些情形而言,它们所共同的是"我"的以言指事地② 说天正在下雨。尽管它们具有不同的话语施事力量,但对"我所说的东西"而言,"是真的或假的?"问题在每一情形中都可能被提出——无论在说"天正在下雨"中我在做什么,"天在下雨吗?"问题都可被提出。因此,警告、打赌、猜测等情形并不是引进朝真假观念滑动的某种东西,而恰恰像陈述一样引进真假观念本身。实际上,真假问题对任何话语施事行为来说都可产生——无论在说 P 中我做了什么,"P 是真的或假的?"问题至少可以被提出。当然,P 的真假问题之

---

① 瓦诺克《J.L. 奥斯汀》,伦敦,劳特利奇出版社,1989 年,第 135 页。

② 即 locutionarily,由于话语行为实际上是以言意指事实或事态,为行文方便,这里译为"以言指事地"。

重要程度取决于在说P中所实施的话语施事行为是什么。如果我陈述P,那我就得为P的真理性负责,如果P不是真的,我的陈述就是错的,并因此在信用上受到损害。如果我估计或宣告P,我当然期望我的估计或宣告是正确的,因此,P之为真或为假仍然是一个重要的问题。但如果我仅仅猜测P,P之为假就不是一个很严重的问题,因为我仅仅是猜错而已。尽管P是真或是假问题总会产生,但并不很重要。

总之,“真假”问题发生在话语行为层次,而许多话语施事行为则以某种方式包含真假观念。奥斯汀实际上对此并没有明确的意识,而以“抽取”的说法来解释施事话语/记述话语的区分。他在谈及施事话语/记述话语区分最终还剩下什么时认为,对记述话语而言,我们抽掉言语行为的话语施事方面,集中注意话语行为,并使用与事实相符合这个过于简单的观念;对施事话语而言,我们尽量注意说话的话语施事力量,并抽掉与事实相符合的维度(参看Words,144-145)。在现实生活中很少有纯粹的记述话语或纯粹的施事话语。通常的话语兼行话语行为和话语施事行为二者,而记述话语和施事话语是对这两个功能进行抽象的产物,它们之间的区分是同一话语的两种不同功能的区分,因此,最初的把施事话语作为特殊种类的话语同另一种话语(记述话语)对立起来的做法是不恰当的,更合理的做法是把言语行为看作一个整体而区分出不同层次的功能。

2. “三分说”取代“区分说”之深层根源

奥斯汀的“重审”的结果是施事话语/记述话语的区分是抽象的产物,它们只能是话语的两种不同功能的区分,而不是两类不同话语的区分,用奥斯汀的话说,“施事话语和记述话语区分的学说与有关在全部的言语行为中的话语行为和话语施事行为的学说的关系是特别的理论与一般理论的关系”(Words,147)。奥斯汀得出这个结论的理由当然是:①大致说来,适当性可用于评价施事话语和话语施事行为,“真假”则可用于评价记述话语和话语行为;②施事话语和记述话语没有严格的界限可分,而话语行为和话语施事行为也是同一言语行为中的两个不同的抽象,不是截然不同的东西。正由于这两个原因,我们很可以把施事话语理论看作是有关话语行为和话语施事行为理论中的特别理论。

但问题在于,由于奥斯汀未能很好地区分陈述行为和陈述内容,把作为话语施事行为的陈述行为看作是有真假的,并由此推而广之,错误地认为真理“必须引入话语施事方面”(Words,145),从而也就错误地认为话语行为和话语施事行为这两个抽象是不合法的或无论如何是过于简单化的。这种错误的观点进而又促使他认为同传统意义的“陈述”是一个抽象一样,传统意义的“真假”也是一个抽象,是一个理想。但在奥斯汀看来,“真和假”并不代表任何简单的东西,而仅仅代表正确或适当之物的一般维度(参看Words,144),因此,他不再需要使“真假”和“适当性”相对峙的特别的施事话语理论,而是需要有关话语和事实之间复杂关系的一般理论,在这个理论中,陈述不再是特别的东西,而仅仅是众多话语施事行为中之一种,而“真假”也不再与适当性相对立,而仅仅是评价话语与世界之间的令人满意的关系的一个维度。正是出于上述的考虑,奥斯汀说“对一般理论的需求的产生仅仅因为传统的‘陈述’是一种抽象、一种理想,而且它的传统的真假也是这样”(Words,147)。这就是奥斯汀自己的有关用言语行为三分说取代施事话语/记述话语区分说的原因的正式说明。

然而,奥斯汀的这个正式说明实际上是站不住脚的。首先,某人“所言”之为真的同时可能是不得体的、引人误导的、无意义的、无根据的、不适时的,等等。因此,“真”不是适当性的一个维度,它们是不同层次的评价,“真”是对“所言”(即言之内容)而言的,而适当性则是对言之意图或言之情境等因素而言的。其次,尽管有时“所言”会不严格地符合事实,很难简单地说它是真的或假的,但这不是普通的情形。通常我们能够合法地“抽掉”言之情境,而仅仅注意以言指事地说 P,而 P 是真的。再次,如前所言,陈述内容之真肯定不取决于它所实施的话语施事行为,我们不必把“真假”引入话语施事方面。由此可见,在话语行为和话语施事行为的区分中仍然存在“真假”和“适当性”的对峙,而这种区分和对峙是合理的,并不过于简单化。从这方面看,并不存在用“一般理论”取代“特别理论”的理由。因此,奥斯汀的正式说明其实是一个与“取代”问题无关的错误说明。

现在让我们讨论“取代”的真正原因。本章第一节在讨论施事话语/记述话语区分的“崩溃”问题时曾指出区分“崩溃”的原因在于奥斯汀头脑中对施事话语及其与记述话语的区分没有前后一致的观念。现在,从他的“一般理论”的观点看,我们可以明白,他从“仪式性”施事话语观念滑向显式施事话语观念,又从显式施事话语观念滑向隐式施事话语观念,其原因在于,即使我们能成功地将前二者从其他话语中分离出来,这种分离也并不特别引人注意①。因为,尽管这两个观念能清楚地挑选出特别类型的话语,但还是无

① 瓦诺克《J. L. 奥斯汀》,伦敦,劳特利奇出版社,1989 年,第 148 页。

法成功地弄清奥斯汀真正感兴趣的情形——在说些什么中说话者做些什么的普遍情形。奥斯汀真正感兴趣的根本不是特别的情形,而是任何说话者在任何场合的说些什么都在做些什么的一般情形。就是说,他所真正感兴趣的不是“话语的类型”,而是一切话语的某个特征,即在说话中某事被做出的特征。因此,奥斯汀最初的区分不是“崩溃”,而是由于兴趣的扩展,被另一个很不一样的问题所取代,即在什么意义上且以何种方式,一切(正常的)话语都是施事话语?

我认为,上述对“取代”原因的解释与奥斯汀的语言哲学的一般倾向是相符的。因为奥斯汀并不像其他语言分析哲学家那样只满足于研究语言的某些特殊的使用以解除哲学上的难题,他要对语言作较为概括的研究,因此对语言的本质或普遍特征感兴趣。当然,他所重视的语言是实际运用中的语言,即现实中的言语或话语,而言语或话语本身包含说话行为,具有“施事”特征,这样,他就不满足于原来所发现的特别类型的施事话语,转而关心所有话语的“施事”特征。从总的思路看,奥斯汀把语言纳入对言语的考察之中,又把言语当作行为看待,当作“整体的行为”看待,并进而对言语行为进行剖析。这样,奥斯汀就把对语言的研究变成对人的行为的一种特殊形式的研究。因此,施事话语只是他发现语言施事功能的桥梁,并不特别值得注意,有趣的是语言的普遍特征,即在说话中,我们必定做了各种各样的事情。

3. 话语施事力量的分类与真/假偶像和价值/事实偶像的“摧毁”

奥斯汀认为在用言语行为理论代替施事话语理论之后,我们所需要的不再是显式施事动词一览表,而是话语施事力量的一览表。他把种种话语施事的力量分成五大类(参看 Words,150):①裁决式(verdictives),②运用式(exercitives),③承诺式(commissives),④表态式(behabitives),⑤表明式(expositives)。奥斯汀还依次对这些名称作简单的说明,并分别例举出表示这五类话语施事力量的动词。

当然,奥斯汀承认,分类是一项漫长的“田野工作”,而他的分类只是“初步”的工作,远不是令人满意的。但奥斯汀以十分坚决的口吻说:“无论如何,它们完全足以毁坏两个偶像……即(1)真/假偶像,(2)价值/事实偶像”(Words,150)。奥斯汀对此未作解释,因为他不想把他的“一般理论”与哲学问题绞在一起,而要让读者自己去领略把它运用到哲学中的“真正乐趣”(Words,163)。那么我们该如何解释奥斯汀的这个含义模糊的评论?

让我们先看看真/假偶像问题。如果奥斯汀的真/假偶像指的是,对“陈述”或“命题”P 的“是真或是假?”总有一个明确的非此即彼的回答,那它确实是一个应加以摧毁的“偶像”。因为正如他所强调的,许多事例(如“法国是六角形的”)都表明“所言”可能既非绝对地“适合”事实,也非无可争辩地是“错的”。尽管逻辑原则要求每个命题非真即假,但日常谈话中的“所言”并不必定这样。

然而,上述对真/假偶像的解释似乎不切合奥斯汀的原意,因为摧毁这种偶像与他的话语施事行为一览表或具有话语施事力量的动词一览表并没有多少关联,他不应在谈这种一览表时说它足以摧毁真/假偶像。另一种更加可能的解释是,正如前面所多次强调的,由于奥斯汀未能很好地区分陈述行为和陈述内容,错误地认为陈述行为是有真假的,并进而把真理观念引入话语施事方面。

当然正如陈述只是众多话语施事行为之一种,“真假”也只是评价话语施事行为和事实关系的一个维度,没有独特的地位,因此,那种认为真/假在评价话语和事实之间的关系方面有独特地位的看法应该予以摧毁。但奥斯汀所要摧毁的这个“偶像”是他自己虚构的。实际上,“真假”发生在话语行为层次,不宜引进话语施事方面,而对话语行为层次而言,“是真的或假的?”是一个很可以问的问题,不是应加以摧毁的偶像。

至于“价值/事实偶像”的一种可能形式当然是把“陈述”和“评判”相对立或把“描述”和“评价”相对立。奥斯汀有理由反对这种二分法。因为在奥斯汀那里,“描述”和“评价”、“描绘”和“评定”都出现在裁决式的话语施事动词一览表中(参看 Words,152),它们同样可以作为某些种类话语施事行为的名称。因此,它们之间并不存在明显的二分对立。

但问题其实并不那么简单。因为尽管“描述”、“评价”、“描绘”、“评定”这些动词同属具有话语施事力量的动词,且同属于裁决式话语施事行为,但奥斯汀的“裁决式”还是分成两类:一类是依据价值给予判定,另一类是依据事实给予判定(参看 Words,150)。这两类裁决式的区分又重新使价值和事实区分上的麻烦爆发出来。因此,奥斯汀对话语施事力量的分类实际上并未消除事实和价值的区分,用奥斯汀在另外一处的话说,它“仍然像啤酒瓶底的青蛙一样对我们龇牙咧嘴地笑着”(1956b,231)。

由上可见:尽管对真/假偶像和价值/事实偶像的担忧可能是非常合理的,但奥斯汀有关话语施事力量的学说却无助于这个问题的解决,甚至与这个问题没有多少关系。

4. 言语行为理论的哲学意义

尽管奥斯汀的有关话语施事力量的学说对解决真/假和价值/事实二分问题发挥不了什么作用，但它在哲学上不是没有意义的。首先，它改变或完善了人们对语言本质的认识，传统哲学家和语言学家大多认为，语言是一个与世界相对照的符号系统，其首要的功用“描画”世界，传递有关事实的信息，提供有真伪可言的命题。奥斯汀的“施事话语”概念对传统的语言观提出严峻挑战，因为他发现了一类可与记述话语相对照的“施事话语”，其功用不是描述事实，而是实施某些行为。当然，这时起描述作用的记述话语仍然与施事话语处于并列地位。但当奥斯汀用更为一般的“言语行为理论”代替“施事话语”理论时，记述话语就成了话语施事行为的一个子类，它并不具有传统哲学所赋予它的那种特殊地位。这样，所有的话语都起施事功能，所有的言语都在实施各种各样的行为。语言的本质就在于它是人类的一种特殊的行为。对语言的考察也就被纳入人的行为这个广阔的背景中重新加以考察。用奥斯汀的话说，言语行为学说似乎将会通向“关于行为的一般学说”(Words, 106)。

其次，语言观的改变又促使对语言和世界之间关系看法的改变。传统语言哲学家研究语言的目的在于理解实在，解决本体论、认识论和价值论等问题，因而语言与事实、语言与世界的关系成了突出问题。如早期的维特根斯坦就认为语言和实在之间具有严格的同构关系(共有“逻辑形式”)，因此语言得以反映实在。奥斯汀反对这种语言和世界之间的严格区分。他对这种把语言和世界截然分离开来的观点所进行的攻击是通过他所作的话语行为和话语施事行为之间的区分来进行的。如果我们把重点放在话语行为(以言指事)上,那么,我们仍然会把语言看作一方,而把事件、事实或实在看作另一方。但是,话语施事行为却表明这种二分法是错误的。因为按照这种新的观点看,说就是做,言就是行。言语行为是世界之中发生的事件,是我们介入实在之中的一种特殊的"实践",因而在言语行为中,语言和世界在一个统一的、可以公开观察的行为中结合起来。在实际生活中,语言表现为言语,而言语是世界之中的,与世界不可分的一种活动。

另外,奥斯汀在传统的评价话语的"真假"标准之外,引入了一个新的评价维度——"适当与否"。这就为伦理价值领域的特殊"话语"争取了地盘。对这类特殊的"话语"不可僵硬地使用真假概念,其意义可用"适当与否"来评价,因而不存在不可言说的"神秘的东西"。由此,奥斯汀的言语行为理论也扩大了语言分析哲学的适用范围,使其干预伦理语言、文学语言、法律语言等人文社会科学语言的能力大为增强。

第四章　语言探究和知觉问题

在前面三章中，我们主要讨论奥斯汀的语言现象学方法及其运用这种方法对语言的本质及其与世界的关系所作的探究。除附带提及外，我们还未专门涉及传统哲学问题。从本章开始，我们要讨论奥斯汀的语言现象学在传统哲学中的运用，即他运用语言现象学方法对一些传统哲学问题所作的特别的处理。本章先讨论他对知觉问题的探究。

知觉问题是一个古老的哲学问题，古希腊时就已存在并被认真探讨过。在近现代哲学中，知觉问题更是成为知识论所探讨的核心问题之一。奥斯汀对这个问题的兴趣可能始于30年代对柏拉图的研究①。此后，他对这个问题一直保持关注。1939年的“有先天概念吗?”和1946年的“他人的心”二文对此就有所涉及。当然，他对知觉问题的专门处理主要体现在1947—1959年所作的有关这个问题的一系列演讲中。他的演讲先以“哲学中的问题”为题，后改以“感觉和可感物”为题。现在的《感觉和可感物》一书是

---

① 参看奥斯汀的“柏拉图的《理想国》中的线喻和洞喻”一文，此文由厄姆森据奥斯汀的笔记重建而成，收入奥斯汀《哲学论文集》，1979年，第3版，第288－303页。在此文中，奥斯汀把感觉材料理论看作是赫拉克利特派哲学家(尤其是克拉底鲁斯)所持的理论，克拉底鲁斯曾是柏拉图年轻时的老师，由于他的影响，柏拉图也相信我们并不感觉到像动物、树等诸如此类的物质事物，而是感觉到诸如影子、回音、映像等这类东西，这些东西其实就是现代哲学家所说的感觉材料。当然，柏拉图对感觉材料和物质事物之间的关系的看法不很明确。

瓦诺克在奥斯汀逝世后依据其演讲笔记和学生听课笔记整理重建而成的。

《感觉和可感物》在形式上是论战性的探讨，但它仍然体现了奥斯汀的语言现象学方法的本质特征，只是在表达上有所不同而已。他在谈到他的方法步骤时曾建议在对语词的探讨获得成果之后，再拿这种成果与哲学家的结论相比较。然而，在这里，他在每一阶段都先表述传统哲学的论题，而后通过使它们与实际的语言事实和非语言事实相对照来显示它们的错误。当然，尽管奥斯汀这里的程序与他所推荐的通常步骤不同，但实质效果是一样的，因此，此书可以说是奥斯汀运用语言现象学方法检查传统哲学论证的一个典型范例。

奥斯汀所要批评的是感觉材料理论，尤其是要反驳建基在所谓“依据错觉的论证”之上的感觉材料理论，因此，他的检查批判的重点就落实在“依据错觉的论证”上，很少顾及感觉材料理论的其他方面的证据。由于形式上的论战性和论述范围的有限性等因素使奥斯汀这方面的工作遭受许多批评和责难。下面我们先看看奥斯汀对感觉材料理论所作的批评和驳斥，然后再考虑对奥斯汀论证的一些批评。

一、感觉材料理论回顾以及奥斯汀对它的总体评价

按照阿姆斯特朗的概括[①]，在哲学史上关于知觉问题有三种形式的理论：直接实在论、表象论和现象论。它们都可看作是对

① 参看阿姆斯特朗（D. M. Armstrong）《知觉和物理世界》的导言部分，纽约，人文学科出版社，1961 年版。

"当我们感知时我们觉知的直接的或当下的对象是什么?"这个问题的不同回答。直接实在论认为觉知的直接对象只能是物理的存在物(即物质事物),这种存在物独立于对它的觉知活动而存在。与此相反,表象论和现象论认为觉知的直接对象是感觉印象或感觉材料,这种对象通常被认为不能独立于对它的觉知活动而存在。但是,表象论和现象论本身在关于"物理对象是什么?"这个问题上亦有分歧。表象论认为物理对象不能被看作觉知的直接对象,但与这些直接的对象极为不同且能够独立于这些直接对象而存在。现象论则认为物理对象仅仅是觉知的直接对象的构造物,它们不能独立于知觉而存在。

从对"知觉的直接对象是什么?"这个主要问题的回答看,表象论和现象论都可以说是"感觉材料"理论,尽管主张表象论或现象论的哲学家未必使用过"感觉材料"这个词①。这样看来,尽管"感觉材料"这个词只是从 20 世纪初开始真正流行,但"感觉材料理论"却有相当悠久的哲学生涯,它实际上是一种最主要的知觉理论,许多大哲学家都曾赞同这个理论。早在赫拉克利特的"流变的世界"概念中,感觉材料理论已见萌芽。柏拉图在《理想国》中所举的构成可见的影像世界的东西有阴影和影子等②,这些东西与现代感觉材料论者所举的例子(错觉、声音、镜像等)极为相似。因此,柏拉图实际上是感觉材料论者。在近现代的认识论分析中,感觉材

① 人们常错误地认为罗素或穆尔约在 1910 最先使用单数的"感觉材料"(sense-datum)一词。但实际上在此之前,J. 罗伊斯和威廉·詹姆斯分别于 1887 年和 1900 年使用过这一概念,可能更早还有别人用过——参看安东尼·弗卢(Antony Flew)主编的《哲学词典》"sense data"条目,黄颂杰等译,上海译文出版社,1992 年。

② 参看柏拉图《理想国》,商务印书馆,1986 年,第 768 页。

料以不同的表述形式频繁出现，著名的有：洛克和贝克莱的“感觉观念”，休谟的“印象”，康德的“表象”，流行于19世纪的“sensation”(感觉)和本世纪初C.D.布罗德的“Sensa”(感觉内容)①。现代的感觉材料理论实际上就是近代英国经验论的“观念”学说的演化形式。早期的穆尔似乎是直接实在论者。在1903年的“驳唯心主义”中，他把感觉(sensation)分为两个不同的要素：“意识”和它的“对象”，这个“对象”是外在的客体，主要是指物理的对象②。但穆尔后来又转而承认在感觉活动和物质对象之间有中介物或居间的东西，他称之为“感觉材料”，并在论述感觉材料和物质对象的关系方面倾注了巨大的劳动③。罗素在《我们关于外间世界的知识》一书则明确区分了感觉和可感对象，认为可感对象不是像桌、椅这样的物质对象，而是斑块、硬度、声音等感觉材料，这些材料是“硬材料”，而物质对象却仅仅是它们的“逻辑构造”④。20－30年代美国的批判实在论者也大多认为主客体之间有中间环节，这个中间环节就是“直接材料”或“感觉材料”。维也纳学派的英国代表艾耶尔则致力于用语言哲学的术语重新表述英国的经验论的传统认识论问题，他在1940年的《经验知识的基础》中详细论述了引进“感觉材料”这一术语的必要性，并为主张把物质对象语言翻译为感觉材料语言的现象主义分析辩护，认为把物质对象命题分析为感觉

---

① 参看马丁·宁(Martin Lean)《感觉一知觉和物质》，伦敦，劳特利奇和基根·保罗有限公司，1953年。

② 参看穆尔《哲学研究》，伦敦，基根·保罗公司，1922年，第14－18页。

③ 参看穆尔“感觉对象的性质和实在性”和“感觉材料的地位”，都载于他的《哲学研究》。

④ 参看罗素《我们关于外间世界的知识》，伦敦，Open Court出版公司，1914年，第76页。

材料命题有助于澄清有关物质事物的断言的认识基础。

由上可见，奥斯汀所要批驳的理论是在哲学史上极具影响（奥斯汀清楚地意识到这一点，他所开出的赞成感觉材料理论的大哲学家的名单有：柏拉图、笛卡尔、贝克莱、休谟、康德、罗素），且在他的时代又相当流行。因此，如果他对这一理论的攻击有效的话，他就驳斥了传统哲学中的一个重要理论。当然，奥斯汀并没有把矛头对准历史上的大哲学家，而是对准艾耶尔的《经验知识的基础》。普赖斯的《知觉》(1932)和瓦诺克的《贝克莱》也在批评对象之列。奥斯汀似乎挺认真地说，他之所以选择他同时代人的几本著作来讨论是因为它们的“优点”，但他所提到的惟一的“优点”却是它们“对于支持那些至少像赫拉克利特一样古老的理论的有利理由提供了最合用的说明”(S & S,1)。这就是说，它们的“优点”是最适于作为批判的标的，因为它们所表达的感觉材料理论较为完整、连贯，在术语上更为精确。

尽管感觉材料理论在不同的支持者那里有不同的表述，如在他们当中就有主要区分是两种“语言”之间的区分和两类存在物之间的区分这两个不同的说法，但奥斯汀认为他们在所有的主要“假定”方面是彼此一致的。他把这个“一般的理论”概述如下“我们从未看到或感知到（或感觉到），或者无论如何从未直接感知或感觉到物质对象（或物质事物），我们感知到的只是感觉材料（或者我们自己的观念，印象，感觉内容，感觉—知觉，知觉等等）”(S & S,2)。

奥斯汀对这个理论的总的看法是：“它是典型的经院哲学观点：首先是被一些特殊的语词所迷惑，这些语词的用法被过分地简单化了，实际上没有被理解，也没有得到仔细的研究或正确的描述;其次是为一些(而且几乎总是同一些)未经深入研究的'事实'所迷惑"。针对这两个"迷惑",奥斯汀所要做的就是力图去表明"①普通语词的使用极为微妙,它们所标示的区分比哲学家认识到的要多得多;②心理学家所发现的和为普通人所注意到的知觉事实比人们所估计到的要远为复杂、多样。因此,在知觉问题以及其他问题上,关键是要抛弃'齐一化'的老习惯,这种习惯是对外表整齐的二分法的相当根深蒂固的崇拜"(S & S,3)。

在知觉问题上,奥斯汀所反对的二分法是感觉材料和物质事物之间的"假二分法"[①]。他认为这种二分法是艾耶尔和普赖斯等人贸然接受的前提。奥斯汀则对这个前提极为怀疑,他拒绝"我们是感知到物质事物还是感知到感觉材料?"这个提问的方式本身,实际上也就是主张抛弃"我们要么感知物质事物要么感知感觉材料"这样一个传统的有关知觉问题的思考框架本身。因为他认为这个框架使知觉对象"齐一化",是一个过分简单化的、全然引人误入歧途的思考框架,与泰勒斯的"世界由什么东西构成?"这个问题的过分简单化相类似(参看 S & S,4)。在奥斯汀看来,不仅"感觉材料"和"物质事物"这两个术语本身是成问题(有关奥斯汀对这两个术语的异议后文还会谈及),错误尤在于"两者的对立本身"(S & S,4)。因为我们感知到的不是一种东西,而是许多不同种类的东西,如笔不同于彩虹,彩虹不同于后像(after-image),后像不同于电影银幕上的图像……等等。面对如此复杂多样的事物,

---

① 奥斯汀曾多次批评各种"假二分法",除这里的感觉材料和物质事物的二分法外,他还批评"真和假"、"价值和事实"、"共相和殊相"、"分析命题和综合命题"等二分法。实际上,他从根本上反对"二分法"的思考框架,认为它是哲学上的过于简单化和公式化的弱点。

追问它们属于哪一种类或把它们归约为任何单一种类的东西都是无意义的。我们必须满足于事物的多样性。哲学家们或把它们归约为物质事物,或把它们归约为感觉材料,这种非此即彼的二分法是哲学上的过分简单化和公式化的体现。实际上,"感觉材料"和"物质事物"这两个名词要是有些用处的话,那也在于它们是多种多样的事物中的一些方面,而把它们对立起来无疑是错误的。

正因为奥斯汀已抛弃传统的思考知觉问题的二分法框架,他在批评感觉材料理论时并未回到实在论立场,他并不接受那种认为"我们确实感知到物质事物(或对象)的理论"(S & S,3)。他的真正的立场就在于他的异质的知觉对象类的观点,即我们的知觉对象是多种多样的,它们是各别的、异质的,用抽象的概念把这些不同种类的东西归约为物质存在物或观念存在物都是不允许的,也是不必要的。由此可见,奥斯汀的知觉观并不完全是"否定性的",他对传统知觉理论的拒绝是建立在正面观点的基础之上的。他的异质的知觉对象类的观点既是他批驳传统知觉理论的根据,又能为他以新的方式思考知觉问题提供理论基础。尽管奥斯汀自谦地承认他对"依据错觉的论证"的驳斥是"一种把我们留在正是我们开始的地方的操作活动"(S & S,5),未能真正推进知觉问题的解决,但实际上他的观点至少校正了我们思考知觉问题的框架和方向。

二、驳建基在"依据错觉的论证"之上的感觉材料理论

也许由于感觉材料理论的"源远流长"及其负面影响之巨,奥斯汀对传统知觉问题的拒绝主要就表现在他对感觉材料理论的驳

斥,他只是顺便提到与之相对的实在论的错误。他对感觉材料理论的驳斥又具体地落实在对“依据错觉的论证”的批驳上。他认为这个论证包含“大量迷惑人的(主要是语词上的)错误”,有“各种各样隐藏着的动机”(S & S,5),我们对建立在这种论证上的理论当然不能真正确定其真伪。这个“不能真正确定”(S & S,1)并非奥斯汀的自谦之词,而是表示他对感觉材料理论的极严厉的批评,因为它包含许多语词上的谬误和多种隐藏着的动机,其“意义”尚无法弄清,哪里还谈得上真伪,借用逻辑实证论者的话说,无意义的东西还够不上有真假,根本没有资格成为有真伪的东西。对奥斯汀来说,“意义”不清的东西也是如此。下面我们具体看看他对“依据错觉的论证”的批驳。

“依据错觉的论证”有两个阶段。第一阶段是论证在错觉或反常的情形中,人类并不直接感知物质事物,而是直接感知某种外观或现象,即哲学家们所谓的“感觉材料”。第二阶段论证第一阶段的结果应被推广到一切情形中去,从而得出“人类直接感知到的总是感觉材料而不可能是物质事物”这个结论。第一阶段有许多不同的说法。艾耶尔详述了三种主要的说法①。第一种说法是在水中的棍子。一根在正常的条件下看起来是直的棍子,如果有一部分浸入水中,看起来就像是弯的。由于人们假设水中的棍子仍然是直的,所以人们并不是直接看到这棍子的。人们直接看到的是一根弯曲的棍子,我们可以称之为“感觉材料”。这就是说,人们有时并不直接感知物质对象。第二种说法是海市蜃楼。在某些生理

① 参看艾耶尔 (A. J. Ayer)《经验知识的基础》,伦敦,麦克米伦公司,1940 年,第 3－5 页。

情况下，人们似乎看到了绿洲，但事实上并不存在这个绿洲，人们直接看到的不是物质对象，而是某种非物质的东西，即感觉材料。第三种说法是镜像。一个人在镜子里看到自己，但他不是直接看到他自己的身体，他直接看到的是他的映像，这映像不是物质的，而是感觉材料。论证的第二阶段认为上述所讨论的对感觉材料的经验与在正常知觉情形中由物质对象所引起的经验在种类上是相同的。这样，说在正常情况中所知觉到的存在物与感觉材料的性质不同，在哲学上是不经济的；因此，我们可以很方便地说在每一知觉情形中直接知觉到的都是感觉材料。这个推理的主要依据是：如果有不同类别的存在物，就会有不同类别的经验[①]。

奥斯汀对这个论证的一切都极其厌恶，包括它在用词上的含糊和混乱以及对知觉事实的错误概括。从语言方面看，奥斯汀几乎对该论证所使用的所有的关键语词的用法都提出置疑或异议。首先，他对该论证的结论——“我们直接感知到的总是感觉材料，而不可能是物质事物”——中的每一个专门术语都不满意：①是艾耶尔所使用的“物质事物”和“感觉材料”这两个专门的术语的意义不清楚。奥斯汀认为，“物质事物”是哲学家的专门术语，不是普通人的用语。普通人会说山川、河流、火焰、彩虹、影子、声音、绘画、蒸汽等各种各样的事物，不会说“物质事物”，因为这个词不属于他的“说话方式”。另外，在普通人看来，上述的这些东西都是知觉的对象，但它们是否都是哲学家所说的“物质事物”的实例呢？奥斯汀认为，艾耶尔无法回答这个问题，因为他的“物质事物”从一开始就是作为“感觉材料”的陪衬物而引进的，它没有独立的意义，很难

① 参看艾耶尔《经验知识的基础》，伦敦，麦克米伦公司，1940 年，第 5－11 页。

说清楚它所涵括的事物的范围(参看S & S,8)。那么,“感觉材料”的意义是否更为清楚呢?哲学家们把它看作是人们直接知觉到的东西的名称,但也无法说清它包括些什么,它是为与“物质事物”进行对比而引进的一个词。因此,“感觉材料”和“物质事物”是相互寄生的,它们既吃对方,又为对方所吃。用奥斯汀的比喻说它们“以吃对方洗下来的东西为生”(S & S,4)。②是艾耶尔所使用的“直接感知”不恰当,尤其是其中的“直接”一词令人迷惑不解。奥斯汀认为“感知”是哲学用语,不是普通人的用语,而“直接”一词也许可用于修饰感知方式中的视觉,而很难用于其他感觉,因此,用“直接”修饰“感知”这样的概括性的术语是不恰当的。奥斯汀特别指出“直接”这个词是哲学家所偏爱的字眼,但它“实际上是语言草丛中一条不很显眼的蛇”(S & S,15)。因为人们往往把这个已有专门用法的语词的使用范围逐步扩展,直到“它可能先变成在隐喻上是含糊的,而最终又变成是毫无意义的”(S & S,15)。说一个人“直接”或“间接”看到对象可能是有意义的,但说间接接触某物或间接闻到、尝到、听到某物,要么是一种含糊的隐喻,要么就是毫无意义的。也许感觉材料论者会辩解我们不能以通常的意义去理解“直接”这个词,但他们又未清楚说明我们应按什么意义理解这个词。而如果我们不知道应给这个词以什么意义,那我们就很难判断这个词出现于其中的命题的真假。

其次,奥斯汀对艾耶尔在阐述“依据错觉的论证”过程中混用或滥用一些关键语词的做法极为不满。他对“seems”、“appears”、“looks”这几个词的用法进行细致而又精彩的阐释(参看S & S,第四章),认为这几个词的用法有微妙的差别,不可随意交换使用,而艾耶尔在论述过程中对这三个词随意混用,因此造成了许多混淆和混乱。奥斯汀对这几个词的阐释当然与知觉问题有极为密切的联系，但这种精细的阐释很难用中文来表达，这里就不拟加以详述。奥斯汀还对哲学家经常滥用的"实在的"这个词的用法进行深入的研究，他的主要结论是，这个词是一个"缺乏内容"(substantive-hungry)的语词，其意义取决于它所修饰的名词，而对同一事物我们可以说它不是实在的 X，但是实在的 Y(参看 S & S,69 或本书第二章中的有关论述)。这个结论促使奥斯汀认为各种各样的知觉对象实际上都是实在的，而非实在的或非物质的"感觉材料"的引入是不适当的。

当然，奥斯汀对"依据错觉的论证"的驳斥不仅仅停留在语词方面，他更主要地是对它作"实质性的"反驳，他的实质性反驳主要体现在批评艾耶尔等人对知觉事实的概括的过简和错误。首先，奥斯汀认为艾耶尔以"被感觉欺骗"来概括产生错觉的多种多样的原因的做法是过于简单化了。因为，实际上，有些错觉来自知觉主体的缺陷，有些来自中介物的缺陷，有些来自对象，有些来自错误的推论(参看 S & S,13)。对错觉的正确分类应该将所有这些情况都考虑进去，而试图给所有错觉以一种单一的说明的做法是不可取的。

其次，在批驳"依据错觉的论证"的第一阶段的论证中，奥斯汀揭示了艾耶尔把"错觉"和"幻觉"混为一谈的错误。在奥斯汀看来，"错觉"(illusion)和"幻觉"(delusion)是两种在性质上很不相同的东西。错觉是一种"觉"。在错觉中我们确实感知到某种东西，只是感知的条件反常而已。产生错觉不是个人的特质，而是相当公共的事情。在一种标准的条件下，每个人都会看见错觉景象，如视错觉。人们实际上不会受它欺骗，只要他们保持警惕的话。但是,幻觉其实与感觉无关,它不是一种"觉",而是严重的信念失常,是一种疾病,如迫害狂和自大狂的幻觉。幻觉中呈现出的图景是完全不真实的,根本不存在。奥斯汀认为,正是由于艾耶尔错误地把失常的感觉(错觉)和根本不属感觉范畴的幻觉混为一谈,而误以为在两种情形中我们都知觉到某种非实在的或非物质的东西,由此引进"感觉材料"这个虚构的存在物作为知觉对象的替代品(参看 S & S,22-25)。奥斯汀还进一步指出,艾耶尔所举的例子中有些根本够不上是"错觉",更称不上是"幻觉"。如镜像和水中折射这类现象都是日常生活中经常发生的事情,我们对它们相当熟悉,根本不会受之欺骗,不必称之为"错觉"——例如,谁又会为在镜子中看见自己这种事而操心呢?

再次,在对"依据错觉的论证"的第二阶段的论证进行批驳的过程中,奥斯汀阐述了真实经验和虚妄经验的可区分性以及知觉对象的可区分性,认为同化真妄经验以及同化知觉对象的做法是错误的(详见第一章第1节的有关论述)。

简言之,我们可以把奥斯汀对"依据错觉的论证"的两个阶段所作的实质性的反驳归结如下:我们确实会在各种反常的条件下感知各种各样的事物,但我们没有理由引进非实在的或非物质的"感觉材料"作为错觉中的觉知的直接对象,因为我们在各种情况中所知觉到的事物都是实在的。我在镜子中看到的"我的身体"不是我实在的身体,但仍然是实在的镜像;海市蜃楼中的绿洲不是真实存在的绿洲,但仍然是实在的海市蜃楼,是公共可观察的海市蜃楼。由此看来,在错觉中我们所知觉到的仍然是实在之物,而不是什么"感觉材料"。另外,"错觉"等反常情形毕竟并不那么普遍,把特殊的反常情形扩展到正常的情形更是不合法的,因为从原则上说“真实的经验”和“虚妄的经验”是可以区分开的。

三、艾耶尔的“语言问题”辩解及其“看到”有不同意义的论断

艾耶尔曾辩解说他对“依据错觉的论证”是有所保留的，这个“保留”就是为避免麻烦应把这个论证看作是有关语言的，而不是有关事实的。在艾耶尔看来，这个论证只是涉及我们是选用“麻烦”且“不方便”的物质对象语言还是选用“方便”而又“精确”的感觉材料语言来描述现象或者事实这一问题①。然而，在奥斯汀看来，艾耶尔的辩解是软弱无力的，因为他接受了“依据错觉的论证”的主要错误。实际上，艾耶尔的“事实”是有关可感的表象或现象的事实，即有关感觉材料的事实，他所承认的“最可靠的事实是存在着感觉材料，这种存在物才真正存在，是其所是，而其他的存在物仅与我们的说话方式有关，仅仅是为了语词上的便利”(S & S, 60)。因此，奥斯汀认为，艾耶尔实际上并不把知觉问题看作是语言问题，其真实的动机是要把经验世界变成仅仅是现象世界、表象世界或感觉世界，也就是要把现实世界观念化或“虚幻化”，这与贝克莱或康德式的唯心主义如出一辙。

既然艾耶尔的正式表述是要把知觉问题看作是语言问题，那他就必须进一步说明他为什么要选择感觉材料语言来描述我们的知觉经验，他所给出的这种进一步的理由是，“知觉”或“看到”有不同的意义和用法。他认为，我们通常“说一个对象被知觉并不包含

① 参看艾耶尔《经验知识的基础》，伦敦，麦克米伦公司，1940 年，第 18 页。

说它有任何意义上的存在"[1]。这是"知觉"一词相当正确而且熟悉的用法,如在双重视觉中说知觉到两张纸并不意味着实际上有两张纸存在。但是,"知觉"一词还有另一个正确而又熟悉的用法,即"说到一个对象被知觉确实包含它存在的含义"[2],把这种意义用于上述双重视觉的例子,我们就必须说,我认为我知觉到两张纸,但实际上我知觉到的仅是一张纸。与此相似,"看到"这个词也有不同的用法,如一个人可以说他"看到一颗比地球大得多的恒星",也可以说他"看到不大于六便士的一个银色小点"。艾耶尔认为这两种说法并不矛盾,而是在不同意义上用"看到"这个词,前者的意义是所看到的对象必须存在,但不必具有它所呈现的性质,后者的意义是所看到的对象具有它所呈现的性质,但不必定存在。为回避这些用法上的模糊,哲学家们决定将"看到"或其他知觉词用于所经验到的对象必须实际存在并必须具有所呈现的性质这种情况。但他们很快发现不能说经验对象总是物质事物,因为在虚妄知觉中,对象并不符合实际或不具有所呈现的性质,甚至纯属子乌虚有。因此,物质事物不符合上述的哲学家约定的用法的条件,而只有感觉材料符合条件。而且由于真实知觉和虚妄知觉在性质上无差别,因此把这个术语扩展到正常情形是很方便的。艾耶尔认为,这个推论虽不体现事实的发现,但推荐了一种新的语言用法,它"有理由被接受为语言的规则","它并不增加我们关于经验事实的知识……仅使我们以更清楚和更方便的方式指称熟悉的事实"[3]。

---

① 参看艾耶尔《经验知识的基础》,伦敦,麦克米伦公司,1940年,第21页。
② 同上。
③ 同上书,第25、26页。

奥斯汀认为，艾耶尔的“知觉”或“看到”有不同意义的说法是错误的。他承认对“X知觉到什么?”这个问题可以有不同的回答，这些回答可以是相容的。但艾耶尔由此得出“知觉”一词有不同的意义这个结论却不是对语言的适当解释。恰当的解释应是我们所知觉到的东西“可以以不同的方式来描述、识别、分类、赋予特征和命名”(S & S,98)。例如，当有人问我“你在踢什么?”时，我可以回答：“在踢一块喷漆的木板”或“在踢琼斯的前门”，这两个回答都是正确的，但我有必要说“踢”这个词有不同的意义吗？与此相似，在艾耶尔的“看到恒星”例子中，我们既可以说看到一个银色的斑点也可以说看到一颗巨大的恒星，因为所看到的斑点实际上是一颗很大的恒星，所以这两种描述方式都是正确的，我们不必为这两个相容的回答造出两种“看到”的意义。再如，当你问我通过望远镜看到什么时，我甚至可以给出四个不同的回答：①看到一颗白色的斑点；②看到一颗恒星；③看到犬星；④看到望远镜第十四镜片中的影像。这四个回答都可以是完全正确的，但我们能说“看到”一词有四种不同的意义吗？实际上，选择何种方式描述我们所看到的东西取决于各种特殊的情境，但“看到”这个词本身只有通常的单一的意义。

当然，奥斯汀承认，尽管“知觉”或“看到”这类语词本身没有不同的意义，但我们可以以不同的方式看事物，从不同的侧面看事物(参看S & S,100)。他指出，心理学家们和维特根斯坦① 都已认真地对待“把……看作……”这样一个表达不同看的方式的式子，而众多论述知觉问题的哲学家则忽视了这个表达式。这种不同的

① 维特根斯坦在《逻辑哲学论》中的5.5423谈到对一个复合体的不同知觉方式。

“看”的方式的最典型的例子是一幅画或一个图表能被以不同的方式看——如被看作鸭子和被看作兔子之不同,被看作凸形和凹形之不同。另外,一个训练有素的士兵看复杂的队形变化和一个对训练一无所知的人看队形变化在方式上是不同的;一个画家看画的方式与普通人的看画的方式显然也有差异;如此等等。但问题是,这种看的方式和看的角度不同并不表明“看到”这个词有多种意义。由此看来,艾耶尔的“知觉”或“看到”有多种意义的论断只是语言上的幻想,它不仅不会给语言带来方便,反而会引起麻烦和混乱。

四、驳艾耶尔的基础主义的还原论

如前所述,艾耶尔认为哲学家为避免日常语词的歧义性而约定必须在被知觉到的东西实际存在并实际上具有所呈现的性质这种特殊情形中使用“知觉”一词,而由于物质事物不符合这种用法的要求,他们就引进“感觉材料”作为这种“知觉”的对象,并主张用感觉材料语言这种新的描述经验的方式代替日常的描述方式。艾耶尔认为感觉材料语言的优点在于它不可能出错,它是“不容置疑的或不可矫正的”①。因为它是约定的产物,是我们约定的一条语言规则。在他看来,这种指涉感觉材料的陈述构成经验知识的不可矫正的基础。

奥斯汀认为,艾耶尔引进“感觉材料”的目的不是为避免语词的歧义性,其真实的动机正是为寻找作为知识基础的不可矫正的陈述。他认为,对不可矫正性的追求是哲学史上最古老的怪物,而

---

① 参看艾耶尔《经验知识的基础》,伦敦,麦克米伦公司,1940年,第80页。

艾耶尔只是以时兴的语言哲学的术语重新表达了这个古老的渴求，他企图在一定的程度上把指涉物质对象的陈述还原为指涉感觉材料的陈述，从而为经验知识找到绝对可靠的构成材料，即描述直接觉知到的感觉材料的陈述。

奥斯汀对艾耶尔的这种基础主义的还原论进行全面的驳斥。首先，他考察了“不可矫正性”这一概念(参看 S & S,111－112)。他认为这个概念本身就是误解的产物，而不可矫正性是绝对达不到的。实际上，没有也不可能有本身是不可修正或不可取消的语句，因为语句之可不可以修正是相对于情境而言的。我们也许可以在情境完全确定、明确和真实的情况下说一个语句是不可取消的。但是，脱离特定的情境，语句本身并没有是否明确可言。

其次，奥斯汀考察了证据概念(参看 S & S,115－117)。他认为艾耶尔的“物质对象陈述需要证据，而感觉材料陈述本身可作为证据”这一说法误用了“证据”概念。例如，我在实际上未看到猪时说“这里有一头猪”就必须有证据，但如我已看到猪时说这句话就不存在找证据问题，因为看到本身已使问题解决了。在奥斯汀看来，通常在情境合适的情况下任何陈述都可为别的陈述提供证据，而不仅仅是感觉材料陈述能提供证据。因此，那种认为“描绘事物是怎样的陈述必须建基在描绘事物看起来怎样的陈述之上，而反之则不能”的观点是不真实的。例如，我可以说“那根柱子是隆起的”，因为它看起来是隆起的。但在不同的情境中我们可以说“那根柱子看起来是隆起的”，因为我刚刚把它建为是隆起的。

再次，奥斯汀批驳了艾耶尔的物质对象陈述本身不能被最终证实的观点(参看 S & S,117－119)。艾耶尔认为，确定性概念不适用于物质对象命题，因为从这类命题可以引申出无穷的感觉材料命题,要一一核实无穷的感觉材料命题是不可能的,因此,证实物质对象命题是一个自相矛盾的过程(即需要完成无穷的证实过程)。然而,在奥斯汀看来,说物质对象命题本身需要证实的观点就是错误的,是由于忽视语境而误入歧途。例如,“我住在牛津”这句话只有对听者而言才需要证实,而对说者来说并不存在证实问题。另外,即使我们承认物质对象陈述需要证实,我们也没有理由说它们不能被最终证实。例如,为证实你所说的“隔壁房间有一部电话”这句话,我可以走进隔壁房间,我看到它,用它给别人打电话,还可以叫别人回拨电话给我,如果这还不是最终证实,那怎样才算最终证实呢?奥斯汀认为艾耶尔的错误在于认为必须把物质对象命题还原为无穷系列的感觉材料命题,这样,我无论如何勤勉也无法核实无穷系列。但实际上我们根本不必要进行这种还原。

最后,奥斯汀得出结论说,语句本身与特殊情境下的陈述不同,它们不能被分为两组:一组是不可矫正的,为其他语句提供证据的,可直接证实的;另一组是为证据所支持的,需要证实且不能被最终证实的。因此,不存在按其本性就可作为知识基础的语句。事实上,在知识中也不能区分“基础”和“上层结构”,因为对什么是什么的证据,什么是确定的,什么是可疑的,什么需要或不需要证据,什么能或不能被证实这些问题都没有一般的答案,都视情境而定,如果知识理论就在于为这种一般的答案寻找根据,那就不存在知识理论这回事(参看 S & S,124)。

五、一些讨论

从以上几个方面的论述可以看出,奥斯汀主要反对艾耶尔的两个基本观点：一是我们直接知觉到的东西是感觉材料，二是感觉材料命题构成经验知识的基础。在反驳这两个观点过程中，奥斯汀还从正面阐述了他的异质的知觉对象类观点，经验的可区分性观点，对知觉对象描述的多样性观点，知觉方式差异性观点以及感觉材料命题没有特殊地位的观点，等等。

然而，诚如前文所言，由于形式上的论战性和论述范围的有限性等因素，自《感觉和可感物》出版后，奥斯汀的论证就引起许多争议。R.J. 赫斯特(Hirst)在其1963年发表在《哲学季刊》上的“对《感觉和可感物》的批判性研究”一文中，对奥斯汀的诸多观点提出异议。例如，奥斯汀在批评“物质事物”和“感觉材料”二分法时，认为不应把山川、河流、火焰、彩虹、影子、声音、绘画、蒸汽等诸如此类的东西都归为物质事物(参看 S & S,8)。R.J. 赫斯特则认为，在这个问题上奥斯汀似乎考虑欠周，有些“强词夺理”。因为奥斯汀所列举的东西明显可以说是物质的(物理学意义上的)。人的声音是空气的震动，而影子和彩虹也是人们极为熟悉的物理现象，甚至光线和火焰也是物理的或物质的存在物。奥斯汀对这些人们所熟悉的东西的归类提出置疑是没有根据的①。J.本内特在其于1966年在《心》杂志上所发表的‘“真实的”’一文中通过对“real”一词用法进行详细的阐释，指出奥斯汀对“real”一词用法的解释不清楚、不准确，并且奥斯汀所研究的“real”一词的用法与对现象和实在区分的传统探究无关②。奥斯汀的老对手艾耶尔则在其1967

---

① 参看赫斯特(R. J. Hirst)的“对《感觉和可感物》的批判性研究”一文，转载于K.T. Fann编的《J. L. 奥斯汀讨论集》，伦敦，劳特利奇和基根·保罗出版公司，1969年，第246页。

② 参看本内特(Jonathan Bennett)‘“real”’一文，转载于同上书，第267-283页。

年在《综合》杂志上所发表的“奥斯汀已经驳倒感觉材料了吗?”这篇长文中,对奥斯汀的攻击进行详细的反驳。他的结论是,奥斯汀并未击败感觉材料理论,而且奥斯汀自己的诸多结论也未建立起来[1]。L.W. 福格森撰文“艾耶尔证实了感觉材料理论吗?”对艾耶尔的反批评进行驳斥,维护奥斯汀的立场。艾耶尔也撰文“答福格森教授”对福格森的驳斥进行了回应[2]。奥斯汀的学生瓦诺克对奥斯汀去做批驳感觉材料理论这项论战性工作的意图感到迷惑不解,认为它缺乏正面的目标,除对某些语词作精细、有趣的阐释外,在如何更好地处理知觉问题方面却没有提出什么积极的东西[3]。J.巴斯摩尔则对奥斯汀的工作方式及其有效性提出置疑,认为奥斯汀“爱好争辩”,仅满足于攻击那个依据错觉的经典论证,忽视了感觉材料理论的来自物理学方面的有力证据,即那个依据我们眼中的事物和物理学家所描述的事物之间的差异的论证[4]。L.J.哥德斯坦甚至指责奥斯汀依据普通英文词的含义理解哲学中的专门术语是“虐待”哲学术语[5]。

在我看来,尽管这些批评意见可能从特定角度注意到奥斯汀这次工作的某些特征或局限性,但它们大多夸大了奥斯汀在知觉问题上的否定性方面,忽视了他的批评所依据的正面的理论基础,

---

① 参看艾耶尔的“奥斯汀已经驳倒感觉材料了吗?”,转载于 K.T. Fann 编的《J.L. 奥斯汀讨论集》,伦敦,劳特利奇和基根·保罗出版公司,1969 年,第 284－308 页。

② 福格森(L. W. Forguson)和艾耶尔的这两篇文章均首次发表于同上书,第 309－341 页和第 242－348 页。

③ 参看瓦诺克《J.L.奥斯汀》,伦敦,劳特利奇出版社,第二章。

④ 参看巴斯摩尔《哲学百年》,伦敦,企鹅图书公司,1966 年,第 453 页。

⑤ 参看 L.J.哥德斯坦“论奥斯汀对哲学的理解”一文,载于《哲学和现象学研究》,1964 年,第 2 期。

看不到他在知觉对象和知觉方式方面所持的正面观点，因此，它们要么是错误的，要么是不相干的，对奥斯汀的论证的有效性不构成严重威胁。瓦诺克的"无积极性的东西"这个指责显然忽视了奥斯汀的上述的诸多正面观点。巴斯摩尔的批评是无的放矢，因为奥斯汀所讨论的是建立在"依据错觉的论证"这一基础之上的感觉材料理论，他无须讨论物理学方面的证据。要求一个哲学家在一本著作中论及所有的知觉问题是不恰当的，因此，批评奥斯汀对许多困难的问题未做出解答是不合理的。哥德斯坦对奥斯汀的指责则是出于误解，因为事实上奥斯汀并不反对专门术语（他在《如何以言行事》中就引入许多专门术语），也并不从普通用法的意义上理解哲学术语。他所反对的是草率、仓促地引进专门术语，未能赋予它们以专门的意义，从而使它们出现于其中的命题变得不可理解。

当然，有些批评者的意见值得考虑，因为奥斯汀的论证并非无懈可击，在细节上它也有许多不够严密之处，尽管这些不严密并未影响到他的整个论证的有效性。例如，R.J. 赫斯特对奥斯汀在是否把声音、影子、彩虹、火焰等归于"物质事物"名下的疑虑的批评确有其合理之处。但问题是，正如 R.佛斯所指出的，奥斯汀在这里的意图是表明物质事物概念缺乏明确的定义，所涵盖的范围极为含糊[①]。至于奥斯汀所举的例子是否适当并不会影响他的主要论证。J.本内特对"real"一词的详细阐释确实指出了奥斯汀对"real"一词用法的分析有疏忽之处。但在我看来，奥斯汀的分析对于他论证的目的来说已经足够。正如前文已经提到的，他想证明

---

① 参看佛斯（R. Firth）"奥斯汀的依据错觉的论证"，原载《哲学评论》（1964年），转载于 K.T. Fann 编的《J. L. 奥斯汀讨论集》，伦敦，劳特利奇和基根·保罗出版公司，1969年，第260页。

的不过是,各种各样的知觉对象实际上都是实在的,非实在的或非物质的"感觉材料"的引入是不适当的。J.本内特所指出的"疏忽"并不影响奥斯汀的这个论证。实际上,我们应该主要关注奥斯汀的主要目标,而不必过分纠缠于细节。正如L.W. 福格森所说的,奥斯汀的最初动机主要不是为了表明感觉材料理论不是知觉问题的令人满意的解决办法,而是试图表明它基本上是徒劳无益的,因为知觉问题本身被误解了。他的一般的观点是,传统哲学争论(感觉材料理论是其中之一)的整个框架应当被抛弃。①

① 参看福格森(L. W. Forguson)的"艾耶尔证实了感觉材料理论吗?"一文,载于K.T. Fann编的《J. L. 奥斯汀讨论集》,伦敦,劳特利奇和基根·保罗出版公司,1969年,这里引用的观点见第310页。

第五章　语言探究和真理问题

在奥斯汀的思想中,真理和知识是密切相关的,真的事实陈述是经验知识的重要条件之一,而对事实的已有的知识又会影响陈述的真理性(参看 Words, 143)。关于他的知识概念留待下章论述,本章处理他的真理观。他的有关真理的观点主要见于 1950 年的"真理"和 1954 年的"对事实的不公正"两篇论文以及《如何以言行事》的第十一讲和第十二讲。奥斯汀的真理观前后基本一致,《如何以言行事》中惊人的见解已暗含在 1950 年的论文中。当然,他前后论述的侧重点是不同的,1950 年的"真理"一文主张约定符合论或弱化的符合论,其目的是使符合论变得更为灵活或精炼。《如何以言行事》中讨论真理的目的首先是为了以是否有真或假为依据把陈述、断言、描述等记述"世界"状况的"记述话语"(constative utterance)与"施事话语"(performative utterance)区分开来,而当他发现这种区分的界限并不明确时,他就把真或假看作是对话语和世界之间的复杂关系进行评价的一个维度。

由于奥斯汀把真理仅仅看作是评价话语的一个维度,因此,在他看来,真理不应在哲学中占有那般重要的位置。如果真是这样,那么,传统哲学的以求真为首要目标的努力就大打折扣。当然,不管真理究竟重要与否,对我们而言,首先要做的是弄清奥斯汀的真理观,因为无论如何对真理的论述是他的主题之一,至少就否定的意义上说,破除真/假偶像是奥斯汀的工作目标之一(参看 Words,

150),因而理解他的真理观对理解他的整个工作来说极为关键,我们有必要对之加以详述。另外,尽管奥斯汀与斯特劳森有关"是真的"这个短语的使用的争论对他的真理观而言并不很重要,但这个争论毕竟是一个有名的争论,即便是从哲学史角度看也是值得讨论的,本章将会专门述及。

第一节 "真"或"假"主要是对陈述使用的

有一点首先必须指出的是,尽管奥斯汀1950年的论文以"真理"为标题,但他并不讨论真理的本质或真理应是什么,正如他也不讨论实在的本质和知识的本质一样,他对所谓的本质或共相或先天概念这些东西持否定态度(参看1939, 32-40)。早在1940年的"一个词的意义"一文中,他就指出不同的真理理论之间的分歧主要取决于哲学家把真理解释为什么东西,即"把这个词解释为一种实体的名称,一种性质的名称,或者一种关系的名称"(1940, 73)。在"真理"一文中他再次提到哲学家们力图弄清真理是一种实体(知识的主体部分),或是一种性质(某种像红色一样的东西)或是一种关系(符合)的努力是不足取的(参看1950,117)。在奥斯汀看来,哲学家们在真理究竟是什么这个问题上的争吵是徒劳无益的,他对彼拉特(Pilate)嘲弄式地问"真理是什么?"而不作回答的态度表示赞许,因为"真理"本身是一个抽象名词,是逻辑构造的产物,不是某种实存的东西,它的含义取决于人们把什么东西看作是真的或人们对什么东西使用"是真的"这个短语,而究竟应该在不同的意义上把真和假的使用扩展到多广又是一个"决断问题"

(参看 1950, 131)。这样,对真理是什么这一问题就不可能有确定的回答。无论如何,奥斯汀不讨论真理是什么或应是什么这一问题,他主要讨论的是,我们主要说什么东西是真的以及我们在什么情况下说这种东西是真的。在他看来,我们主要是对陈述使用“是真的”这个短语的,而且是在陈述与事实相符合的情况下才使用“是真的”。无论真理究竟应是什么,奥斯汀自己则限于讨论真的陈述。

正因为奥斯汀没有先验地规定真理应是什么,他也就不会排斥别人在其他意义上谈真理,不会把所有的真理都看作陈述与实在的符合关系,尽管他本人确实提议最好把“是真的”用于事实陈述(参看 1950,131)。在“有先天概念吗?”一文中,他就质疑道,“所有的真理都是符合吗?”(1939,35),而在“真理”一文中他也只是说“是真的”这个短语主要是对陈述而言的,他未完全排斥“是真的”可用于其他东西。况且,奥斯汀所承认的陈述是对事实的陈述或对事态的描述,而一些在语法上被看作陈述的话语在他看来并不真的是陈述。他认为法律和几何学中的命题是某种不寻常的东西,是一般的法则,是要靠论证来接受的东西,而不可能是对现时观察的直接报道,因而这种法则命题不是陈述(参看 1950,118)。在谈及何时一个陈述句不是陈述时,他的答案有:演算公式、施事话语、价值判断、定义以及小说的一部分等等(参看 1950,131)。在《感觉和可感物》中他承认“分析的语句”的存在(S & S, 118),这样,他也就承认像“等腰三角形的底角相等”、“兄弟是男性的”、“单身汉是未婚的”这样的话语。奥斯汀认为上述这些命题或话语不是有关事实的陈述,他建议我们最好不要用真假来评价它们。但是在日常言谈中,我们确实会说它们是真的。对此奥斯汀认为是一个"决断问题",他未作更多的评说。在我看来,既然奥斯汀未对真理是什么作先验规定,他就不应排斥真陈述之外的其他意义上的真理的存在。先撇开施事话语和价值判断等不谈,我认为,事实上在奥斯汀的头脑中,莱布尼茨意义上的理性真理和事实真理的区分还是存在的,尽管他对是否把理性真理或必然真理归为真理颇为犹豫。虽然他自己限于谈论事实真理或偶然真理,但不应排斥别人在其他意义上使用"真理"一词,因为他的目的在于更好地理解真理概念,他不应排斥语言中实际出现的其他使用。因此,问题不在于讨论真理是什么,而在于在讨论真理之前必须先界定我们究竟在谈什么样的真理。对奥斯汀而言,他的任务是研究实际情境中的言语行为,他关心的是言词与现实世界的关系,因而他不在逻辑的意义上谈真假,不关心逻辑上的先天的、分析的、必然的真。他关心的是报道有关世界信息的"直接陈述"(1950,121),即有关现时观察经验的事实陈述,他认为只有这种陈述才是"典范的"陈述,而这种陈述的真才是"典范的"真理。而且即便是对事实陈述,他也不专注于它的真或假的方面,而更多地着眼于它与世界之间所保持的复杂关系。在他看来,逻辑理论中所谈的命题的真或假是理想化或简化的情形,这种谈论方式作为一种抽象的模式有其方便之处(如"如何谈论"一文中的So模型,参看1953,134),但现实生活是复杂的,逻辑上的简化模型对普通言谈和现实生活来说是不适用的。

无论如何,奥斯汀本人限于谈论事实陈述的真或假,而不在任何其他意义上讨论真或假。上文已指出,他在"真理"一文中明确主张,"是真的"这个短语主要是对陈述使用的,而陈述在他看来应是陈述事实或描述事态(参看Words,1),不是语法上的陈述句。

对于这个主张，奥斯汀未作严格的证明，也无须作严格证明，因为他的主张不是排他性的，确切地说，他只是让自己限于谈论陈述的真或假，至于别人要在其他意义上谈真或假，那就另当别论了。尽管如此，奥斯汀还是给出了他的主张的一些理由。他认为说其他东西是真的，只是因为这些东西是陈述的变种或引申。如真的叙述、真的报道、真的命题只是真的陈述的变种，说拥有真的信念其实就是相信一个陈述之真，而我们有时说言词或语句是真的，这只是不严格的说法，实际上在具体的语境中指的还是陈述（参看1950，118－119）。

在这里值得注意的是奥斯汀对陈述和语句所作的仔细区分，这种区分在哲学上已被广泛接受。他说道：“一个陈述是做出的，它的做出是一个历史事件，是某些词（一个语句）的说者或书写者就有关一个历史的事况、事件等向听者做出的讲话”（1950,119）。陈述与语句不同，它是某个人在特定的场合运用语词对某个事况做出描述或报道，它是言语的一个单位。语句则是由语词组成的，是语言的单位，它们是被使用的。陈述可以说是“我的”，是我做出的，而语句不能说是“我的”，只能说是某种语言的句子，如英语的语句。同一语句可用于作不同的陈述，它也可以由两个人或在两个场合用于作相同的陈述，只要话语所指称的是同一事况或事件。

从奥斯汀有关“陈述”的论述中可以看出，尽管奥斯汀强调了陈述的做出的历史性，但他实际上还是区分了陈述的做出和陈述本身。陈述的做出（the making of statement）当然是一个历史的事件，是可以以日期来标示的特殊的历史事件，因为陈述的做出是言语行为，用斯特劳森的话说，是言语事件。但是陈述本身不是历史事件，它是言语的内容，是某人所陈述的东西（what someone stated),它指涉世界中的某个历史事况,是事况在语言中的表达。奥斯汀认为与实在相对应的、有真假的东西就是陈述本身(或陈述的内容),他声明他并不偏爱“陈述”这个词,而可以用“断言”、“你所说的东西”(what you said)、“你的话”(your words)等来代替它。他用“陈述”这个词只是为表示有真假的东西,而不是指陈述行为(参看1950,120)。在《如何以言行事》的开首部分,奥斯汀再次提到陈述的做出和陈述本身的区分,他说,“它(指语句)被用于做出陈述,而陈述本身是出自陈述的做出的逻辑构造物”(Words,1)。由此可见,奥斯汀头脑中的想法似乎是,语句是语言的成分,不指涉世界,陈述本身是陈述的内容,它指涉世界中的事况,而陈述的做出则是历史的事件,陈述本身是从陈述的做出中抽取出来的内容,它是事况的语言相关物,与事况之间存在是否符合的关系,是有真假的。事实上,从奥斯汀后期的言语行为理论角度看,陈述固然也是一种话语施事行为(illocutionary act),但它主要的是一种话语行为(locutionary act),是有涵义和所指的一种话语,因而是有真或假的。

由上可见,至少奥斯汀在谈真理问题时对陈述的性质是作了明确规定的,而不像斯特劳森所说的,他关于陈述的说法是“含糊的”[①]。斯特劳森不反对奥斯汀把“是真的”主要用于陈述,但他指责奥斯汀混淆了陈述和陈述的做出,把陈述本身当作历史的事件。然而以上有关奥斯汀对陈述本身和陈述的做出的区分所作的论述,已经表明斯特劳森的这一指责是毫无道理的。斯特劳森认为,

---

① 斯特劳森(P. F. Strawson)《逻辑—语言论文集》,伦敦,梅休恩有限公司,1971年,第190页。

“陈述”这个词有两重意义，我的陈述可以指我所说的东西(what I say)，也可以指我说的行为(my saying it)，我说某事肯定是一个事件，而我所说的东西不是一个事件，正是我所说的东西才可真或假。作为言语事件的陈述可以是耳语、大喊、讲出、重述等，但陈述的内容是与任何特定的言语事件相分离的，“陈述”不必定指称某物或某个事件。从斯特劳森对作为言语事件的陈述行为和可真或假的陈述内容的区分来看，他的看法与奥斯汀的陈述的做出和陈述本身的区分是一致的，因而他对奥斯汀的指责使人迷惑不解。显然，奥斯汀用以替代陈述的“what you said”或“your words”与斯特劳森的作为陈述内容的“what I say”是一样的，指的决不是斯特劳森的“耳语”或“大喊”等言语事件，而应是有一定涵义和所指的言语内容。当然，在奥斯汀看来，可真或假的陈述究竟是真的还是假的还要看它做出的时间，看它是否与当时的事况相一致，如“现时的法国国王是个秃子”这个陈述的真或假就取决于它的做出的历史情境，因此时间等情境因素对判定真或假是至关重要的，这一点是斯特劳森本人也承认的[①]。因此，在有关“陈述”的界定上，斯特劳森与奥斯汀之间没有实质上的分歧，只是斯特劳森对奥斯汀有误解。也正因为这样，奥斯汀在对斯特劳森1950年的“真理”一文做出回应时，不提陈述问题，而集中在“事实”问题上(参看1954,154)。

---

① 参看斯特劳森“论指称”一文，载于他的《逻辑—语言论文集》，伦敦，梅休恩有限公司，1971年，第1－27页。

第二节 奥斯汀所主张的真理符合论

奥斯汀在真理观方面以维护符合论而出名,用斯特劳森的话说,他提出精炼形式的符合论,那么,奥斯汀究竟是在什么意义上谈“符合”呢?

上文已谈过,奥斯汀主要是对陈述(提供信息的、事实的、经验的、偶然的陈述)使用“是真的”这个短语,那么,进一步的问题必定是:在什么情况下一个陈述为真?传统的最有影响力的回答是:在它符合事实的情况下。这是常识真理论,即真理符合论的一个简要的回答。奥斯汀认为这个回答作为标准英语的一部分几乎不可能是错的,他承认真理理论是一系列常识,因而常识的真理符合论并非从根本上说是错误的,但他仍然认为这个回答至少可能引人误解(参看 1950,121)。

在讨论符合论的主张所可能引起的麻烦之前,奥斯汀先论述了主张符合论的合理之处以及他谈论“符合”的含义。奥斯汀认为,如果要用语言来达到某种沟通,除了必定要有说者“随意”创作而听者能注意到的符号簇即“言词”外,还必定要有言词之外的某种东西,即运用言词所要加以沟通的东西,奥斯汀称之为“世界”。在他看来,正是在实际的陈述本身在任何特定的场合都是有关世界而被作出的这个意义上说,我们的言词才与世界相对应,而不属于世界的一部分。因此,陈述总是关涉世界的,而“是真的”这个短语确实描述了言词与世界之间的某种关系,与另外两种著名的真理理论(即融贯论和实用论)相比较而言,符合论大致是能够成立的。另外,从世界方面来说,世界总是显示出相似性和不相似性,世界中的事况或事态既存在某种相似，又是各别的，而不是完全不可区分或全然不相像，这就使得我们能作出特定的陈述，并能在特定的陈述和特定的事况之间进行对照，因而世界本身为我们作出适当的陈述提供了条件，不会使我们无言以对（参看 1950，121）。因此，言词和世界两个方面都为我们作出适当的陈述提供了必要的条件，那么，陈述究竟如何与世界相关联呢？我们又在什么情况下把这种关联描述或评价为“真”？奥斯汀认为这种关联主要靠两组约定，因此，他的符合论可以说是约定符合论。他的两组约定是：

> “描述的约定使言词（=语句）与在世界中发现的事况、事情、事件等等的类型相关联。指示的约定使言词（=陈述）与在世界中发现的历史的事况等相关联”（1950，122）。奥斯汀认为，“在陈述依指示约定与之相关联的历史事态（它所指称的事态）属于用以作出陈述的语句依描述约定与之相关联的类型的情况下，这个陈述被说成是真的”（同上）。

奥斯汀的主张与通常的符合论的表述很不相同，颇为令人费解，而诸多解说者的解释也说不清楚，无法令人满意。在脚注中奥斯汀指出两组约定都可以说是“语义学的”（1950，122，n1），而在“如何谈论”一文中他又把类型与涵义（sense）相对应，考虑到奥斯汀对弗雷格的涵义和所指区分的接受以及他在“如何谈论”一文中对涵义约定和所指约定的区分（参看 1953，135－136），我们有理由断定第一组约定是语句的涵义约定，即我们把用于作出陈述的语句的涵义与事态的类型相对照。而第二组约定是陈述的所指约定，我们以该陈述实示某个特定的事态。另外需注意的是奥斯汀否定共相存在,因而也否认作为“类”意义上的类型,他认为事物即使非常相似,也不属于同一类,他把这里的属于一个类型解释为“足够像那些标准的事态”(1950,122,n2)。这样,我们可以简单地解释一下奥斯汀的观点:真正的陈述(不是伪装的陈述)总是指向世界的,当我们作出一个陈述时,它依某种约定总是指示某个历史的事态,陈述有一个与之相对照的事态,但这个陈述是否为真还得考虑我们的语言上的约定,我们用于作出陈述的语句的涵义是依约定而“描述”那些标准的事态,只有在陈述所直示的事态足够像作出陈述的语句所描述的那些标准事态时,即我们在世界中实际找到的事态要足够像语句所约定的标准事态时,陈述才是真的。因此,一个陈述要为真,不仅要有与之对照的事况,还要满足语言上的惯例或约定,它的所指要与语句的涵义一致。如我们可以指着一个在跑的兔子说“猫在跑”,尽管这个陈述对我自己而言可以说有一只兔子在跑的事况与之相对应,但这个陈述不是真的,因为它所指示的事况不像“猫在跑”这个语句所约定的标准的事态。

我认为以上的解释是符合奥斯汀的基本想法的。奥斯汀的“语言现象学”是研究在什么情况下我们的话语是适当的,真的陈述当然也包括在适当的话语范围之中。在“为辩解辩”一文中,奥斯汀指出在研究何时我们会说什么时,我们不仅要盯住言词,还要盯住实在(参看 1956,182),自然在描述陈述与世界的关系时,我们也要看这两个方面,看与陈述相对应的事态,还得看言词(语句)的涵义。

为了进一步研究奥斯汀的真理观,我认为,正如瓦诺克所言,与他的另一篇论文即“如何谈论:一些简单的方式”作些对照考察是有益的[①]。尽管该文的发表比“真理”一文迟了三年，而且它的目标不是为阐明真理概念，而是为了促进我们对某些言语行为的理解(参看1953，134)，但它确实多少不明确地体现了一个独特的高度简单化的有关真理是什么的“图像”。很可能奥斯汀在撰写“真理”一文时在头脑中已有这幅“图像”。

与其他论文不同，奥斯汀在此文中不是为了详细探究语词的通常用法，而是想对通常用法做些整理，使它们系统化。与奥斯汀通常的方法相比，此文的方法也有些怪异。他所采取的方法是一种思想实验：想像一个奇怪的“虚构的”世界以及一个与之相对应的极度简化的语言，然后考察在这种言语情境模型(他称之为 S_0 模型)中，还可以区分出什么样的言语行为。

在 S_0 中，世界由无数个体的“事项”(terms)组成，每一事项属于且仅仅属于一个确定的“类型”，每一类型全然且同等地与其他类型不同，每一事项全然且同等地与其他事项不同。许多事项可能属于相同的类型，但没有任何事项不止属于一个类型。事项和类型仅仅通过检视而被认识(参看1953，135)。奥斯汀承认，他在这里不研究事项和类型的“形而上的状况”(1953，137)，而认为它们是“构造物”，他把事项看作是样品或标本，而把类型看作是标准或模式。在 S_0 的语言中，用I-词(事项词)指称它所表示的个体的事项，而用T-词(类型词)来表示类型。在 S_0 中惟一允许的话语形式是“I is a T”。例如“1227是一个菱形”。因此，S_0 中的语言由三种且仅由三种相互排他的表达式组成，即I-词、T-词和肯定连结词“is a”。

---

① 参看瓦诺克《J. L. 奥斯汀》，伦敦，劳特利奇出版社，1989年，第47页。

奥斯汀认为,为了用这种语言谈论这种世界,需两组语义的约定。I 约定或所指约定使我们能在每次说出包含 I-词的语句时,确定它所指称的是哪一事项。T 约定或含义约定使 T-词与事项的类型相关联。这样在 S_0 语言中,除了“is”和“a”外,每个词要么有一个由所指约定所确定的所指,要么有由含义约定所确定的含义。

奥斯汀此文的主要目的似乎是要表明,即使在这样一个极度简化的世界中使用这种最低限度的语言,言语行为的可能性也比人们所可能预期的更为多样。在使用 I-词时我是在指称一个个体的事项,在使用 T-词时我是在命名一个类型。在发出“1227 是一个菱形”这样的整个话语时,我可以以四种不同的方式断定 1227 是一个菱形(参看 1953,140)。这里不再详述奥斯汀对四种不同的断言行为所作的仔细区分,因为与我们现在讨论的主题有关的问题应是:在 S_0 中使一个断言为真的是什么东西?

首先应注意在 S_0 这样简单模型中,仍然可以区分语句和断言,我可以仅仅是说出或写下“1227 是一个菱形”这样的语句,而不断定 1227 是一个菱形。这时我实际上并不指称或命名任何事物,而只是造出符合语法规则的语句。当然,如果在讲出“1227 是一个菱形”这个语句时,我确实在指称和命名,在 S_0 中也不存在我已断定了什么或我已作了什么陈述这样进一步的问题,因为在 S_0 中 I-词总是惟一地指称一个事项,T-词总是惟一地命名一个类型,因此在 S_0 中肯定地讲出同一语句总是在作同一断言。那么,使一个断言为真是什么情况呢?奥斯汀认为当 I-词所指称的事项属于与 T-词的涵义相配的类型时,该断言就是真的(奥斯汀用的是“令人满意”这个词)。因此,在 S_0 中情况很简单。如只要直接检视

1227是否是一个菱形就可确定“1227是一个菱形”这个断言的真假。

从以上的论述可以看出,尽管“如何谈论”中的令人满意的话语是有关极度简化的语言和世界的,而“真理”中的真的陈述是有关“普通语言”和“真实世界”的,但奥斯汀对二者的解释很相像。首先,在二文中都区分了陈述(或断言)和语句,认为“真”(或令人满意)是对陈述(或断言)使用的,而不是对语句使用的。当然,在自然语言中这种区分更为必要,因为自然语言中的同一语句可用于作不同的陈述,不同的语句也可用于作相同的陈述,并且自然语言的语词和语句是含糊的,因此自然语言中为真的东西应是语句特定的使用断定为事实的东西。这些复杂的情况在 S_0 中不存在。其次,在二文中都谈到用语言谈世界所需的两组约定,在 S_0 中是I-约定和T-约定,在自然语言中则是指示约定和描述约定。当然,这里也有显著的差别。在 S_0 中与类型相关的是T-词,是语句的一部分,与事项相关的是I-词,也是语句的一部分。但在“真理”中,奥斯汀的表述是,与事态类型相关的是语句,而与某个特定事态相关的是陈述。这种差别的一个原因应该是,自然语言的语词不可能整齐而又相互排斥地分为I-词和T-词。并且实际上也并不真地包含I-词和T-词。在自然语言的主谓句中能出现在谓词位置上的语词大多也能出现在主词位置上。何况,在自然语言中,并非所有的陈述都是主谓句,都能被适当地为不同的部分,因此,指示约定就不能用语句的一部分来运作,而只能用整个语句来运作。另一个原因是现实世界是变化着的,我们的陈述是否为真还要看它作出的时间。如我们假设渡渡鸟于1713年灭绝,那么在1712年断定渡渡鸟灭绝了,这个断言就是假的,而现在说渡渡鸟灭绝了则是真的①。这样,我们就只有用整个陈述来指涉事态才能判别陈述的真假,因为只有整个的陈述才有时态或其他时间标示,这种时间标示是语词所无能为力的。

通过以上的比较,我们可以更好地理解奥斯汀的观点。在考虑某个陈述是否为真时,我们总是需要知道三种不同的东西,一是我们所要察看的东西(事项或事态);二是我们所寻求的东西(事项或事态的类型);三是所察看的东西是否例示了所寻求的东西。在 S_0 中问题很简单,只要检视 I-词所惟一指称的个体的事项就解决了它是否例示 T-词所命名的类型。在自然语言中,由于情况更复杂,我们以陈述指示特定的历史事态,这是我们所要察看的东西,而以作出陈述的语句的涵义来确定它所"描述"的事态的类型(那些标准的事态),这是我们所寻求的东西。当我们所察看的发生在一定时间和地点的特定的事态例示(或足够像)作出该陈述的语句所"描述的"事态类型(或那些标准的事态)时,该陈述就是真的。借用奥斯汀在"如何谈论"中的话说,只有在特定陈述所陈述的"样品"或"标本"与作出该陈述的语句所描述的"标准"或"模型"相适合时,该陈述才是真的。

由上可见,奥斯汀所谓的陈述与事实的"符合"并不是说陈述以单一的直接的关系支持某个事实,而是指言词与世界间复杂的关系。因此,他在不否定符合论的情况下又马上补充说它仍然是引人误解的。在他看来,即使是 S_0 中的令人满意的话语也是以复杂的、间接的方式与世界发生关系(参看 1953,138 中的图表)。当然,在自然语言中,陈述与"事实"的关系更是一种复杂的、间接的、

---

① 参看瓦诺克《J.L.奥斯汀》,伦敦,劳特利奇出版社,1989 年,第 54 页。

约定的关系，用于作陈述的语句依约定"描述"了某事态的类型（或标准的事态），陈述依约定而指示特定的历史事态，从自然关系说，这个历史事态必定像其他事态，但这个事态之应受那个语句的"描述"不是自然的关系，而是包含着约定。因此，所谓的陈述与事实的"符合"主要是一种约定的符合。

奥斯汀在谈到"符合"一词所引起的麻烦时认为这个词的意义太严格或太富色彩。他认为，言词（＝语句）和事况类型之间的关系绝对是纯约定的，我们绝对自由地指定任何符号去"描述"任何事况的类型。用于作真陈述的言词无须"反映"事况或事件的任何特征。为了成真，陈述无须复制实在的"复合性"（multiplicity，维特根斯坦语）或"结构"或"形式"，正如词无须是拟声的或象形的。如果认为陈述确实复制实在，那就会重新陷入用语言的特征来曲解世界的错误（参看1950，125）。从这段话的用语看，奥斯汀显然是在批评维特根斯坦《逻辑哲学论》中的图像论。在这点上，斯特劳森对奥斯汀见解的理解是正确的。他认为奥斯汀不主张以世界为模型制作语词或以语词为模型构想世界。"符合"不是模仿或反映，而是纯约定的。

在奥斯汀看来，实际上越是发展不完全的语言，越经常以"单一的"语词来表示一个非常复杂的事况类型。这种语言的缺点是难以学习而且不能处理非标准的、始料未及的事况，因为对这样的事况可能没有可用的语词，新的事况需要新的语词。一种更发达的语言（有节奏、词法、句法、抽象词语等）的特性并不使它作出的陈述更能够成真或能够更真，但它们使它更适用、更好学、更好理解、更精确等等，无疑，通过使语言以约定的方式"反映"在世界中发觉的特征会推进这些目标。但奥斯汀又认为，即使在一个语言的确非常紧密地“反映”这样的特征时，陈述的真仍然是一个约定问题，这一点和最不发达的语言一样。图画、照片等复制品是用自然或机械的方法创造出来的，它们不是真的，而可能是准确的、逼真的。地图是高度约定的产物，但它所使用的符号与陈述所用的符号不同，也不能称之为真的。在奥斯汀看来，研究诸多中间情形可以启发我们理解真理问题。作为真理的“符合”乃是言词与实在之间约定的符合。

第三节　奥斯汀对事实的辨明及其与斯特劳森的分歧

在“真理”一文中，奥斯汀就指出用“事实”这个词来表示历史的事况、事件且笼统地表示世界，这会产生麻烦。因为在“The fact is that S”或“It is a fact that S”这样的语句和“the fact that”这个表达式中，“事实”通常与“that”连用，所有这些都暗示着说 that S 会是真的。奥斯汀认为这可能使我们误以为①“事实”仅仅是一个可用于代替“真的陈述”的表达式；②每个真的陈述都有一个与它自己严格一致的事实。正是①导致了融贯论或形式主义理论中的某些错误；而②则导致了符合论中的某些错误。因此，我们要么认为除了真的陈述外不存在任何东西，没有任何东西与之相对应；要么我们使过多的语言的复本移居在世界中，使世界“人口过剩”，每个肯定的事实之上压着许多否定的事实，每个细微的事实之上又添加上许多一般事实(参看 1950，123)。

奥斯汀认为，尽管“事实”一词可能引人误解，但无论如何，当一个陈述为真时，总是有一个事态使之为真，这个事态与对它的真的陈述是截然不同的。尽管我们只能用言词来描述事态,但在真实地陈述一个事态和事态本身之间存在明确的鸿沟。他指出,"Fact that"实际上是一个专门用于真的陈述和相应的事态之间的差别被忽略这样一种情况中的短语。这种使用在日常生活中有其方便之处,但在哲学中很少有好处,尤其是在讨论真理中,我们的任务恰恰是把语词从世界中撬起,使它们与世界保持一定的距离。使语词与世界分开是奥斯汀的语言现象学的原则之一(参看1956a,182)。他说道:"说到'Fact that'是谈论既包含语词又包含世界的事况的一种简洁方式"(1950,124),这种简洁的方式在讨论哲学问题时应尽量避免,在哲学中应尽可能详细地描述特殊的事况(参看1940,68中所主张的详尽的描述)。

然而,斯特劳森认为,奥斯汀未能把事实、事物和事件区分开,而把事实同化为事物,并因而把陈述同化为指称①。与奥斯汀不同,斯特劳森认为陈述可分为指称部分和描述部分,指称部分指称事物或人(对象),以便进一步描述它;而描述部分则描述事物或人的类型。陈述既与指称不同也与描述不同,它同时既在指称又在描述。在斯特劳森看来,陈述所关涉的东西是人或事物等(它的指称部分指称人或事物,而描述部分则适合于或不适合于人或事物),除此之外,显然陈述本身在世界中没有其他任何相关的东西。他认为要求陈述本身在世界中有一个相关者在逻辑上是荒唐的,是一种逻辑上的基本类型错误。他指责奥斯汀要求在世界中有某种使陈述为真的东西或在陈述为真时有某种与陈述相符合的东西

---

① 参看斯特劳森《逻辑—语言论文集》,伦敦,梅休恩有限公司,1971年,第193页。

是犯了类型错误。他认为，尽管我们确实说陈述符合事实，但这不过是说它是真的另一种说法，是我们对该陈述表示赞同而已，而不表示事实是世界中的某物。陈述是有关事物的，但它们陈述事实，使陈述为真的不是事物，而是事物的状况（即事实），但事物的状况（事实）不是世界中的某种东西。斯特劳森并未说清为何事物的状况（事实）不是世界中的某种东西，他似乎认为，我们在述说事物处于某种状况，因此事物的状况（事实）是我们所陈述的东西。用他的例子说，世界中只能找到“猫”这种事物，而猫的状况即猫患有螨病不是世界中的东西，而是我们在述说猫患有螨病，是陈述的内容。由于事物与事实的区分，斯特劳森认为，奥斯汀用“事实”这个词笼统地代表“事件”、“事物”，忽视了二者全然的类型差别。他认为事物或人等是陈述指称部分的物质相关物；特性或特征是陈述描述部分的似是而非的物质相关物；事实则是作为整体的陈述的似是而非的物质相关物。

为论证事实不包括在世界之中，斯特劳森又从日常语言中找证据。他对“Fact that”的解释与奥斯汀的解释不同，他认为事实是被知道、被忘记的等等，而知道、忘记等动词后面可以跟上“the fact that”，因此，事实就是真的陈述所陈述的东西，不是可见或可听到的事物或事件，事实与陈述是不可分的，“它们是相互造成的”①。他还认为，奥斯汀所更喜欢谈的事况或事态也不包括在世界中，它们不过是“一组事实”。总之，他认为，使陈述为真的事实或事况或事态，都是似是而非的存在物，是陈述所陈述的东西，不是陈述的非语言的相关物。

---

① 斯特劳森《逻辑—语言论文集》，伦敦，梅休恩有限公司，1971 年，第 197 页。

斯特劳森对“事实”的上述看法，似乎与他的“描述的形而上学”有关，在他看来，只有物体或人是我们关于世界的思想结构中的基本殊相，只有它们是时空中的某物，而其他存在物都与我们的谈话框架相关。事物或人是谈论对象，而“事实”这个词是在语言框架中使用的。斯特劳森有关事实的见解确有其合理之处，因为事实确与事物或事件不同，它与我们的述说有关，我们需要通过言谈道出一个事实，至少，事实是通过陈述而“成形的”，它与未进入我们言谈的在世界中发生的东西不同，它是通过辨明而成为事实的。

当然，无论如何，在奥斯汀看来，斯特劳森无疑犯了将言词和世界混为一谈的错误。奥斯汀在“对事实的不公正”一文中集中反驳了斯特劳森有关事实的见解。他指出，尽管“事实”这个词对他的真理解释来说并不重要，他也不喜欢这个词，但他认为事实并不是斯特劳森所说的似是而非的存在物，斯特劳森对这个词的说明是错误的。

奥斯汀认为，尽管“事实”和“事物”或“事件”之间有重要的差别，但首先，它们又有重要的相似性。事物和人远不是普通人所承认的所有的真正“在世界中之物”。现象、事件、事况、事态通常也被认为真正在世界之中。我们肯定能说它们都是事实。“第三帝国的毁灭是一个事件又是一个事实——曾经是一个事件又曾经是一个事实”(1954，156)。斯特劳森所说的“猫的状况”肯定也是一个事实，是“世界中之某物”。奥斯汀认为斯特劳森的错误在于忽略了可以使用和不可以使用“fact”这个词之间的界限。在他看来，“X is a fact”这个表达式是正确的，而“X is the fact that”则是错误的，斯特劳森正是从后一个错误的表达式推出事实就是陈述所陈述的东西，是似是而非的存在物，不是“世界中之物”。

奥斯汀还认为，与斯特劳森的看法相反，说某物是一个事实至少恰恰包含说它是世界中之某物，而且还把它归为是在世界中的某种特别的东西。说如此这般的东西是一个事实至少部分地说它是实在的，在这方面，事实不同于事件(参看 1954,159)。

为进一步反驳斯特劳森的观点，奥斯汀也以辨析语词的日常用法为手段，甚至以词源学为依据。他考察了“事实”一词用法的历史并得出结论：①“事实”原初是作为“在世界中的某物”的名称；②“事实”和“知识”以及“事实”和“真理”之间的联系是衍生的，并且是相对较晚的联系；③“fact that”这个表达式又更晚，只是为了语法上的方便而引进的(参看 1954,164)。“a fact”意指一个现实的事态，而“the fact that S”则意指，通过说“S”，某个事实被正确地描述，这是一种简洁地谈论语词和世界结为一体的方式。奥斯汀还指出，不加区分地在“fact”后面加上“that”从句会引起诸多麻烦。斯特劳森正是因此而错误地得出事实就是陈述所陈述的东西(What statements state)。奥斯汀认为“What statements state”这个表达式是极其含糊的，它可以指陈述的对象，即与陈述相关的事态，也可以指陈述本身。斯特劳森似乎采取后一个用法。因为如果它意指的是陈述的对象，就不可能不在世界之中。

以上简要论述了奥斯汀和斯特劳森在有关事实问题上的争论。我认为二者的主张都不模糊，但从通常的观点看，奥斯汀的见解更令人信服。在我看来，他们的观点都与他们的实在观有关。斯特劳森的“描述形而上学”把物体看作是在时空中的可直接识别的殊相，而其他殊相都要通过指涉物质对象而间接地为我们所识别，都与言谈框架有关，因而性质、特性和事实、事况、事态等都被他看作是似是而非的存在物,不是在作为时空的现实世界中。在奥斯汀看来,事实、现象、事况、事态、特征等,都是实在的,都在世界之中,它们与事物和人以及事件并没有本体论上的差异,它们都是语言之外的世界中的存在物(参看第二章所论述的实在观)。另外,正如 J. 威特利在"奥斯汀论真理"一文中所论证的,奥斯汀并不把陈述分为指称和描述两部分,他并不需要斯特劳森意义上的指称部分和描述部分与世界中的某物的"符合",而只需要世界中存在事物、事件。因此,他们所论辩的"事实"问题实际上与奥斯汀的真理观本身没有太大的关联。①

第四节　奥斯汀对"是真的"的用法所作的辨析及其与斯特劳森的争论

奥斯汀在"真理"一文中批评了真理多余论和斯特劳森的真理施事论,认为说一个陈述是真的,是对该陈述作进一步断言,而"是真的"主要是描述性短语。

英国数学家和哲学家兰姆赛在"事实和命题"中认为说一个命题为真仅意味着断定该命题本身。例如,"恺撒被谋杀是真的"仅仅意味着"恺撒被谋杀",而"恺撒被谋杀是假的"仅仅意味着恺撒没有被谋杀。按照他的意见,"真的"没有独立的断定意义,而传统的作为性质或关系的真理观念是引人误入歧途的。当然,他承认,"真的"这个词能起到强调或增添文采的作用②。兰姆赛的这个观

① 参看 K.T. Fann 编的《J. L. 奥斯汀讨论集》,伦敦,劳特利奇和基根·保罗出版公司,1969 年,第 230 页。

② 参看兰姆赛(F. P. Ramsay)《数学基础》,伦敦,基根·保罗公司,1931 年,第

点被称为真理的断定多余论。艾耶尔也曾持类似的观点，他认为说一个命题为真仅仅是断定该命题，而说它为假仅仅是断定它的反面，因而“是真的”这个短语的逻辑上是多余的[①]。艾耶尔的这个观点被称为无真理论。

然而，奥斯汀认为，所谓的多余论或无真理论肯定是错误的，因为说“‘P’是真的”，涉及“P”所无法指涉的东西，即它可以指涉“P”，可以进一步对“P”做出断言，但“P”本身无法自指，无法对自身做出断言。由此可见，“P是真的”与“P”是不同的陈述，“是真的”这个短语在逻辑上不是多余的。当然，“P是真的”所描述的“事实”是某种特别的东西，它不是硬事实，而是“软事实”(参看1950，128)。奥斯汀对多余论的第一个实质性的反驳是认为它混淆了假和否定。按多余论的观点，说“他在家是假的”等于说“他不在家”。然而，正如奥斯汀所指出的，如果“他在家是假的”指的是他躺在楼上死了这种特殊的情况，我们就不能把它等同于“他不在家”，面对这种特殊情况，说他在家或不在家都是不合适的。实际上，在奥斯汀看来，肯定和否定恰恰处于同一层次，它们都同样直接指涉世界，而不是指涉有关世界的陈述，因而把否定归为第二层次的肯定(即某个第一层次的肯定是假的)是错误的。哲学家们急于以假把否定打发掉或反过来急于以否定把假打发掉的态度都是不可取的(参看1950，128)。多余论认为“是假的”在逻辑上是多余的这个观点正是由于把假和否定混为一谈。在奥斯汀看来，由多余论无法同等地处理“假”就可以看出它不是令人满意的真理理

143页。

① 参看艾耶尔《语言、真理与逻辑》，上海译文出版社，第98页。

论。

奥斯汀对多余论的另一个实质性的反驳是，与“真的”与“假的”处于同一层次的还有许多形容词，它们也与陈述和世界之间的关系有关，如我们可以说某个陈述是夸张的、含糊的、坦率的，或说一个描述是粗略的、引人误解的、不充分的，或说一个叙述过于概括或太简洁，等等，这些用于描述陈述和世界之间关系的形容词在逻辑上并不被认为是多余的，与它们处于同一层次的“真的”或“假的”也不应是多余的。

在批评真理多余论的同时，奥斯汀又批评了斯特劳森的真理施事论。斯特劳森在其于 1949 年发表在《分析》杂志上的“真理”一文中，批评了真理的语义学概念，补充和发展了真理多余论的观点，提出了真理施事论。他认为，“是真的”这个短语并不被用来谈论任何东西，它不是描述性的短语，而是施事短语。说“that S 是真的”，除了“that S”这个断言外，我们并不作任何进一步的断言。当然，斯特劳森又声明他不赞同多余论，因为他认为说“that S 是真的”除断定“that S”外还做了更多的事情，即认可或赞同那个已做出或虚构的断言。因此，说“that S 是真的”是在做一个行为，而不是在做出另一个陈述①。

在 1950 年发表的“真理”一文中，奥斯汀赞同斯特劳森对真理的“语义学”解释所作的巧妙的批评，他也认为真理不应和意义混为一谈。但他不赞同斯特劳森的真理施事论。奥斯汀承认说一个陈述是真的，确实经常是认可或赞同它，但同时也是对该陈述作进

---

① 参看斯特劳森 1949 年的“真理”一文，转载于玛格丽特·麦克唐纳德（Margret Macdonald）编的《哲学和分析》，约纽，哲学丛书出版公司，1954 年，第 261－277 页。

一步的断言。说一个陈述是真的有施事的"方面",但它不是严格的施事话语,它本身同时也是一个有真假可言的陈述。因为既然言词和世界之间的"相当令人烦扰然而又令人满意的关系"确实存在,那么,"是真的"就应该是我们描述这种关系的一种方式(参看1950,133)。

然而,斯特劳森并不接受奥斯汀的批评,他在其于1950年发表的"真理"一文中从"陈述"、"事实"和"约定的符合"三个方面对奥斯汀的观点提出异议①。有关"陈述"和"事实"问题的争论,前面已述及,这里不再赘述。与这里的问题有关的是第三方面的符合关系本身。斯特劳森指责奥斯汀混淆了"It's true that P"本身为真的语义条件和"It's true that P"所断言的东西②。前者要求陈述P以某种约定的方式与世界发生关联,我们确实在这种语义条件被满足时使用"是真的"这个词,但在运用这个词时,我们并不陈述这些条件被满足,"It's true that P"所断言的不过是P。用奥斯汀的话说,斯特劳森坚持认为"是真的"不描述言词与世界间的任何关系,它不"描述"任何东西,这个短语的存在只是清楚地表明了某种使用语言方式的存在。

在我看来,斯特劳森对奥斯汀的指责是没有根据的。实际上,奥斯汀并未混淆有关陈述的评价的适当条件和陈述的适当条件,他所关心的是陈述的适当条件,而不是有关陈述的评价的适当条件。就是说,他所关心的是言词与世界之间的关系,是做出陈述的适当条件,他的问题仍然是传统的真理问题,即陈述的通常的适当

---

① 参看斯特劳森(P. F. Strawson)《逻辑—语言论文集》,伦敦,梅休恩有限公司,1971年,第190-213页。

② 同上书,第200页。

条件是什么？正因为这样，尽管他承认“是真的”这个短语有施事的使用或施事的方面，但他又认为这个方面与他所要处理的真理问题无关。他所要处理的真理问题是有关陈述与世界之间的关系的，因此，他重视的是“是真的”描述功能或描述的方面。在“真理”一文中，奥斯汀所举的例子是“猫在草席上”和“我感觉不舒服”这类例子，而不是“猫在草席上是真的”这类与评价有关的例子，由此可以看出，奥斯汀所关心的是陈述的适当条件而不是有关陈述的评价的适当条件，即他所关心的是陈述和世界所保持的适当关系，而不很关心对陈述的评价问题。由此我们还可以看出，尽管奥斯汀在“是真的”这个短语的用法问题上与斯特劳森发生分歧，但实际上这个短语的用法本身对奥斯汀的真理观来说并不很重要，因为真理问题实际上不能完全归结为“是真的”这个短语的用法问题。正如奥斯汀所言，“是真的”这个短语的施事使用就与真理问题无关。实际上，即使我们承认“是真的”这个短语主要是用于表示赞同或认可，而“是假的”是用于表示否定或不认可，但我们凭什么性质赞同或否定一个陈述这个问题仍然存在。或者，换句话说，值得我们赞同的“陈述”和应该被我们否定的“陈述”之间的区分标准到底是什么？或者我们凭什么赞同某些陈述而反对另一些陈述呢？这个问题正是传统哲学中的真理问题的根源，但兰姆赛的真理多余论和斯特劳森的真理施事论都远未能解决这个根本问题。

尽管从表面上看，奥斯汀和斯特劳森的争执是有关“是真的”这个短语的用法的争执，但实际上他们在真理观上的分歧是实质上的，奥斯汀所要处理的是陈述和世界之间的复杂关系问题，而斯特劳森则回避这个问题。从这方面看，奥斯汀的观点无疑是更为合理的，因为我们的“陈述”（或断言）总是对事物的状况进行陈述

(或做出断定),因此必然存在陈述(或断言)是否符合事物的实际状况这个问题。陈述与世界之间的关系问题是我们所无法回避的。而"真"正是对这种关系进行描述或评估的一个维度,它仅仅表明某个陈述与世界中的某个事态相关联,有某个事实作为它的"支撑",至于这种关系的其他方面的状况如何还需要其他形容词来描述或评估。正因为陈述与世界之间的关系终究不可回避,在经过了一番争论之后,斯特劳森的观点有所缓和,改变了原先的强硬立场,他后来不得不承认"如果有人主张说,除非我们知道当某个为真的东西被陈述出来或被用语词表达出来时得到了哪种类型的语词与事物的习俗性关系,否则我们并不真正地或充分地知道'是真的'这个短语的意义,这个主张在我看来决不过分"①。斯特劳森的这个说法与奥斯汀的约定符合论已相距不远。

第五节 真作为评价的一个维度

上节已提到,奥斯汀在反驳真理多余论时指出,还有许多其他的形容词也与言词和世界间的关系相关,因而可作为陈述的谓词。如对像"贝尔法斯特在伦敦的北面"、"星系是煎蛋形的"、"贝多芬是一个酒鬼"和"威灵顿打赢了滑铁卢战役"等等这样的陈述,我们也许可以称之为粗略的或夸张的,但简单地说它们是真的或假的则是无意义的,因为它们并不完全以成真为目的。确实,在作这些陈述时,我们在一定程度或在某些方面取得了成功,即这些陈述总

① 斯特劳森"关于真理的一个问题"一文,载于他的《逻辑—语言论文集》,伦敦,梅休恩有限公司,1971年,第232页。

是多多少少不严格地适合于事实,但它们在不同的场合因不同的意图和目的、以不同的方式适合于事实,而不是简单地符合事实。对这些陈述,我们不必坚持以简单的方式来判定它们的真或假。因此,奥斯汀认为,正如在讨论行为中我们不必着迷于“自由”,而是转向与自由相关的像“偶然地”、“不自愿地”、“心不在焉地”这样的许多副词一样,在讨论陈述中,我们也不必着迷于“真理”,而要转而考察与此相关的形容词,如“含糊的”、“粗略的”、“精确的”等等。这样,我们就可以从不同的角度或侧面来考察言词与世界的关系,问题也许因此而更易解决。

正是在与其他形容词的比较中,奥斯汀认识到言词与世界的关系是极其复杂的,陈述与事实的符合关系只是问题的一个方面,另外还需考虑的有说话者的情境(语境)和说话者的意图、听者的兴趣以及问题的精确性等因素,因而,奥斯汀承认真理的融贯论和实用论是很有意义的,尽管它们没有认识到言词与世界的关系这一关键问题(参看 1950,130 注释 1)。在奥斯汀看来,“真”只是评估(也是描述)言词与世界关系的维度之一,而且也并非非常重要,他说道“真是一个仅有的最低限度或是一个虚幻的理想”(1950,130)。他这句话的意思是,一方面,求真是简单的,一个陈述越是宽泛就越是真的,而宽泛是容易做到的,因而我们的目标不应是求真,作陈述应另有目的,如,求精确、详细等。真只需一个最低的界限,只需不成为假的就行了;另一方面,真可以意指陈述与事实的严格的相符或绝对相符,而这又是一个虚幻的、无法达到的理想。因而,真要么是易致的,要么是虚幻的,从这两个意义上说,真对我们都不太重要,我们在现实生活追求的不是很易达到的简单的东西,也不是无法达到的理想,而是另有追求。从这个意义上说,真不是多余的，而是不重要的、无用的。在日常言谈中，我们可以听到这样的话："他的这句话倒是真的，只是不够精确"，这里的"真"指的就是言词与事实的最低界限的适合，但这种不精确也许对我们的生活毫无用处，因而与假相距不远。我们也可以听到"那惟一的、永恒的真理"这样的话，这种真理就是上述第二种意义上的"虚幻的理想"。

由上可见，陈述并不全然以成真为目的，真只是陈述的最低目的或虚幻的目的。不仅如此，奥斯汀还指出，有些所谓的"陈述"根本不以成真为目的。他认为，"每个命题必定是真的或假的"这个逻辑原则是典型的描述性谬误，它侵蚀了日常语言，使人们误以为所有的命题都是对当下的观察的报道。在奥斯汀看来，许多原来被当作陈述的话语其实不是对事态的描述，如演算公式、施事话语、价值判断、定义以及虚构作品中的话语等。这些话语在语法形式上是陈述句，但不是对世界中的事实的报道，因而是"似是而非的陈述"。奥斯汀认为，这类话语的职责不是"符合事实"，它们另有作用，因而无所谓是真的或假的。成真不是它们的任务。因此，奥斯汀的结论是，许多"陈述"并不是真正的陈述，不以成真为目标，而真正的陈述也不全然以"符合事实"(成真)为目标，还有其他任务和目标。

在《如何以言行事》一书和"施事话语"一文中，奥斯汀的思想有所发展。一方面，他坚持认为，在现实生活中，与逻辑理论所想像的简单情况相对，人们并不总是能够以简单的方式回答一个记述式话语是真的或假的(Words,142)。例如把"法国是六角形的"这个陈述与事实(法国)相对照，这是一个粗略的陈述，很难说是真的或假的，对于一个高级军官来说，这个陈述也许够充分了，但对地理学家而言却不是这样。“拉格伦男爵打赢了阿尔玛战役”在教科书中被判断为是真的，但在历史研究的著作中可能不是这样(参看 Words,142)，因为它是夸张的。因此，话语的意图和目的以及它的语境是重要的。它们影响了陈述的真或假。因此，“真”和“假”就像“自由”和“不自由”一样，并不代表任何简单的东西，而是成为适当的陈述的一个方面。陈述并不是非真即假的，真或假仅仅是评估陈述的一个维度，它们相对于语境和说话者的目的等因素而言，它们不是对立的。

另一方面(这也是他对“真理”一文的观点有所发展的方面)，奥斯汀认为，尽管施事话语主要功能在于做一个行为，它本质上是无真假的，而要以是否适当、是否实现等评价词来评判，但是毕竟我们在“施事话语”中也说到某事，因而还得考虑它的内容如何以某种方式与事实相关联，就是说，“至少我们需要用符合事实这个一般的维度去评估许多施事话语”(1956c,250)。尽管我们可以不以真或假来评价施事话语，但因为它有与事实相关联的方面，我们可以以是否充分、是否合理、是否有根据等来评价。而这表明它们与记述式话语的差别并不那么大，因为我们也可以用是否合理、是否夸张、是否精确等来评价陈述，陈述也不仅仅是真的或假的。真或假仅仅是与言词和世界间的关系有关的不同评价的一整个维度的通常标签。如果我们放松一下真假观念，用更宽泛的观念来评估陈述与事实的关系，那么，陈述与施事话语就差别不那么大了。由此看来，话语都有与事实相关联的一面。奥斯汀认为他的这一观点摧毁了事实和价值二元分立的偶像。

总之，无论是陈述，还是施事话语，它们都以不同的、复杂的方式与事实或世界发生关联，因而真是对它们进行评估的一个方面，但也仅仅是一个方面,因为话语还与诸多因素相关,可以从不同的方面对它们进行评价。因此,成真只是话语的一个方面,也许甚至不是主要的方面,它们还有许多不同的任务和目标。因而“真”并非那么重要,传统哲学以求真为首要目标也许并不适当。因此,在真理这个标题下,我们并不求拥有某种实体、某种简单的性质或简单的符合关系,我们所拥有的是一整个批评的维度。这种批评不仅仅考虑与事实的符合,还得考虑说者、听者、说话的语境、意图以及话语本身的精确度等等。与事实的符合或真仅仅是一个方面,它在对话语的评判中并不占有特殊的位置。也许,它在哲学中也不应占有特别重要的地位。言词与世界的关系是极其复杂的,把它们简化为符合或不符合关系是哲学家简单化的产物。在奥斯汀看来,生活、真理和事物是复杂的,哲学家的过于简单化对现实生活来说是不适当的(参看 1956C,252)。

第六章　语言探究和知识问题

奥斯汀对知识问题的探讨主要体现在1946年的“他人的心”一文中，该文的某些思想在他的《感觉和可感物》一书的第十章得以继续和发展。在“他人的心”一文中，奥斯汀剖析了知识可能性的条件，阐明了知识的权威性和可错性，驳斥了感觉知识具有特殊性的观点。在《感觉和可感物》中，他对那种认为感觉材料陈述构成经验知识绝对可靠基础的观点进行激烈批评，并对那种把经验知识分为基础和上层结构的知识论观点表示极度的不信任。关于《感觉和可感物》中的观点，第四章已有较详细的论述，这里不再赘述。本章主要依据“他人的心”一文讨论奥斯汀对知识的可能性的条件以及知识的性质所作的探究，以阐明其对知识论领域的新贡献。

一、奥斯汀和知识分析

近代哲学以知识论为主题。知识论实际上有两个方面：一是解释知识是什么，二是回答知识是否以及如何可能。传统知识论主要探讨第二方面问题。现代分析哲学秉承了注重知识的正统。以维也纳学派为代表的人工语言学派采取逻辑分析手段厘清科学知识的逻辑结构，探讨知识的基础和证实等问题，实际上是为知识辩护，与知识论中第二方面问题有关。因此长期以来知识的可能性问题或为知识辩护占据了知识论的中心位置，甚或被认为就是知识论的全部领域。

但是,自20世纪40年代开始,随着普通语言派哲学的兴起,知识论中的第一方面问题开始得到重视。哲学家们开始以语言分析为方法重新厘定知识论的概念或术语的意义。自然,对知识论中最基本的术语"知识"一词的界定或分析就成了紧迫之务。在知识分析中,知识概念与信念、真理和辩明等概念之间的联系得到揭示。当然,在如何确定"知识"一词的意义这个问题上,哲学家之间存在着方法上的分歧①。一些人认为语词的意义就是它所代表的某种对象或事态,认为"知道"(knowing)是一种特殊的精神状态的名字,因此知识事件——X知道S是 P——就是指X处于同S是P相关联的精神状态。另一些人则通过分析"X知道S是P"这个表达式的成真条件来确定知识究竟是什么,由此有人把知识归结为完全得到证明的真实信念②。前种方法坚持要找出语词的对象,有使意义实体化的倾向;后种方法在分析充分必要条件过程中碰到许多反例,因而也困难重重。这两种方法的共同之处是把"知道"看作是描述词,把知识看作是对知识者精神状态的描述。

与上述的两种方法不同,奥斯汀在其于1946发表的"他人的心"这一长文中,由"你怎样知道?"这个问题入手,广泛探讨了对知识的种种质疑或挑战,最终认为"我知道"不是纯描述性短语,不仅仅用于对知识者的主观状态的描述,而更主要地是施事短语,用于表达知识者"我"的根据或保证。因而他把知识——更确切地说是

① 参看格里菲斯(A. Phillips Griffiths)编的《知识和信念》一书的导言,牛津,牛津大学出版社,1967年。

② 参看基思·里勒(Keith Lehrer)《知识》的第一部分,牛津,牛津大学出版社,1974年。

知识事件，因为奥斯汀所谈的是对特殊经验事实的知道，而不谈由这种特殊的知道事件抽象出普通的知识——归结为知识者"我"在过去经验和当下观察的基础上对被知者"S 是 P"所发布的权威性断定或保证。因而知识断言不仅仅是描述知识者的精神状态，而更主要地是知识者所采取的有冒险性的行为。奥斯汀对知识的解释新颖且独特，赢得了许多人的赞许①，但也因其表述上的不明确而招致不少误解和批评。本章希望通过下面的论述使奥斯汀的知识概念得以逐步明确起来，并试图对它的意义作些阐发。

二、"知道"与"相信"在语言中起作用的方式不同暗示了知识的特殊性质

奥斯汀的"他人的心"一文的目的是处理"他人的心"问题。所谓"他人的心"问题就是这样的难题：人们如何知道在别人头脑里的东西，他在想什么，他的感觉如何，例如他是否发怒了。奥斯汀并不从这个明显有些成问题的提问方式开始，而是先考察"你怎样知道？"这个更为一般的知识可能性问题。尽管奥斯汀承认可以这样加以质疑的表达式有许多种类，但从他的论述和所举的事例可以看出，他在此文中实际上考虑的是"关于特殊的现时经验事实的陈述"(1946，77)。因此，他所关心的首先是特殊的事实知识。首先，他所要分析的是事实知识的概念。事实知识是对某物是如此的知识(knowledge that something is so)，而不是对人或地方或如何做一件事的认识。他认为在"知道"这个词后面跟上人或地方等

---

① 参看巴斯摩尔(John Passmore)《哲学百年》，伦敦，企鹅图书公司，1966 年，第454 页。

直接对象的用法是引人误解的(1946,96)。并且他所关心的是“know that”,而不是“know how”,不是赖尔意义上的知道如何做事。其次,奥斯汀实际上考究的是特殊知识,或至少说他考察的出发点是特殊知识,不是普遍知识。他并未考虑从特殊的知识事件中抽象出普遍知识,这大概因为在他看来特殊知识更为根本,是普遍知识的基础,理解了特殊的经验知识,普遍知识问题就易于解决了。无论如何,他注重是日常知识的可能性问题以及对这种知识的性质的分析。有必要先加以说明的是,这里以及下文中常借用传统知识论术语来谈论奥斯汀的观点,但本章的意图不是要把奥斯汀拉回到传统知识论框架中来理解,用传统观点来解释奥斯汀,而只是企图作某种很有意思的对照,从而启发我们更好地理解现代语言哲学与传统哲学之间的联系。

由“你怎样知道?”这一质问奥斯汀引出对“知道”和“相信”二个词的比较。奥斯汀认为,对于“花园里有一只金翅雀”这样一个断言,我们可知道它,也可以仅仅是相信它。当我们说知道它时,我们就必须面对“你怎样知道?”这种挑战,必须说明知道的根据。而当我们仅仅说我们相信它时,我们所面对的责难是“你为什么相信?”,你必须说明相信的理由(1946,78)。

由这两种质疑方式的差异奥斯汀发现知识与信念、意见等主观精神状态不同。首先,我们似乎从不问“你为什么知道?”或“你怎样相信?”。其次,“你怎样知道?”暗示你也许根本不知道,而“你为什么相信?”暗示也许你不应该相信。除非在非常的语境下,一般不存在你不应该知道或你并不相信这样的暗示(1946,78 脚注1)。再次,如果质问者对上述两个问题的回答不满意,他会以两种极 为不同的方式继续作反驳。一种情形是:“那么,你并不知道任何这样的事情,”或“你并未证实它,实际上你根本不知道”;另一种情形是:“那是很蹩脚的证据,你不应该仅仅根据它就相信”(1946,78)。

奥斯汀认为,由这种差别显见,信念的“存在”并不被怀疑,而知识的“存在”却受到怀疑。如果说“我相信”以及与之相似的“我认为”、“我设想”、“我肯定”、“我相信”等是对主观的精神或认知的状态或态度的描述,那么“我知道”就不是那样,或至少不仅仅是那样,它在谈话中以不同的方式起作用(1946,79)。也许“知道”不代表或至少不仅仅代表主观的认知行为,而是另有其他用途,因而知识主张与描述主观状态的信念断言不同。奥斯汀认识到二者的差异,但他并未否认它们之间有共同之处,也未否认知识主张同时也是对知识者的一种描述。他以“或至少不仅仅是”一语含糊带过,可见他对此颇费踌躇。

三、知识可能性的条件之一:过去的经验和现时的观察机会

奥斯汀在区分知识与信念之后,并未马上接着回答知识主张究竟是什么,而是先搁下这个问题,迂回去考究对“你怎样知道?”的种种可能回答。这个问题与传统的知识起源或知识如何可能问题有些相似,但问题的形式和性质已大为改变。

奥斯汀举例说,对“你怎样知道在花园地里头有一只麻鸭(bittern)?”有多种可能的回答(1946,79)。我可能回答“我在沼泽地中长大的”,以此表示我熟悉麻鸭,有能力知道。或声称有运用这种能力的有利现时条件:“我听到它”。或求助于权威:“花园管理人告诉我”。或提到通常识别麻鸭的依据:“由(by)它洪亮的声

音”。或说出我识别它的根据:“根据(from)它洪亮的声音”。

奥斯汀认为上述的回答涉及知识者的经验和机会,也涉及知识者的识别力和敏锐性。它们可用于应付四个方面的质疑:(1)我怎样得以能了解麻鸦?(2)我怎样得以能断定此时此地有一只麻鸦?(3)我怎样能辨别麻鸦?(4)我怎样能识别此时此地之物是一只麻鸦?

奥斯汀认为问题(1)和(3)与我们过去的经验,与我们学会辨别或识别的机会和活动有关,并且都与我们已获得的语言用法的正确与否密切相关。“我们对事物认识的确切程度取决于这些先前的经验”(1946,80)。知识的优越性归功于过去的经验。因此,过去经验成了知识的基础条件。相比较而言,奥斯汀认为问题(2)和(4)与当前事实情境有关。我们可能确定地知道、权威地知道,根据无懈可击的来源知道,等等。

奥斯汀特别指出,引证权威构成知道的一个特别而又重要的理由。当我们援引一个能够知道的权威人物的陈述时,我们就“二手地”知道[1]。因此,权威是知识的一个来源。尽管人类的证言并不十分可靠,但相信别人、接受证言仍然是谈话的基本前提,除非我们有具体的理由不相信他们。权威并不表示绝对无误,但只要在当时的说话情境中没有具体的理由怀疑,接受它们就是恰当的。因为人类的话语总是要传达信息的,我们对它们所需要的是谨慎而不是拒绝。

奥斯汀还专门讨论了与当前情境有关的如何辨别或确认问题。如我会以“根据它的行为”、“由它的斑纹”或更详细地以“由它

---

① 奥斯汀认为“二手地”(at secon[illegible] 地”不同,参看 1946,82 脚注 1。

红色的头”、“根据它吃蓟草”等答案来阐明识别金翅雀的情境特征。当然由于误称、或识别能力和归类能力不精确、或证据不充分,你在不怀疑我所提出的当下事实的情况下仍然可以提出各种质疑(1946,83)。但奥斯汀认为,质疑者必须在头脑中想到某种多多少少明确的不足之处才可以提出怀疑,否则所提出的质疑就是愚蠢的、无目的的、令人不快的。另外,奥斯汀还特别说明了“根据它红色的头”和“因为它有红色的头”区别。他认为,尽管我们常常能几乎直觉地确定地识别事物,但由于我们描述工具的缺陷——语言归类词太少而且粗略,我们往往无法详细说出识别的根据,而常求助于以“根据”(from)和“由”(by)开头的词组的含糊性,以此暗示尚有某种无法说出的特别的识别根据。他认为以“because”开头的回答不具有这种保留性的含糊,反而具有危险的确定性。

由奥斯汀对“你怎样知道?”的种种答案的详细研究中可以看出,奥斯汀基本上是站在经验主义立场来考虑知识的可能性问题,但他并不像以前的经验论者那样简单地以“感觉经验”来打发掉这个问题,而是详细说明知识来源方面的不同情形,区分了过去经验与当下的观察经验、知识者的直接经验和“二手”经验、可描述经验和无法详加描述的直觉经验等复杂情况。对经验的精细研究当然与奥斯汀的精细的语言探究的方法相关。

四、知识可能性条件之二:对事实的实在性的辨明

奥斯汀在考虑了知识的经验基础之后,随即考虑知识的真实性和可信度问题。这个问题与事实的实在性和知识者对事实的确信度有关。从对知道的诘难方式看,质疑者对知识者所依据的事实的实在性和知识者的主观确信度提出了怀疑(1946,86):如“你

知道它是真实的金翅雀吗?”、“那头部真地是红色的吗?”、“但你确信它正是金翅雀的那种红色吗?”,等等。奥斯汀指出,哲学家们尤其经常表现出这种对“实在性”和“确定性”的担忧。

奥斯汀先讨论对“实在性”的忧虑。他认为,对事实的“实在性”的置疑必须出于某种正当的具体的理由。只有在要么“我”当前的经历要么当前正在考虑的事项可能反常、不真实的情况下才可提出质疑。如,或者“我”可能在做梦、在谵妄中、在酒醉中,或者所考虑的那个事项可能是剥制成标本的、仿制的、人造的,等等。

当然,奥斯汀认为上述情况下的怀疑全都可以通过适当的方法予以消除。我们自然拥有区分梦和醒的公认方法,否则怎么知道该如何运用和比较这两个语词呢?我们也有判定一个事物是标本还是鲜活的公认的方法,如此等等。对“实在性”的怀疑必定有特定的根据,有特定的暗示方式,语境通常就使所暗示的东西变清楚:金翅雀可能是标本,但不暗示它是幻景,绿洲可能是幻景,但不暗示它可能是标本。如果语境还不能使之清楚,我们就有权利责问你到底怀疑什么,你到底暗示什么东西出了毛病了,你必须说明怀疑的具体理由和发问背景。

在这里,奥斯汀特别揭露了形而上学家的策略(1946,87)。形而上学家在不说明究竟什么东西可能出错的情况下就抽象地问“它是真实的桌子吗?”这样古怪的问题,以致我迷惑不解,不知如何去证实它是真实的桌子,因为桌子明显是无法伪造的。以这种方式使用“real”一词,使我们假设它具有单独的意义,从而弄出了“实在世界”或“物质对象”等深奥而又令人困惑的东西来。如果我们不具体说明发问的背景而追问“这是真实的世界吗?”、“这是真实的生活吗?”这类似是而非的问题,我们就会为此徒费精神而茫然无解。形而上学家正是这样一般地怀疑事实世界，从而虚构了“更为真实的实在世界”，或者由怀疑事实的实在性而怀疑所有知识的可能性。因此，形而上学的错误有误用语词方面的原因，我们应对“真实的”一词保持警惕。奥斯汀在《感觉和可感物》中对这个词的用法作了精彩的分析(参看 S & S，68–77)。

当然，奥斯汀注意到，尽管在通常情况下我们能弄清事实的实在性，但我们还是得考虑两种进一步的情况。首先，我们决不总是知道事物是否真实。我们有时未必有机会去对它做足够全面的验证。不过，奥斯汀认为，由我们有时不知道或不能发现，不能推断出我们决不能知道。其次，“肯定事物是真实的”并不能防备奇迹或性质的反常。对此奥斯汀认为“肯定”是相对于当前情境而言，不是在做预言，未来的反常并不证明我当时的断定是错的，而只能修正我们关于真实事物的观念。由此可见，在奥斯汀看来，事物的实在性观念并不是绝对的、一成不变的，而是相对于具体情境，相对于人的目的、意图等因素而言的。我们日常生活所依据的这种具体的实在性知识是可以达到的。

五、知识可能性条件之三：对事实陈述的确信度

奥斯汀在回应了对事实的实在性质疑之后，接着讨论对证据的确定性的担忧。这里，奥斯汀主要通过批评威斯顿(John Wisdom)的“对自己感觉的认识有特殊性”的观点，论证任何种类的陈述与感觉陈述一样都有一定的可信度。

奥斯汀指出，尽管认为对自己的感觉的认识具有特别的可信度的观点一直是许多哲学的基础，但它是错误的，“也许它就是哲学家把他自己从我们所栖居的伊甸园中驱逐出来的原罪”(1946，

90)。在奥斯汀看来,实际上人们不可能总是确信自己的感觉。像“这里是现在在我看来是红色的某物”这样的感觉陈述就有一种模糊性。在一种情况下,我相当肯定此刻它在我看来是红色的,无论在别人看来如何或它的实际情况如何。在另一种情况下,我可能根本就不自信,我不是担忧它在别人看来如何或它的实际颜色是什么,而恰恰是我自己无法确定自己的感觉:我不很擅长辨别颜色,我总是弄错它们,不能完全描述它们。比如我不能很肯定地把品红色与淡紫色或紫红色区分开,不知道是否说它是品红色。对感觉的描述就是说它像我们曾经验过的某种感觉:任何描述词都是归类的,包含着识别和感觉记忆,而我们只有在使用这类语词时才知道或者相信什么。但是记忆和识别通常是不确定且不可靠的,因此对感觉的陈述也不是完全确定而又可靠的。

奥斯汀还区分了对感觉犹豫的两种不同情况。一是我对现时的感觉未曾有过足够的经验,它是相当独特的,我简直不知道它是什么,被它弄糊涂了。在这种情形下,我唯有仔细索求过去的经验以努力去识别现时的感觉。二是我现时的感觉缺乏清晰性,因而我要更充分地“品尝”当下的经验,“凝视”它,生动地感知它,通过更敏锐的识别来“治愈”这种不清晰。

尽管我们并不总是确信自己的感觉,对感觉的陈述不都是可靠的,但奥斯汀又指出,确实有许多我能确信的“感觉陈述”。在通常情况下,普通人几乎总是确信何时一物看起来是红色的,或何时他们在疼痛。通常一位专家(染工或服装设计师)将相当肯定何时某物在他看来是浅黄色的或黑褐色的,而普通人就不那么肯定。而且,如果我们求助于足够粗略的感觉描述,那我们几乎总是能相当肯定。可见,对感觉陈述的确定性与感觉对象的性质、与感觉者的经验、与感觉陈述本身的精粗程度都有关系。

奥斯汀批评了有些人对感觉陈述和非感觉陈述作可信度上的区分。他承认非感觉陈述确实包着预言信念,但并不因此是不确定的,即便是出现异常的奇迹也并不表明以前对真实事物的确信是错误的(1946,95)。在这方面,感觉陈述没有优越之处。因此,感觉陈述并没有什么特殊性,同其他事实陈述一样,它不具有完全的确定性。实际上,任何事实陈述都不绝对可靠,但对它们相当的确信度是可能的。

奥斯汀还进一步揭示了感觉陈述具有特殊性观点在语言上的根源。他认为,"忽视识别问题的倾向可能是由在'知道'一词后使用直接对象的倾向滋养起来的"(1946,96),尽管在知道后可以用直接的对象,但这种表达方式是相当特别的,不是通常的用法。通常的用法是"知道"后跟上从句。知道某人的感觉实际上等于知道他在看什么、嗅什么等等。而知道某人的感受等于知道他在感受什么。我确实无法感受到他人的感受,但我可以知道"他在感受什么?"这个问题的答案,正如我可以知道"我在感受什么?"这个问题的答案一样。因为认识都是在过去经验基础上的识别,在认识他人的感受和认识我自己的感受之间,甚至和认识其他种类事实之间,没有什么原则上的差别。无批判地在"知道"后使用直接对象导致人们认为感觉的内容能按其本性得到描述,而我们总能说出我们所感知到的东西。但实际上,感觉的内容是无声的,只有以前的经验才能使我们识别它们。

六、知识者的权威断定表明了知识的特殊性

以上论述表明奥斯汀在回应对知识的种种挑战中探讨了知识

的经验条件、事实条件和信念条件。但是,对"我知道"这个表达式的使用者来说还需考虑另一层挑战:"如果我知道,我就不能出错"(1946,97)。

奥斯汀承认,我们实际上总是容易犯错误的,人的理智和感觉天生是容易出错的、虚妄的。否认理智的这种易错性的知识理论只能是徒劳的。但奥斯汀认为人类的这种易错性不是否定知识可能性的理由,而意识到我是易犯错误的人类中的一员不是拒绝说"我知道"的理由。只有在我意识到有某种具体的理由怀疑我在这个事例中可能出错时,我才拒绝说"我知道"。我不能说"我知道它是这样,但我可能出错",正如我不能说"我许诺我明天来,但我可能失约"。因为如果我有具体的理由怀疑我会出错或失约,我就不应说我知道,或我不该许诺。因此,假如"如果我知道我不能出错"这个挑战指的是,在说"我知道"时我不能有具体的理由怀疑,那么这个挑战是有意义。但如果说它意指的是如果说"我知道",我将绝对无误,那么这种挑战则是无意义的。因为,说"我知道"只表明在目前情形中,我没有具体的理由提出质疑,同说"我许诺"相似,我做出权威的保证,如果意识到可能出错,我就不应做出这种保证。但是这种保证对将来是无效的,而将来事情变坏也不证明我现在不知道。

为说明"我知道"这个表达式中所包含的权威力量,奥斯汀详细比较"我知道"和"我许诺"之间的相似性。当我说"我许诺"时,我进行了一个新的冒险:我不仅宣布了我的意图,而且用这个惯用语向别人保证,以一种新的方式拿名誉打赌。与此相似,当我说"我知道"时,我也是在进行一个新的冒险:"我向别人保证,我向别人传达我断定'S是P'的根据"(1946,99)。我在目前无可置疑的情况下,保证“S是P”这个陈述是真的。奥斯汀还特别指出,说“我知道”并不是说我已完成了一个特别引人注目的、在确信度上高于完全确信的认识壮举,其特殊性恰在于含有知识者“我”的权威的保证力量。因此知识不是在认知程度上高于信念,而在于它渗入知识者的权威和责任。

正因为知识承担了社会责任,人们对它的责难与对确信的责难不同。确信是对我自己而言的,接受或拒绝它是你自己的责任。知道并不是对我自己而言,你有权利接受它,从而“二手地”知道,说“我知道”的权利是可以传递的,正如其他权威是可传递的一样。如果我轻易地说“我知道”,我就要为使你陷入麻烦而负责。因此,说“我知道”是有条件的,我不仅要确信它,还需证明它在我的认识范围之中。但奥斯汀又认为未来情形的变化不是我所能知道的,说“我知道”的条件是相对于过去和现在而言的,我们不能因为这种预见无能而放弃说“我知道”。关于未来所需要的仅仅是相信。

奥斯汀承认,在事情出了差错时,人们对当初所说的“我知道”和“我许诺”的攻击方式不同,一种情形是“你被证明为是错的,所以你不曾知道”;另一种情形是“你未履行诺言,尽管你确实许诺过”。这两种攻击方式的差别使人们可以对知道和许诺之间的相似性提出异议。但是,奥斯汀认为,即使在这里差别也不像可能显现的那么大。在某种意义上人们可以称不真诚的许诺为“未曾许诺”。而在某些被证明出错的情形下,人们不说“你不曾知道”,而倾向于说“你没有权利说你知道”。因此,奥斯汀得出,在知道和许诺出差错时,二者的实质要素没有多少差别,我们可以做如下对照:(1)你确实说你知道;你确实说你许诺(2)你弄错了;你未履行。

奥斯汀还把“我知道”与“我发誓”、“我保证”、“我命令”、“我警告”等其他明显仪式词作比较，认为“我知道”与这类短语在一些重要方面相近。因此，它不仅仅是一个描述短语。他认为，把“我知道”看作是描述词组是哲学中常见的“描述谬误”的一例。实际上，语言不是纯描述的，明显的仪式词组的说出就不是在描述我正在做的行为，而是在做这种行为。当然，这里必须指出，奥斯汀虽反对把“我知道”看作是描述词组，但并未否定它也有描述功能的一面。他的态度似乎并不很明确，因而导致了各种不同的解释或误解，对此后面还会论述到。无论如何，奥斯汀把知识主张看作是对事实陈述的保证或权威性断定，这种见解确实在一定程度上说明了知识形成的实际过程。从词源上看，“knowledge”一词来自希腊词“gignostein”，其含义是判定、决定或公断。可见，知识确与人的决定有关。实际上，知识主张的形成总是得经过决定或判定，即排除疑虑冒险断定一个事实陈述为真。因此，断定或保证总是带有风险，而且断定者的目的在于使他的权威客观化或公开化，因而必须承担判定的责任。被判定的事实陈述有真假，而断定作为受时间和地点限制的活动，必须有理由、根据或标准，它是有对错的，而对错与真假是不同的①。

七、关于他人的心的知识是可能的

“人心难测”意味着知别人的心包含特殊的困难。奥斯汀承认这种困难的特殊性，但他认为对“你怎样知道?”问题的多方探究至少为解决认识别人的心问题清扫了地基，使这个问题有较好的前景。

---

① 参看金岳霖《知识论》，北京，商务印书馆，1983年，第862页。

首先,认识别人的心更依赖于过去经验和熟悉程度。我们确实会说“我知道另一个人发怒了”,并能在知道他发怒和相信他发怒之间作区分。但我们决不认为我们总是了解所有的人,总是知道他们是否发怒。在许多情况下我们无法确定别人的感受或情感。如我们无法确定许多怪人的情感,除非与他们长久相识、来往密切。一个我从未见过,不知其个性和品味的陌生人的情感也难以捉摸,似乎是私秘的。

其次,为知道别人的感受,我必须也有过该类感受的经验,还需想像别人的感受。要识别别人的愤怒,我自己必须曾经愤怒过。如果我从未感受过野心,那我在说他的动机是野心时就肯定会感到特别犹豫。

奥斯汀批评威斯顿在身体征兆和感受之间的区分,认为由身体征兆推出精神事实的做法是错误的(1946,105)。他认为威斯顿把愤怒的征兆和表现混为一谈,实际上愤怒的征兆与愤怒的表现相对应,而不是与内在的愤怒感受相对应。根据征兆我们通常相信某人发怒了,只有在他发泄出愤怒时我们才说知道。

奥斯汀认为,发怒不仅包含征兆、感受,还包括它的自然的表现方式和发生的自然场合。“being angry”是对整个事件模型的描述,包括场合、征兆、感受和表现,也许还有其他因素(1946,109)。正是对一般模型的确信使我们在仅仅观察到模型的一部分时就说知道,因为模型的各部分是密切相关的,在对这个模型的认识中,作为感受主体的那个人并没有处于优势地位,他不时会接受局外人对有关他自己情感的描述所作的修正。因为,实际上他同旁人一样,他必须通过注意模型的因素和别人的话语学会正确地运用“我发怒”这个表达式。“纯粹的”感受即使有,也肯定很难确定,甚至比尝味更难。情感词总是含糊的,它覆盖了相当广阔而又不明确的种种情形,它所覆盖的每一模型都相当复杂,很易使必要的特征为我们所忽视,从而导致在异常情况下我们对应确切地说什么感到犹豫不决。

除了这些一般性困难之外,奥斯汀认为认识别人的心还有更深一层的极为特别的困难。有三种值得忧虑的情形:(1)别人可以通过压抑或伪装情感来欺骗我们;(2)我们是否会误以为别人像我们一样地感受,像我们一样享有情感;(3)是否某个人的行为是故意的,或是不自觉的、漫不经心的。这种种疑虑可能会引起对熟人的行为也加以怀疑,从而产生不时影响每个人的孤独感(1946,112)。

奥斯汀认为,尽管这种困难确实特殊,但处理它们的方法相似于前面在金翅雀例子中所用的方法。有许多公认的处理可疑的欺骗或误解或疏忽的方法。欺骗等情形的存在并不表明我永远不知道别人的情感,只是提醒我们小心警惕而已。在复杂而又迷惑人的情感领域,我们不会轻易说我们知道。另外,与不会书写、不会说话的金翅雀等物质对象不同,人会声明他的感受。通常我们会接受这种声明,从而"二手地"知道。相信别人、相信权威和证言是我们交往行为的组成部分,是我们经验不可缺少的部分。对此不需要什么辩护(1946,115)。在别人的心问题上奥斯汀的结论是,我们确实不能内省别人的情感,但我们确实有时知道别人的情感。知道别人的心不是内省别人的心(1946,115-116)。

八、评价:权威和知识

以上论述从各个方面较为完整地展示了奥斯汀在"他人的心"

中所表达的知识概念。奥斯汀从对知识主张的种种质疑的探究中，详细剖析了成功的知识主张中所包含的经验因素、事实因素、主观信念因素、权威因素。他对知识所作的详细的、富有独创的分析理应受到高度重视，在知识概念分析的理论中应占有地位。但从对奥斯汀的"他人的心"的各种评论材料看，评论者大多只注意奥斯汀对仪式词组的论述，而把此文当作是奥斯汀提出言语行为理论的前奏，对其他方面的论述则注意不够。

奥斯汀的牛津同事斯图尔特·汉普舍尔(Stuart Hampshire)认为奥斯汀把"施事话语"(performative)因素引入知识主张中，"这肯定是一个重大发现，至今在对知识的说明中没有人能忽视这个发现[①]。斯坦尼·卡维尔(Stanley Cavell)认为"奥斯汀在追问表达知识和表达信念的差别中所显示出来的是一种新的意义的人类知识或人类责任以及对人类局限评价"[②]。安东尼·弗卢(Antony Flew)则指出，奥斯汀对"知道"一词的各种正确用法的研究是研究知识概念的重要方法，因为哲学本身就是一种概念探究，对语词日常用法的关注是非常必要的[③]。

这些正面评价正确看到奥斯汀知识概念中的新因素。奥斯汀首次提出知识主张中的权威性，把知识与知识者的保证力量和社会约定力量联系起来，把知识看作人类事务之一，认为知识满足人的需要，同时也要求人的责任。因此，传统知识论追求非人性的理

---

① 参看汉普舍尔"J.L.奥斯汀"一文，转载于罗蒂编的《语言的转向》，芝加哥，芝加哥大学出版社，1967年，第239页。

② 参看卡维尔"奥斯汀在批评中"，转载于同上书，第254页。

③ 参看弗卢编的《逻辑和语言》(Ⅱ)的导言，伦敦，巴西尔·布莱克威尔出版公司，1961年。

想的确定性的倾向是错误的。我们所要求的是人性限度内的确定的知识。自古希腊以来,西方哲学家往往把知识与信念、意见的区别看作是认知确信度上的差别,认为前者高于后者,前者是人类理智的产物,其对象是永恒不变的共相,后者是感觉的产物,其对象是变动不居的个体事物,知识总是闪烁着理智的光环,与昏暗的信念或意见在可靠程度上不可同日而语,知识状态与信念状态在确信度上截然有别。但是,如果奥斯汀的看法正确的话,这种传统知识观就变得极为可疑。按奥斯汀的意见,知识并非在认知状态上高于信念,而是由于它含有权威保证力量而负有不同社会责任,知识因其可传递的权威力,能在我们实际事务中发挥作用。尽管它本身不是绝对无误的,但只要目前还没有迹象表明它可能是错的,我们就可以用它。由此可见,奥斯汀从人类行为这个更大的背景中理解人的知识,他力图摆脱传统知识论的僵硬死板、简单化和人为性,他的知识概念更具灵活性。

当然,对奥斯汀的知识概念有诸多批评。艾耶尔认为,奥斯汀把"我知道"当作施事式陈述至少部分是错误的,因为尽管它有提供保证的力量,但同时也作了有关说话者的或真或假的陈述①。瓦诺克认为奥斯汀把"我知道"归为仪式词组是错误的,其原因是奥斯汀当时尚未发现所有话语都有施事的一面②。哈里森(J. Harrison)在比较了"知道"和"许诺"的不同之处后认为无论是尝试性地还是部分地把"我知道"归为仪式词都是错误的③。托马斯·

① 参看艾耶尔《二十世纪哲学》,纽约,兰登书屋,1982 年,第 237 页。

② 参看瓦诺克《J.L.奥斯汀》,伦敦,劳特利奇出版社,1989 年,第 37－38 页。

③ 参看哈里森"知道和许诺"一文,载于格里菲斯编的《知识和信念》,牛津,牛津大学出版社,1967 年。

希尔(Thomas Hill)也认为奥斯汀对“我知道”的描述功能注意过少[①]。

应该说,这些批评者有其正确的一面,他们正确看到“我知道”还有描述功能的一面。确实,知识主张含有知识者的保证力量,但是,作权威保证不是随意的,其中暗含着知识者的经验和确信,因而知识主张隐含着对知识者经验和确信的描述。

当然,批评者对奥斯汀也有误解的一面。实际上,奥斯汀并没有把知识断言仅仅看作是表达我的权威。前面也提到,他在比较了“我知道”和“我相信”之后,认为“我知道”“不是或不仅仅是”对我的认知状态的描述,他的“或不仅仅是”一语表明他未否定“我知道”的描述的一面,他比较了“我知道”和“我许诺”之间的相似性,但并未把“我知道”和“我许诺”等明显仪式词等同起来,而且他对“描述谬误”这一提法未做解释,也许他所反对的是把“我知道”当作纯描述词的“描述谬误”,无论如何,他未否认“我知道”有描述功能,K.里勒就正确注意到,如果由奥斯汀反对把“我知道”归为描述词组这点而得出奥斯汀完全排斥“我知道”的描述功能这一结论,这就明显与他在文中所说的其他观点相冲突[②]。因为,奥斯汀承认当我说“S是P”时,“至少包含着我相信它”(1946,99),因此,在我说“我知道S是P时”就隐含着我相信S是P,因此,知识主张尽管与信念陈述不同,但还是以信念为前提的,它依然有描述我的状态的一面,事实上,奥斯汀的整个论述表明,他极为重视知识者的经验,重视作为知识内容的事实陈述的真实性以及知识者的确

① 参看希尔《现代知识论》,纽约,罗拉德出版公司,1961年,第573页。

② 参看基思·里勒(Keith Lehrer)《知识》,牛津,牛津大学出版社,1974,第53页。

信度,知识者的保证或权威性断定只是知识断言的一个方面,不是它的全部。

当然,后来奥斯汀认识到所有话语都兼有施事和描述两方面功能,话语的施事使用和描述使用是相容的。他在《如何以言行事》中对是否把“知道”归为明显表达话语施事力量(illocutionary force)语词而犹豫不决(参看 Words,161)。由于他在前期尚未认识到话语的施事和描述功能的相容性,因而在行文中含糊犹豫,这种暧昧态度很易引起误解,上述的批评就含有误解成分,但如果我们不过分纠缠于只言片语而通观奥斯汀的整个论述,就可看出奥斯汀并非不重视知识断言的描述功能,描述性已隐含在它的前提之中,这样,误解就可被排除。

不过,奥斯汀的知识分析还是有缺陷的,尽管如前所述,奥斯汀的分析在一定程度上说明了知识的实际形成过程,但奥斯汀所分析的还只是特殊的知识断言,借用金岳霖先生的话说,他说明的只是“知识中的事”,还未讨论“知识中的理”[1],他未讨论对知识主张的证实和证明,未讨论特殊知识主张之间的关联,因而普遍知识实际上未进入他的眼界。

---

① 参看金岳霖《知识论》,北京,商务印书馆,1983年,第91页。

第七章 语言探究和伦理问题

早期的奥斯汀曾以对亚里士多德的伦理学作精细的研究而著名,1939 年之前所写的"亚里士多德《伦理学》中的 *Agathon* 和 *Eudaimonia*"一文就是这种精细研究的成果①。1952 年当选为牛津大学怀特讲座道德哲学教授之后,奥斯汀似乎又恢复了对伦理问题的兴趣,1956 年的"为辩解辩"和"如果和能够"两篇论文都与伦理问题有关。尽管奥斯汀并未形成系统的伦理观或道德理论,但他通过对"善"、"自由"、"责任"、"行为"等与伦理问题有关的语词的意义或用法作细致的研究而提出一些有趣的新见解,尤其对我们理解"消极的自由"概念有很大的启发性。

一、亚里士多德的"Agathon"和"Eudaimonia"二词的意义的辨析

奥斯汀的"亚里士多德《伦理学》中的 *Agathon* 和 *Eudaimonia*"一文的起因,是为反驳普利查德(H. A. Prichard)的"亚里士多德《伦理学》中的 *Agathon* 的意义"② 一文对 *Agathon*(善)和 *Eudaimonia*(幸福)的意义所作的分析。普利查德的论文力图表

① 该文奥斯汀生前未发表,1967 年首次由 J. M. E. Moravcsik 收入《亚里士多德:批判论文集》中,1970 年又由厄姆森和瓦诺克收入奥斯汀的《哲学论文集》第二版。

② 该文载于《哲学》,第 10 期(1935 年),第 27－39 页,后重印于普利查德的《道德义务》,牛津,克拉宁东出版社,1949 年。

明亚里士多德的“善”的意义是“有助于我们的幸福”，而他的“幸福”实际上意指的是一种快乐的感受或状态，由此普利查德断言，亚氏承认一切的审慎的行为都是为了使我们自己获得快乐的感受，因而他可以被看作是一个心理上的享乐主义者。奥斯汀不同意普利查德对亚里士多德这两个词的意义所作的分析。关于“幸福”一词，奥斯汀通过对原典作仔细研究得出的结论是“幸福”不可能意指快乐，因为快乐仅仅是一种感受，而不是特定种类的生活，不表示某种成就，而“幸福”则至少包含着成功(参看奥斯汀《哲学论文集》，1979 年版，第 18 页)。因此，普利查德把“幸福”等同于“快乐”无疑是错误的。

关于“善”，普利查德的意见是它必定表示一种共同的特性，而亚里士多德否认善的事物拥有共同的特性“仅仅是一种自相矛盾，由于他无法在这些事物中发现他的理论所要求他发现的这种共同特性，他被驱向这种自相矛盾”①。然而，奥斯汀认为普利查德的这种推理的方式是荒唐的。在他看来，亚里士多德的一个主要见解肯定是认为并不存在善的事物所赖以为基础的“共同的特性”。奥斯汀还进一步认为，尽管亚里士多德在驳斥那些认为“善”这个词总是代表一个单一的相同属性这个观点中，并未从正面告诉我们“善”的各种各样的意义是什么——因为他通常拒绝讨论“善”的意义——但他却争辩说“善”没有任何单一的意义(参看同上书第 22 页)。既然“善”并没有任何单一的意义，那么普利查德仅仅把“善”分析为“有助于我们的幸福”这种单一的意义就无疑是不恰当

① 普利查德“亚里士多德《伦理学》中的“善”的意义”，见《哲学》，第 10 期(1935 年)，第 33 页。

的。

当然,奥斯汀的这篇早期的论文主要是论战性的,除了得出“幸福”不同于“快乐”和“善”有不同的意义这两个否定性的结论外,奥斯汀对伦理问题并没有任何正面的看法。相反,奥斯汀在该文中对“分析”、“意义”、“意义的一部分”等说法并未提出异议,也未感到不安,这表明他此时的思想尚处于一般的分析哲学的流行概念支配之下,还未形成自己独特的思想。“分析”这个概念在30年代非常流行,而奥斯汀此时所接受的是穆尔的分析概念。他认为,亚里士多德在问“幸福”是什么这个问题时,不是在追问“幸福”这个词的意思,也不是在寻求对“幸福”的解释,而是要求对它的意义作分析。他认为寻求对“幸福”的意义作分析并不是荒唐的,而“意义的一部分”这个表达式也为他所接受和使用(参看同上书第13页)。由此可见,此时的奥斯汀并不认为“分析”这个概念有问题。他明显地把表达式的意义看作是需要被分析的东西,而“分析”也仅仅与意义有关。他无保留地使用“分析或定义”这个词组,并且认为对“幸福”的意义作分析“将会导致一个清楚而又完全的定义”(参看同上书第14页)。对“意义”这个概念,他也并没有感到不满意,而是在不加讨论的情况下随意加以使用。尤其是在讨论“善”的意义时,他对特定的表达式是否具有单一的意义或不同的意义或意义部分地相同或部分地不同这样的问题,并不感到不安。但他在成熟期的作品中明显对意义这个概念极为怀疑,且尽量避免使用这个概念。关于奥斯汀对实体化的“意义”的批判和对分析概念的拒绝,第一章已有较详细的论述,这里不再赘述。这里值得注意的是,奥斯汀对“善”和“幸福”的意义的分析尽管已表现出重视日常语言事实的倾向,并对传统的描述的或指称的意义观提出异议——如他不赞同穆尔的“善”指称非自然属性这个观点，但从总体上看，他尚未摆脱传统的分析哲学的基本概念或思考框架。因此，他的这篇早期论文在他的思想中具有过渡的性质。

二、奥斯汀对辩解词族的研究和他的行为哲学

按照佛古森(L.W. Forguson)的看法，奥斯汀的后期作品(从1955年到他1960年逝世)，几乎都包含对行为概念的不同方面的研究，而他在这些作品中所提出的一系列观点对行为哲学做出了重大贡献[①]。这里将主要以奥斯汀1956年发表的“为辩解辩”和他死后发表的“泼墨的三种方式”[②] 两篇论文为依据讨论他对“行为”概念的研究。在这两篇文章中，奥斯汀对行为的探讨最为直接且最为广泛。

在“为辩解辩”中，奥斯汀以“辩解”为论题，讨论“行为”及相关的一些问题。在谈到他以“辩解”为论题的理由时，奥斯汀认为辩解大量地充斥于人的活动中，对它们的研究将有助于理解我们的行为方式，从而为道德哲学做出特别贡献。因为在伦理学或道德哲学中，我们研究善事与恶事、正确的事与错误的事，这些事在很大程度上必定与行为或行为的进行有关，因此，对行为的概念的理解是伦理学的前提，或者说，行为理论或行为哲学是伦理学的基础。然而，奥斯汀认为，传统哲学对行为概念的讨论是不能令人满

① 佛古森“奥斯汀的行为哲学”，重印于K.T. Fann编的《J.L. 奥斯汀讨论集》，伦敦，劳特利奇和基根·保罗出版公司，1969年，第127页。

② 奥斯汀于1958年12月在芝加哥召开的美国政治哲学和法哲学学会宣读过该论文的草稿，L.W. Forguson把它编辑发表在1966年的《哲学评论》上，后重印于《哲学论文集》。

意的。因为哲学家们一直没有很直接地关注行为概念本身，而通常只是在讨论其他问题（如伦理学问题）时顺便谈到行为。传统哲学关于行为性质的一些原则实际上只是一些相当不严格的、不明确的假定，而哲学家们的这些缺乏依据的结论似乎根源于他们自己对某些表达式（如"做一个行为"）的特殊使用，这种使用与日常言谈中的使用极为不同。

奥斯汀说道："哲学上所使用的'做一个行为'（doing an action）是一个非常抽象的表达式，它是用在带有人称主语的任何（或几乎任何？）动词的位置上的替代物，正如'事物'是用来代表任何（或我们想到的几乎任何）实体名词的替代物，而'性质'则是形容词的替代物一样"（1956a，178）。在这里，奥斯汀并非在指责哲学家对这些表达式的使用，因为这些表达式不仅在哲学文本中而且在日常言谈中都有极为合法的使用。要是这些便利的"替代性"表达式不存在，谈话确实将会极不方便，并肯定会令人厌烦。但是，我们必须记住，它们仅仅是方便的表达式，除了作为替身，它们没有任何特别的意义。例如，我们不应该为言谈中所充斥的"事物"（thing）和"性质"（quality）这样的表达式所误导，以为它们是"实在"的基本特征的"名字"。然而，哲学家确实追问"事物是什么？"和"除了作为其性质的总和，事物还是什么？"这样的问题，并以一种过分简单化的本体论形式加以回答，把"实在"划分为"实体"和"属性"两种彼此相互排斥的范畴。

奥斯汀认为，正如哲学家通常倾向于过分纠缠形而上学中的"事物"和"性质"这样的表达式的意义，人们不再把"做一个行为"这样的表达式看作某些动词的极为有用的替代品，而倾向于是把它看作是"自我解释的、基础层次的描述，一种通过简单的观察就能使包容于其下的每一事物的本质特征适当揭示出来的描述”(1956a,178－179)。这就是说,“做一个行为”被看作是原生的表达式,不允许进一步的分析,它阐明了行为的“性质”,而对行为的所有其他描述都可以以某种方式被还原为这个表达式。这导致了一种过分简单化的人类行为观:“我们很容易把我们的行为看作是超越时间的,并把生活想像成一个整体,想像成是现在做A行为,下一刻做B行为,然后又做C行为,并如此继续下去,恰如在别处,我们把世界想像成包含这一实体或物质事物、那一实体或物质事物以及其他的实体或物质事物,而每一实体或物质事物都各具有它的特性”(1956a,179)。在奥斯汀看来,把“做一个行为”看作是描绘一切行为性质的基础语词这种思考方式,很容易使我们把一切“行为”看作是相同的,从而使各种具有不同特性的“行为”齐一化、抽象化,它们的不同之处或区分很易因此而被忽视。奥斯汀挖苦道,按照这种行为观,“平息一场争吵和划一根火柴是一样的,赢得一场战争和打一个喷嚏是一样的,更加糟糕的是,我们把它们全都同化为最明显、最容易的情形——如投寄信件或动动手指,正如我们把一切‘事物’都同化为马或床一样”(1956a,179)。

奥斯汀根本不相信这种过于简单化的、齐一化的行为观。他指出,这种行为观的困难在于,我们弄不清哪些动词以及它们在哪些场合的使用可以为“做一个行为”所取代。显然,在有些情形中,我们不能用“做一个行为”这样的表达式去取代带有人称主语的动词。例如,“我摔下楼去”(I fell down the stairs)中的动词就不能用“做一个行为”去取代。在日常言谈中,我们很容易辨别那些不能取代的情形,但我们是否理解不能取代的原因呢?而能够被取代的情形有什么共同之处?不能被取代的情形又缺少些什么?更困难的是，存在许多边缘情形。在这些情形中，判定特定场合所使用的动词是否是“行为动词”并不是简单的事。例如，相信什么是做一个行为吗？决定做些什么呢？或打喷嚏、吸一口气是做一个行为吗？这些边缘情形的存在表明，为了从语法上相似的其他动词中挑选出行为动词，需要引进许多其他的考虑，仅仅考虑带有人称主语的动词是否出现肯定是不够的。人们期望能够给“做一个行为”提供一个一般的说明，以便我们在边缘情形中能够据之做出判定。正如哲学家们在形而上学中倾向于把“物质事物”同化为桌子和椅子这样的简单模型，他们在行为的讨论中也倾向把做一个行为最终分析为简单的身体动作。但奥斯汀指出，即使是那些“最简单的”行为其实也并不那么简单，它们确实不仅仅是做一些身体的动作，然而对于究竟还有些什么东西包含在里面、什么东西不包含在里面，以及对在一个行为中我们所使用的复杂的内在机制的详细内容是什么，我们还不很清楚(参看 1956a，179)。

奥斯汀认为，对“行为语言”的研究是将有助于理解上述的有关行为的基本问题，因为按照他的语言现象学观点，研究我们的实际言词有助于理解我们用言词所谈论的实在，而研究我们用于谈论人类行为的许多言词自然有助于对行为的理解。无论我们最终将达到什么样的行为解释，我们都必须考虑关于行为我们实际说了什么。关于奥斯汀对“语言现象学”的辩护在第一章中已有较详细的论述，这里不再重复。与这里讨论的问题有关的是，奥斯汀坚持，研究我们所说的东西将以两种主要的方式有助于揭示行为事实。首先，最初的直觉促使我们怀疑，语境、场合和情境对确定人们做什么行为极为重要。被选出作为行为的东西总是处于语境中的事件。因此，一种有效的处理方法应该是研究场合或情境，看看人们对这些事件的如何被描述是否能够达成一致意见。如果我们对关于它们应说什么达成了一致意见,这就给我们提供了我们接着可以加以解释的“实验资料”。遵循这种方法,我们甚至可以超出“日常语言”,利用对行为具有强烈兴趣的专业领域的资料。奥斯汀建议我们利用法律和心理学的资料,因为这两个领域对特别的案例有丰富的描述,与人类行为的研究密切相关。第二种方式是对行为语言本身进行详细的研究。我们有必要注意行为语词的不同的语法种类及其使用规则。奥斯汀认为还要重视这些表达式的词源,目的是从其历史中学到某种教训,阐明其目前的使用。奥斯汀相信,借助这种手段,我们可以描画出语词的种类或“族群”,因此也就描画出行为的族群。

尽管在行为语言所使用的词汇中,动词构成最大的语法种类,但单纯研究动词本身可能收获不多,而奥斯汀也并不很关注它们。然而,他对用于限制或修饰“行为动词”的表达式极为感兴趣。奥斯汀对限制表达式或修饰表达式的兴趣源自他的这个信念:通过研究所谓的异常情形,我们能够最大限度地理解在正常情形的“做一个行为”中包含什么。因为通常只有在行为出了点什么差错时,我们才开始注意它正常进行的条件。例如,我们只有在时钟开始发生故障时,才关心它如何运作。用奥斯汀的话说,“异常的情形将会使正常的情形更加清楚,有助于我们穿透掩盖正常的成功行为机制的容易和明显的遮蔽面纱”(1956a,180)。而在奥斯汀看来,修饰表达式只用在异常情况的,“在没有偏离常轨的情况下就无需修饰词”被他看作是研究辩解所得来的首要的教训(1956a,189),因此,注意修饰表达式对理解行为的重要性是理所当然的。

当我们开始研究与行为动词相关的修饰表达式时,我们很快可以看出,它们倾向于形成“族群”。奥斯汀对两个族群尤为感兴趣,一个是在对行为进行辩解中用来修饰动词的语词,如“错误地”(by mistake)、“意外地”(by accident)、“漫不经心地”(inadvertently)和“无意地”(unintentionally),等等;另一个是在不接受辩解或确定责任时用来修饰动词的语词,如“有意地”(intentionally)、“有目的地”(on purpose)和“蓄意地”(deliberately),等等。这两个词族彼此互补,前者用于对令人不快的行为进行辩解,从而使行为者摆脱困境,后者则用于对令人不快的行为进行谴责,从而使行为者仍处于困境中,甚至可能使问题变得更糟,它们对理解人类的行为来说都很重要。

通过对限制或修饰“异常行为”的表达式做细致的比较和区分,奥斯汀认为他已揭开遮掩行为机制的面纱,他曾几次提到行为的“内部机制”的复杂性,认为它可以被分为若干“部门”,每部门有其适当的功能,又有其特有的失灵方式。诚然,考察行为的内部机制必须从行为者的身体动作开始,但一个行为又确实不单纯是身体的动作。那么,除身体的动作外,做一个行为还包含什么因素呢?奥斯汀认为,首先,我们必须考虑“约定”问题。至少对一大类行为而言,约定是某些行为应被视为某种行为、而不被视为另一种行为、或根本不被视为行为的决定因素。约定是社会现象,是社会组织的模式,因此,“做一个行为”既是由身体动作构成的,也是由社会体制构成的。比赛、挥手告别、向人打招呼、买东西等许多日常的社会活动都因社会约定而成为社会的行为,即只有在社会体制中,它们才由身体动作而变成某种社会行为。例如,挥手告别和以一定方式运动手臂,在身体动作上也许是相同的,但它们之间有很大的概念上的差异,而这种差异只能用约定来说明。

在对人类行为的辨认和描述上,意图扮演同等重要的作用。尽管如前所述,奥斯汀认为在正常的情况下不必对行为动词使用修饰词,因而说“他有意地做它”是不适当的,但这种“不适当”不是因为在正常的情况中我们的行为不是有意做出的,而恰恰是因为意图和我们正常的行为密切相关,在正常的情况中不必使用这个修饰词。事实上,大多数的行为动词都把所要实现的意图作为它的“意义”的一部分,而再加上“有意地”这个修饰词是多余的。在“泼墨的三种方式”一文中奥斯汀明确主张,当我们转向注意行为的“有计划性”方面时,“我们使用与意图相关联的语词”(参看奥斯汀《哲学论文集》,1979 年版,第 283 页)。意图对描述和评定我们的行为来说很重要。我们把某个人的行为的某一阶段看作是一个单独行为的部分依据就是意图,这就是说,我们对所涉及的意图的观点会影响我们选什么语词来描述行为。例如,我们可以拿 X、Y、Z 当作三个分开的行为,由三个分开的名称来描述;或者,如果我们认为有一个单独的意图,而且没有特别的考虑要求我们做更精细的区分,则我们可以把 X、Y、Z 看作一个行为,由一个名称来描述。如我们可以说“他拿起他的铅笔,选一把铅笔刀,用铅笔刀削铅笔,等等”,或者简单地说:“他削铅笔”。当然,奥斯汀对“做一个行为”的复杂的内部机制的其他方面也作了深入的研究,这里不再一一详述。总的来说,奥斯汀对行为“内部机制”的研究获得了许多重要的结果。尽管他的许多研究还是尝试性的,还不够细致,还需要做更多“田野工作”,但无疑,他已经为行为哲学做出重要的贡献。

现在,我们可以把奥斯汀的行为观概括如下:传统哲学有关人类行为的考察过于简单化,而我们所需要的是全新的开端,一种新的“现代的行为解释”(1956a,177),这种解释建基在对一切可以获得的资料的彻底的研究之上,并将导致细心的分类,最终将获得行为的界定;不过,在对行为的研究中,我们必须发掘事实,必须小心地从事实出发,必须警惕过早的分类和匆忙的概括,奥斯汀承认他自己对行为的研究还停留在最初的探索阶段,远未达到最后的概括和理论化阶段。当然,在我们看来,尽管奥斯汀并未提出或持有任何一般的行为理论,即他并未对人类行为的“性质”形成系统的、全面的观点,但他对行为概念的考察大大增进了我们对行为的理解,他的观点对行为哲学来说具有巨大的原创性和重要性。哲学家对行为概念的考察很早就已开始,但只有在奥斯汀的“为辩解辩”发表之后,哲学家们,尤其是在讲英语的哲学家中,对行为概念的考察才大量增加,使行为哲学已成为哲学中的显学。由于行为概念处于伦理学、法哲学、心的哲学以及有关自由意志的争论等问题域的交叉地带,因此对这些领域的探讨有极大的重要性。在不首先澄清什么是行为和什么不是行为的情况下,人们几乎无法有意义地谈论这些领域的核心问题。

考虑到本章的主题,这里尤为值得特别讨论的是,奥斯汀认为,他对行为语言(尤其是对辩解词)的研究的另一个重要贡献是,使许多传统的伦理问题被消解或取消。其中,首先被消解的是自由问题。传统哲学家在问“我们能自由地行为吗?”时,往往认为我们应去找出行为中某种成分或某种特征,认为只有在某个行为具有这种成分或特性时才有理由说该行为是自由的行为。这就是说,“自由”被看成是需要加以澄清的“肯定性的”词,被当作是指称行为的某种特性的语词。然而,奥斯汀认为,传统哲学的这种看法是错误的,因为在他看来,自由并不是一个肯定性的术语,而说我们自由地行动不过是说我们并非不自由地行动，并不是在威胁下行动、错误地行动、或粗心大意地行动等等（参看1956a，180）。因此，在通常的情况下，说某个人做了某件事，都可以说他“自由地”做了这件事，除非有特别的理由（如威胁）表明他“不自由地”做了这件事。我们无需特别的理由去确定一个行为的自由，正如为确定一张桌子的真实性，除了确定它是一张桌子外，我们无需寻找特别的特征去“积极地”确定它是一张真实的桌子。用奥斯汀的话说，像“真实的”一样，“自由”仅用于排除被看作是它的对立面的某种暗示，又像“真理”不是断言的特征的名称一样，“自由”也不是行为的特征的名称，而仅仅是评价行为的一个维度的名称（参看1956a，180）。正因为“自由”不是“肯定性”的概念，我们可以从它的对立面而得到理解，即在研究每个行为可能不“自由”一切方式中，在研究简单地说“X做了A”行不通的情形中，我们可以希望去解决自由问题。为理解自由问题，奥斯汀还引进了与之相对的“负有责任”这个概念，认为它和“自由”都是关键性语词，尽管它们的关系尚不完全清楚，但我们可以希望通过对辩解词的考察使二者之间的关系得到清楚的说明。

由此我们可以看出，奥斯汀对“自由”概念的理解与英国古典自由主义的“消极的自由”概念是一致的，他为这种“消极的自由”概念提供了语言哲学上的新的论证，尤其有助于我们对这个概念的理解。在30年代，奥斯汀和伊塞亚·柏林是哲学讨论的合作者，他在“自由”概念上的看法也许曾受过伊赛亚·柏林的影响。柏林区分了“消极的自由”和“积极的自由”，认为前者是以霍布斯式的或经验主义的术语来定义的“自由”，意指的是“无强制”或“不干涉”，这种自由是有限制的自由，是法律之下的自由；而后者则是卢梭意义上的自由,意指的是“自我控制”或“自我实现”,柏林认为这种积极外扩的自由最终会走向反面,走向专制[①]。奥斯汀认为“自由”这个词没有“肯定的”意义,而只是“否定性”意义,这个看法与柏林的观点有异曲同工之处。目前我国的学术界对柏林的“消极的自由”概念有很大的兴趣,也许认真考虑奥斯汀关于“自由”用法的观点会有所启发。

三、对“ifs”和“cans”的研究和自由意志问题

在探讨某人行为的善或恶、正当或不正当时,或者说在探讨某人的行为是应受称赞还是应受责备时,我们总是会提出进一步的问题:他当时能够以不同的方式进行吗?他当时能够做与他实际上所做的事情不同的事情吗?对这种问题的肯定性回答通常被看作是道德评价的前提,因为如果行为者没有自由行事的能力,或者说,如果一切行为都是被决定的而没有自由意志活动的余地,那么道德评价或道德责任之归属就是成问题的。持决定论观点的哲学家似乎就面临这种道德困境。

穆尔在其1912年的《伦理学》的第六章中区分了我们原本能够做而实际上未曾做的行为和我们原本不能够做而未曾做的行为,由此得出至少在某种意义上我们有时能够做我们实际上不曾做的事情。穆尔举例说明这种区分,如“今早我原本能够在20分钟内走一英里,但我肯定不能够在5分种内跑两英里”(I could have walked a mile in 20 minutes this morning but I certainly

① 参看伊赛亚·柏林(Isaiah Berlin)《自由的两个概念》,牛津,克拉宁东出版社,1958年。

could not have run two miles in five minutes)。这句话所说的两种状况都是有关我身体能力的,在20分钟内走一英里是我的身体所能胜任的,是我原本有能力做的事情。而在5分钟内跑两英里则是我的身体所不能胜任的,是我原本没有能力做的事情。这两种情形的区分表明至少有时说一个人原本能做他当时实际上未做的某件事是正确的。

然而,决定论者对穆尔的意见并不满意。他们认为尽管在20分钟内走一英里是"我"今早的身体所能胜任的,但"我"还是实际上不可能做它,因为如果今早实际上存在的一切情境都为我们所把握,那么我们就会看到事件的实际过程是被因果地决定的——鉴于那些确切的情境以及已知(或未知)的自然律,除了实际上确实发生的事件外,没有任何其他东西能够发生,替代性的方案实际上不可能实现。

穆尔试图与决定论达成妥协。他认为在上述的例子中的"could have"(原本能够)实际上的意思是"could have if I had chosen"(原本能够如果我曾选择)或"should have if I had chosen"(原本会如果我曾选择)。穆尔坚持如果这个分析是正确的话,那么我们的信念——我们通常原本能够做我们实际上不曾做的事情——与决定论就不存在冲突,因为决定论者承认如果情境发生变化(不同于实际出现的情境),那么所发生的事情随之发生变化,这样,如果我当时选择去做那与实际发生的事情不同的事情,我当时就会做与我实际上所做的事情不同的事情,因为我的不同的选择会构成我随后的行为的原因条件的变化,从而使随后的行为本身发生变化。穆尔的论证的实质是把"X自由地行为"等同于"X could have acted otherwise if he had chosen"或"X should have acted otherwise if he had chosen”,认为自由行为主要在于其条件是选择,由选择所决定,因而自由与决定是相容的,他的论证的关键之处是把“If he had chosen”看作是陈述一个原因条件。简而言之,穆尔认为他在上述的20分钟走一英里的例子中所使用的“could have”仅仅意味着“could or should have if I had chosen”,而这实现了我们追求自由意志的渴望。

奥斯汀1956年的“如果和能够”一文的讨论就是以穆尔对“could have”的意义所作的分析为出发点,他声称自己暂时还不想卷入与决定论的争论之中,而是首先要同穆尔争辩,力图表明穆尔同决定论所达成的妥协或者说穆尔对自由意志所作的论证是无效的。奥斯汀把穆尔的意见归结为以下几点(参看1956b,207-208):

①“could have”(原本能够)的意思仅仅是“could have if I had chosen”(原本能够,如果我曾选择)。

②对“could have if I had chosen”,我们可以拿“should have if I had chosen”(原本会,如果我选择)去代替它。

③在这些表达式中,if从句陈述一些因果条件,依据这些条件可以推出我原本能够或原本会做与我实际所做的事情不同的事情。

对这三点,奥斯汀提出三个置疑(参看1956b,208):

①“could have if I had chosen”和“should have if I had chosen”的意思通常或总是相同的吗?

②在这两个表达式中,那个“if”(如果)是因果条件的“if”吗?

③在以“can have”或“could have”为主动词的语句里,我们都需要或都有资格去增添一个if从句吗?尤其是“if I had chosen”

这样的从句？

奥斯汀对这三个问题的回答都是否定的。关于第一个问题，他认为，任何人都会承认，"could"和"should"或"would"通常是很不一样的。如"I could have walked a mile in twenty minutes if I had chosen"和"I should have walked a mile in twenty minutes if I had chosen"二者的意思就很不一样，前者涉及到我的机会或我的能力，后者则是有些怪异的英语表达式，它似乎是一个有关我个性力量的断言(参看 1956b,208－209)。

对于第二个问题，奥斯汀认为，"I could have if I had chosen"和"I should have if had chosen"都不是实质条件句(p 蕴含 q)或因果条件句(p 是 q 的原因)，因为对它们都不能进行逻辑上所谓的"质位逆换"(contraposition)，即它们并不蕴涵它们的"质位逆换句"(contrapositive)，而对实质条件句，我们是可以进行"质位逆换"的。这就是说，按照逻辑规则，从实质的条件句"如果 p 则 q"(p→q)，我们可以得到如果非 q 则非 p(-q→-p)，即后者是前者的"质位逆换句"，如果用逻辑公式来表示这个推理就是((p→q)∧-q→-p)。对实质条件句而言，这个推理形式是正确的推理形式。但是，奥斯汀看到，我们不能由"I could if I had chosen"或"I should have if I had chosen"推出"If I could not have, then I had not chosen to"或"If I should not have ,then I had not chosen to"，由此就可判断它们不可能是实质(因果)条件句，用奥斯汀的话说，无论它们中的"if"是什么意思，但它们明显不是因果条件句的"if"(参看 1956b, 210)。

为进一步说明"I could have if I had chosen"不是因果条件句，奥斯汀还提出另一种检验：即我们不能单独地由"如果 p 则 q"

$(p \rightarrow q)$这种形式的因果条件句推出“无论是否 p 都 q”(即$(p \vee -p) \rightarrow q$)或更简单地就是“q”,如我们不能单独地由“如果他步行则他会迟到”就推出“无论他是否步行他都会迟到”或“他会迟到”,因为因果句的后件依赖于前件,我们不能撇开前件而推出后件。由此我们可以看到,“I could have if I had chosen”通不过这个标验,因为由它我们可以推出“I could have whether I had chosen or not ”或简单地说“I could have”(无条件限制地),因为我的做事能力(这里的 could 是 can 的过去式,表示的是能够做某事)肯定不以我的选择为条件。当然,这条检验标准是否定性的标准,不能单独使用,奥斯汀就注意到“I should have if I had chosen”似乎就可以通过这条标准的检验,但考虑到上述的“质位逆换”标准,我们还是不能把它看作是实质条件句(参看 1956b,211)。

奥斯汀还指出,不表示实质条件的“if”并不那么罕见。如“在餐柜里有饼干,如果你想吃”(There are biscuits on the sideboard if you want them)中的“if”就不是因果条件句的“if”,它确实意味着“在橱柜里有饼干”(不论你事实上是否想吃),而肯定不意味着“如果没有饼干,那么你就不想吃”。事实上,“if”除了表示条件外,还广泛地被用于表示怀疑和犹豫,其确切的意思要从语境中得到理解。上面的例子表示的就是,“我不知道你是否想吃饼干,但恐怕你想吃,我就指明在橱柜里有一些”。奥斯汀认为,过去的语法学家、词汇编纂学家和哲学家都过分注意表示条件的“if”,而现在我们应开始注意表示怀疑和犹豫的“if”(参看 1956b, 211－212)。

对于上面所说的第三个问题,奥斯汀的回答是,如果把“could have”解释为过去虚拟语气式或条件式的,那它就需要一个条件从句跟它在一起,但"could have"同样可能是动词"can"的过去直陈式,在这种情况下就未必需要一个条件从句来使之完整,因为这里的"could"表示的是"was able to"(有能力去做某事),而对做事能力的断言未必需要条件限制。因此,奥斯汀说:"一旦我们认识到'could have'可以是过去直陈式的语句,那种一定要给它增添'if'从句的企图就消失了"(1956b,215)。

在"如果和能够"一文中,奥斯汀还对他的牛津同事诺威尔－史密斯(P. H. Nowell-Smith)把"could have"(能够)的意思看作可以用"would have if"来表示的观点进行了批驳,他概括出"能够"(can could)具有"包括一切"(all-in)、"机会"和"能力"三个意思,就是说它有这三个可能的意思,至于它在具体的使用场合或语境中要用哪个意思则是由场合或语境决定的,因此可以说"能够"一词有三个场合意义或语境意义(参看1956b,229)。考虑到本章的主题,这里对奥斯汀在有关"能够"的意思方面所作的详细分析不加以详述。与我们所讨论的问题有关的是,从奥斯汀对穆尔和诺威尔－史密斯的观点所作的批评可以看出,他反对把我们的"自由"行事能力看作是以行为者的"选择"为条件,就是说,自由并不在于其条件是选择。联系到上面我们所讨论过的"消极"意义的自由我们可以看出,奥斯汀实际上主张我们能够做各种各样的事情,我们的行为通常都是自由的,只要不受外力的胁迫等反常因素的影响,就不存在"不自由"问题。因此,"自由的行为"意指的不是出自选择的行为,而是指不受干涉的行为,自由行事的能力不是由选择所决定的能力,它另有其他条件,当然,这些其他条件并不影响行为的自由。

从以上三个方面的论述可以看出,奥斯汀并未直接处理伦理问题，而是通过对某些语词的使用作详细的探究，旁敲侧击地处理了有关的伦理问题。尽管奥斯汀因此很少得出正面的结论，但他对“行为”、“自由”、“善”等语词的意义所作的探讨，无疑对解决相关的伦理问题有极大的启发意义。

结语　奥斯汀哲学的影响及其研究价值

奥斯汀生前对英美哲学界的影响甚巨，被看作是二战后的15年内分析哲学的领导人物，是盛极当时的牛津普通语言派哲学最有影响力的哲学家。他不但在英国、而且在北美乃至整个英语世界的哲学家中都享有重要的位置。和维特根斯坦一样，他也是对后来的欧陆哲学界产生影响的极少数的分析哲学家之一。哈贝马斯、德里达、利科对奥斯汀的言语行为理论都有过论述。哈贝马斯自己就承认，奥斯汀的言语行为理论对他的普遍语用学的发展产生了很大的影响①。德里达于1971年写的《信号事件语境》(Signature Event Context)一文涉及奥斯汀，在美国文学理论界和哲学界引起反响，并与塞尔发生争议。据说，这场争论是法德哲学传统和美英哲学传统的典型遭遇②。

关于奥斯汀的影响，其他哲学家已有公论。他的门生瓦诺克50年代末就说道："在最近十年内完成其主要著作的哲学家中间，没有一个人比J.L. 奥斯汀教授更有影响或更有独创性"。③《二

① 参看[德]得特勒夫·霍尔斯特《哈贝马斯传》，章国锋译，东方出版中心，2000年，第72页。

② 参看斯坦尼·卡维尔(Stanley Cavell)《哲学之旅：维特根斯坦、爱默生、奥斯汀、德里达》，布莱克威尔出版公司，1995年，第44页。

③ 瓦诺克(G.J. Warnock)《1900年以来的英国哲学》，牛津，牛津大学出版社，1958年，第147页。

十世纪哲学:分析的传统》一书的编者威茨(Morris Weitz)认为奥斯汀“对盎格鲁—撒克逊哲学的影响很大,可以与维特根斯坦的影响相比。”[①]《诸家论 J.L. 奥斯汀》一书的编者范光棣(K.T. Fann)在该书的前言中也认为从二战结束到他 1960 年的早逝,奥斯汀在牛津所享有的理智权威与维特根斯坦在剑桥所享有的权威相似,他无可争议地应列为分析哲学家中的一位伟大而又富有独创性的哲学天才[②]。奥斯汀的牛津同事汉普舍尔在一篇纪念文章中以钦佩的口吻评论道:“奥斯汀在他的时代拥有很快为他的同事们所认可的权威,这种权威不仅建立有无与伦比的理智力量上,而且也建立在目标惊人的真诚和坚定上”[③]。即使是奥斯汀生前持久的争论对手艾耶尔也不得不承认奥斯汀的影响之巨,他在《二十世纪哲学》中写道:“有一种流传很广的信念认为,在第二次世界大战以后的岁月里,英国哲学舞台为所谓的语言分析哲学(linguistic philosophy)所占据。人们认为它是逻辑实证主义的一个分支,而且那些非专业的评论家们还不分青红皂白地把这个术语运用到维特根斯坦及其剑桥的学生、吉尔伯特·赖尔及其牛津的追随者以及我本人的各不相同的工作上。然而,为清楚起见,我认为这个术语应该保留给 50 年代在约翰·兰肖·奥斯汀领导下的以牛津为中心盛行起来的对哲学的一种特殊的探究。”[④] 艾耶尔的这个说法间

---

① 威茨(Morris Weitz)编《二十世纪哲学:分析的传统》,纽约,自由出版社,第 327 页。

② K.T. Fann《诸家论 J.L. 奥斯汀》,伦敦,劳特利奇和基根·保罗出版公司,1969 年。

③ 汉普舍尔(Stuart Hampshire)“J.L. 奥斯汀”一文,转载于罗蒂编的《语言的转向》,芝加哥,芝加哥大学出版社,1967 年,第 239 页。

④ 艾耶尔(A.J. Ayer)《二十世纪哲学》,纽约,兰登书屋,1982 年,第 234 页。

接地印证了奥斯汀及其所领导的哲学圈子在战后英国哲学界的影响，尽管他为了替自己开脱而把“语言分析哲学”这个容易引人误解的用语不恰当地加在奥斯汀头上（参看本书第一章第二节所作的辩明）。

奥斯汀在战后英美哲学界拥有这般重要地位的原因肯定不是由于作品的数量。他终其一生只发表过七篇论文，未完成任何著作，《感觉和可感物》和《如何以言行事》这两本书都是死后由学生整理出版的。奥斯汀的名声部分来自他的讲演和交谈，他作为“牛津哲学”公认的领袖这一权威地位就是通过他的讲演和他所组织的哲学讨论会自然而然地形成的。从 1933 年至 1935 年，奥斯汀和伊赛亚·柏林作为牛津全灵学院奖学金的获得者享受着几乎每日的哲学讨论的乐趣。[①] 1936 年他们合作开课讨论 C. I. 刘易斯的《心灵和世界秩序》，奥斯汀在这个课程上展示了令人敬畏的个性和作为一个独立思想家所具备的才能。1936 - 1937 年，他们合作建立了与赖尔主持的“早茶会”（The Wee Teas）不同的哲学讨论小组，使新一代的牛津哲学圈得以产生，在讨论小组中，奥斯汀和艾耶尔逐步成为两种不相容观点的倡导者，而很少在什么事情上达成一致。二战后，柏林的兴趣转向社会和政治思想史，而奥斯汀则在 1950 年间开始组织当时相当著名而现在听来几乎有些传奇色彩的“周六晨会”（Saturday Morning Meetings），使他自己成为 50 年代牛津影响最大的哲学家。参加讨论会的有马尔库斯·迪克（Marcus Dick）、格赖斯、汉普舍尔、黑尔、哈特、诺威尔 - 史密

① 关于奥斯汀和伊赛亚·柏林的交往可参看伊赛亚·柏林的纪念文章，本书附录Ⅳ摘译了该文。

斯、保罗、皮尔斯、斯特劳森、厄姆森、瓦诺克和伍兹利(A. D. Woozley)。"周六晨会"极大地影响了参与者并通过他们影响了牛津以及其他地方的哲学课程,它所聚集起来的哲学讨论群体使牛津成为世界著名的哲学中心,而奥斯汀本人则因在讨论会中所享有的理智权威而声名远播①。此外,奥斯汀关于知觉问题、言和行问题、辩解问题所作的讲演在学生中产生直接的影响,而他对美国的哈佛、柏克莱、普林斯顿和瑞典的哥德堡所作的访问和演讲使他在国外赢得了追随者,扩大了他的影响。

当然,奥斯汀的影响主要还是由于他作品的质量,由于他所从事的工作之新颖和独创性。他的"他人的心"、"为辩解辩"和"如果和能够"三篇文章是常被引用的分析哲学的经典论文,而他的《哲学论文集》、《感觉和可感物》和《如何以言行事》这三本书都已成为分析哲学的经典著作。《感觉和可感物》对感觉材料理论所作的猛烈而又令人信服的攻击使在其后的多年里西方哲学界轻易不敢谈论感觉材料。《如何以言行事》所引进的"施事话语"概念和言语行为理论是对语言哲学的原创性的、永久性的贡献。"施事话语"概念还渗入到有关真理问题的讨论、法律哲学和伦理语言的研究之中②。而言语行为理论则经过塞尔、格赖斯等人的修正和发展成为语言哲学的两个最重要的意义理论之一(另一个是以戴维

① 以上情况可参看哈克(D. M. S. Hacker)的《维特根斯坦在二十世纪分析哲学中的地位》,牛津,布莱克威尔出版公司,1996 年,第 94－95、151 页。

② 例如,斯特劳森的"真理施事论"就是在奥斯汀的施事话语概念启发下形成的,尽管他们在真理观上有分歧并进行了一场有名的争论(参看第五章第四节)。哈特(H. L. A. Hart)曾与奥斯汀合作研究法律的基本概念,他曾经把奥斯汀的言语行为理论运用于法哲学,考察了责任、惩罚等问题,他的代表作《法律的概念》也深受奥斯汀的风格影响。

森为代表的真值意义理论)。奥斯汀死后,其影响并不像某些人所说的那样是“很快逐步消失了”[①],实际上,他的言语行为理论作为牛津哲学的最重要的遗产在西方哲学界和语言学界引起了长达十几年之久的热烈讨论,有关出版物数量不菲,它对哲学、语言学(尤其是语用学)和文学研究有着经久不衰的影响,还激发了社会语言学、语言交际理论等新兴学科的发展。

当然,对于我们来说,研究奥斯汀哲学的意义不仅在于从他的语言哲学和他对传统哲学问题的处理中得到教益和启发,更重要的还在于要借鉴他的哲学方法。他的“语言现象学”方法独树一帜,而他在运用这种方法时精细严格的工作态度几乎没有人比得上。他的工作方式对于厘清一些哲学基本概念是大有裨益的,而我们在进行有效的哲学研究中是不能不首先了解我们所使用的基本概念的。我认为,借鉴奥斯汀的方法,学习他的精细、严格的工作态度对于理清中国哲学的一些基本概念应该是一条可行之途,正如《英国分析哲学》一书的编者在该书导言中所说的,奥斯汀的某些作品几乎不可翻译,但他的工作可以用其他民族的语言来进行[②]。概念的清理对中国哲学之重建和发展来说是必要的一个步骤,在这方面,我们应借鉴西方哲学家有效的方法而有所作为。

---

① 参看 T. Honderich (ed), *The Oxford Companion to Philosophy*, “Linguistic Philosophy”词条,牛津,牛津大学出版社,1995 年,第 489 页。

② 参看 B. Williams and A. Montefiore 编的《英国分析哲学》,伦敦,劳特利奇和基根·保罗出版公司,1966 年,第 11－12 页。

附录Ⅰ 奥斯汀传略[①]

约翰·兰肖·奥斯汀于1911年3月26日生于英格兰的兰开斯特(Lancaster)。其父G.L. 奥斯汀是一位建筑师。一战期间在军队服役,复员后不再从事建筑业,而是带着有五个孩子的家庭移居苏格兰。他在圣·安德鲁斯谋得了圣·伦纳德学校的秘书职位。奥斯汀一家一直住在那里,直到从1933年起他差不多长住牛津。

1924年奥斯汀拿古典奖学金到英格兰西部的施鲁斯伯利(Shrewsburg)学校。用他后来的话说,他在这个学校很快建立起"生活方式"(modus vivendi)。这个用语暗示那时这个学校不是一个特别温暖亲切的地方。而那个古老的学校以及那段求学的时光确实也没有给他留下多少值得回忆的东西。但在1955年他曾认真考虑把他的两个儿子送到施鲁斯伯利学习(尽管他最终没有这样做)。实际上,他在该校的那段时光非常成功。他适度喜欢运动,曾任五人组球队的队长。当然,在同龄人当中,他主要以其理智上的天才而赢得尊重。据当时在施鲁斯伯利学校任教后来在牛津大学王后学院任研究员的柯尔曼先生(D.S. Colman)的说法,奥斯汀在校后期已经成为一位既精确又敏锐的学者,尤其是在希腊文古典方面,他远远超出了通常的水平。如果他那时在性格和

---

① 本文摘译自G.J.Warnock"John Langshaw Austin:A Biographical Sketch"一文,该文原载于《英国科学院院刊》(1963),后收入K.T.Fann编的《J.L. 奥斯汀讨论集》,伦敦,劳特利奇和基根·保罗出版公司,1969年。

气质不那么古怪的话——他甚至看起来像一个相当典型的萨洛普人(Salopian)——人们可以预见到他会获得真正的学术上的显赫。作为一个球队队长,他的权威是不被怀疑的,对此他毫不犹豫加以运用,同时也做到严格意义上的公正。低年级的同学发现他有些冷漠,但决不是无动于衷的。无论如何,他们"以他为荣"(据 Paul Dehn 的说法)。1929 年,奥斯汀适时地证明他的同学们的自豪和他自己的重大的承诺是有理由的,他获选得到古典学奖学金到牛津大学的巴里奥尔学院(Balliol)去念大学。

作为牛津的大学生,他在学术上的成功再次是可以预见的,这就是说,在那时的大学生活中,他并不试图使自己在其他方面出人头地。他参加一些运动,很喜欢和巴里奥尔学院的选手一起玩。但是,他的抱负和卓越在理智方面。1931 年,他获得希腊散文的盖斯福德(Gaisford)奖,在古典学学士学位初试中被评为第一级。就在这时,他开始阅读古希腊经典著作,首次认真熟悉哲学。像许多其他的英国哲学家一样,他是在作为古典学学者和语言学家已大功告成之后才进入哲学的。他的训练自然吸引他去研究亚里士多德,而无疑亚里士多德研究对他后来的工作有异常重要的影响。更一般地说,他对语言精确的强烈关注,以及他对语言现象本身的持久的强烈的兴趣,无疑都深得他的古典学教育之赐。奥斯汀知道他自己所受的训练对他的重要意义,但他绝不因此认为这是他应受的最好的训练。他自己可能更喜欢做一名科学家,而且他确实希望具有更多的科学知识。尽管他的教育完全是传统的模子铸成的,但他自己的教育观一点也不传统。他的严格的思想习惯使他对他赖以获得这种习惯的教育方法的价值提出质疑,他有时认为他浪费了太多的时间。

在巴里奥尔学院的导师中，给奥斯汀留下最深印象的是最古怪的人——斯通(C.G. Stone)，即《宇宙社会契约论》的作者。他对斯通的爱戴和钦佩是真诚而又持久的。但在这种人格的爱慕里却找不到任何哲学影响的痕迹。事实上，大学时代的奥斯汀似乎从周遭的气氛中吸取了对流行的唯心论正统的某种尊重，无论如何，他对周遭的气氛并不立即不加思考地加以拒绝。但其时及之后，在哲学上对他影响最大的老师是那时的怀特道德哲学讲座的教授普利查德(H.A. Prichard)，尽管实际上他常常是不同意普利查德的。这里无疑有某种气质上的关联。在阅读普利查德的著作中，人们会感到他在论题上很茫然，他对论题的性质没有清楚的概念；他既能够坚持某种值得注意的成见，同时又大胆地信奉某些最异常、最不可能的学说。另一方面，像穆尔一样，他没有矫饰，绝不隐瞒掩盖在流畅的文字外表之下的困难。在他的演讲和课堂中，情形与他的著作进行的方式一样。他很实际，如果说他对哲学问题的性质没有一般概念的话，那么，无论如何，对奥斯汀本人也完全可以这么说。[①] 至少有两次，奥斯汀以书信的方式与普利查德辩论：一次是 1937 年论辩亚里士多德《伦理学》中的 *Agathon* 和 *Eudaimonia* 这两个词的意义，另一次是恰好十年后的有关分析"promising"的论辩。这后一个问题是普利查德长期以来所特别关注的。他的关注也许是奥斯汀长期而又耐心地讨论"施事话语"("performative utterance")的起因，奥斯汀自称他在这方面的探讨始于 1939 年(参看 Words 前言)。

---

① 尽管奥斯汀对一个问题如何逐渐被称为"哲学问题"确有一般的看法，但在这个观点中关键的问题是，哲学问题不能也不应该被设想为属于任何单一的、定义明确的种类，它们的性质不应被预先判断。

1933年，奥斯汀获得牛津大学古典学最后学位考试的第一级，几个月后，通过考试他被选为牛津大学全灵学院的研究员。

在二战前的这些岁月里，奥斯汀的哲学兴趣和活动在某些方面与战后极为不同。他大学时代的论文——其中有几篇作为手稿保存了下来，这些极为整齐而又优美的手稿是他煞费苦心的见证——似乎大多关心的不是哲学论证的当代状况，而是对其历史作详尽的学究式的研究。这是奥斯汀在一些年里所遵循的路数。他很完整地写出有关亚里士多德的《尼各马可伦理学》某些卷次的极为详尽而又很有见地的讲稿，并且必定几乎逐字逐句加以宣讲。他研究莱布尼茨哲学达数年之久，写出极为整齐而又丰富的笔记，并曾向哲学学会宣读过一篇有关亚里士多德的论文。他不时与康德哲学和柏拉图哲学作论争，尤其是与柏拉图的《泰阿泰德篇》论争。战后他也讲授过柏拉图和亚里士多德，但我认为那是以一种不同的方式讲：在战后的讲演中，学究式的探讨被置于背景中，其主要目的不是为了传授有关原典的详细知识，而是直接探究其哲学论证，以期从中获得启迪。尽管他仍然引证哲学史，并把"经典"著作的学习当作教育训练而加以重视，但战后他不再继续他在30年代所做的那种学究工作。他编辑了约瑟夫(H. W. B. Joseph)的关于莱布尼茨的讲演稿(1949年)，翻译了弗雷格的《算术基础》(1950年)，这些工作属于相当不同的范畴。1939年，他首次发表论文，尽管这篇论文并不直接处理哲学史问题，但仍然包含20个左右的历史引证。这种引证在他后来的著述中是很少见的。

正是在20世纪30年代期间，逻辑实证主义的傲慢的唐突无礼首次使英国的哲学舞台活跃起来。奥斯汀对逻辑实证主义是如何理解的呢？他同情逻辑实证论的一般意图。在这方面他追随穆尔和普里查德,他不喜欢,也不相信那种容易和形而上学野心相伴随的浮夸、自负和模糊,因此,他赞许维也纳学派及其追随者的讨论会及其求实的气氛。但他同样不相信实证论对准科学(quasi-scientific)的专门术语的热中。尽管他相信哲学问题在原则上可以得到明确的解决,但他本能地(同时也有充分的理由)反对以这种惊人的快速做出这种所谓的解决。毕竟,在奥斯汀看来,逻辑实证论本身恰好是另一种野心勃勃的哲学理论,尽管它的意图是切实可行的,但与它自负地想要加以消除的理论相比,它所表现出的神秘和暧昧并不更少。它与它意想中的受害者一样具有太多的缺点。

此时,他对一般的哲学问题的性质并没有任何他自己的原则,实际上,正如前面所说过的,他自始至终也未有过。那时,他对于哲学方法也没有任何一般观念,也许他后来有。他的一般信念——这几乎不能等同于学说——是有关哲学问题的陈述和所谓的解决的特征是不清楚的,这部分当然是由于人性的脆弱,但更主要的是由于解决的野心太大太急。像穆尔一样,他相信,如果哲学要取得进步的话,许多问题要提出,许多事实要调查,许多论证要一步一步展开并要得到严格的批评:问题应加以区分并严格地一次讨论一个,并且要不遗余力地完全弄清所提出的问题是什么,确切弄清对它应提出什么答案。在20世纪30年代的讨论中,这种固执的抵制匆忙的效果被描绘为是“非常消极的”。但它明显地不是无吸引力的,毕竟,它是不可忽视的。奥斯汀很早就以清清楚楚的自然权威的语调谈到这一点。

1935年,奥斯汀离开全灵学院的研究职位到马格达灵学院任研究员和导师。尽管作为一个导师他是极其有效、极其熟练的,但我拿不准说他喜欢教学是否正确。但他认为教学是哲学家事业的一个极为重要的组成部分,实际上,是他存在本身之证明的一大部分。他认为,重要的不在于一般人是否拥有正确的哲学观点,而在于尽可能多的人获得清楚的、有条理的思维习惯,以免除轻率的混乱和理智的欺骗。尽管奥斯汀的教学有意非常严厉,但他对学生们本人总是非常的友善而又体谅,据我所知,有些学生难于相信奥斯汀有时在他的同事中所引起的不安(惊慌)。他总是以温和的手段对待弱者。

奥斯汀于1941年与珍·古兹(Jean Coutts)结婚。他们有四个孩子,二男二女。在他的余生中,他在家庭生活中找到了他在别处所无法找到的满足和幸福。无疑,这种对家庭生活的热爱在很大程度上解释了他那时在其他场合所给人留下的超然的、甚至是冷漠的印象。有时,他很自然地彬彬有礼,如果场合需要的话,他能快乐地娱乐。但通常俱乐部和学院的欢愉对他来说没有什么意思,他不需要或不想要许多熟人的注意。

这时奥斯汀已经在英国陆军。1940年夏天,在奥尔德肖特(Aldershot)和马特罗克(Matlock)进行一段时间初步训练之后,他受命到情报团,驻扎在伦敦的国防部。他的第一项重要工作是有关德国战争规程的,这项工作正好需要一种细密的准确,这对他当然非常合适。但在1942年,他接管了民防部队总部的一个小队的指挥工作,去做进攻西欧的初步情报工作。在这个领域,他成为无与伦比的权威。他的小队原先颇为随意,而在他接管后很快有方法、有目标地运作起来。尽管他的标准很严格,但他所领导下的成员却满怀信心地被激活起来,取得了真正的进步。那时和他一起服役的毕替(A.J. Beattie)教授记载道:"他的上级很快知道,他在所有的情报部门中都是一个杰出的权威,因而他们很快就依赖于他的建议,而这在任何总部中通常被认为是不合适的”。

次年,奥斯汀的小队大大扩编,并以战区情报小队名义调到21集团军。在这个较大的群体中,奥斯汀先是任少校,后来在盟军统帅部成立时任中校。由于他知识的浩瀚、专门技能的高超,以及由于他的判断的高度价值,因此,实际上,他继续掌管所有的工作。在盟军进攻欧洲日前,关于法国北部的海防、基地地区、供给、队形、它们之后的运输系统、以及在该战区德国防御力量和民政的每一方面,他都收集了大量的资讯。他每周(后来是每天)都必须发布有关德军部署变化的报告,还编辑了供进攻部队用的一种指导手册,标题为“Invade Mecum”。有人认为,对盟军进攻西欧日情报的准确性,他比任何其他人都更有贡献。在那段时间,奥斯汀经常被召去提建议,帮助了解德国的V型武器问题。这些问题在他的专业范围之外,在形式上是空军部的职责。但他能够有助于发射场的确认和它们的意想中的使用问题的解决。

1944年夏,他和他的小分队起先调到诺曼底的格兰威尔,而后到了凡尔赛。这时他不再处理逐日发展的事务,而只处理事前几个月就要运作的战略情报。他以惯常的细致做这项工作,但在战争的最后阶段,他似乎觉得这项工作逐渐无趣。在战争刚刚结束时,他参加主要战俘的审问,而且对此很入神。但他后来告诉毕替教授说,“如果他被卷入另一场战争”,他想做军需工作。无疑,战争的无限错综复杂的计算吸引他去征服一个新领域,去掌握一个新的迷宫。

1945年,他以中校军衔和大英帝国军官身份离开军队。他因盟军进攻西欧日前的工作而得到法国军工十字章和美国的功勋勋章。无疑,他提供了最高价值的服务。

他回到大学时的领域依然是哲学。那时大学的情况很特别。在战争进行时大学的人口当然是逐渐减少的。战后似乎在顷刻间拥挤和泛滥起来。大学部同时拥进几代学生,他们比通常的大学生的年龄要高十岁以上,多数人曾服兵役。他们比通常的大学生更成熟,更有独立的判断力,绝大部分人都知道在战后的岁月里工作是他们所需要的。政治上盛行左翼、乐观和进步,对所要做的事情通常都有一种自信的感觉。大学中的师长也带着一些新的神色。像奥斯汀一样,许多人是从杰出的战争服役中归来的。同时,在过去的六年中,空缺的职位很少得到递补,因此,便有突然急速的新任命。在哲学上,旧的保守势力尚未完全消失,但像赖尔、艾耶尔这些战前的"激进分子"收获颇丰,很明显可以被看作是"赢方"。此外,魏斯曼、柏林、保罗、汉普舍尔、哈特、厄姆森以及许多其他人都在花名册上。无疑,这种似是而非的敌对状态回想起来有些荒唐,甚至是不必要的,哲学上的黑白分明的尖锐的对比是天真的,乐观是没有根据的。但是,对正在进行的新事物和新开端的感觉使哲学舞台活跃起来。

这种意义上的哲学活力不完全是战争中所封闭的能量的单纯释放,这种活力很大部分来自哲学本身的状况。赖尔接替科林伍德(R.G. Collingwood)担任维恩弗里特(Waynflete)讲座教授。他已经开始有系统地、大规模地把新的哲学风格运用于传统哲学问题,这种工作的成果就是《心的概念》。同时,长久幽闭于剑桥大学的维特根斯坦后期著作也开始为更广泛的哲学界所知晓。这个时候哲学有真正令人鼓舞的新气息。

在这个生机勃勃的景象中,奥斯汀是主要的权威之一,他的在场对哲学的生机有实质性的贡献。1946 年夏他参加"他人的心"

讨论会，发表了“他人的心”这一专文，这篇文章也许仍然是他所有的论文中最常被引用的，而且也是第一篇具有他自己特色的论文。自此以后，他的任何一篇论文的发表都是一个“特别的时刻”，而他的观点是他的任何一个同事所最急于得知的观点。但奥斯汀本人则很少有热情，他的批评力量太尖锐而不允许任何轻易的乐观。1947年，在系列讲座中他开始批判知觉的感觉材料理论，这个系列讲座以“感觉和可感物”为标题而闻名。他在任何时候都未加入对维特根斯坦的普遍尊敬中。在哲学上环绕着维特根斯坦著作的私人气氛强烈地使他厌恶。当然，维特根斯坦对究极性观念，对确定的、全然清楚地得到表述的解答观念所作的刻意的原则上的拒绝也是重要的，因为奥斯汀也认为只有这才是值得认真追求的东西。有时有人暗示说维特根斯坦影响了奥斯汀的观点，但实际上这肯定不是真的。

自战前以来，奥斯汀对哲学的一般见解没有改变，以后也没有改变。他认为，在哲学的名义下代代相传到我们这个时代的东西是先前更大的纠缠迷惑的残渣。一直以来，原先由没有被区分的难题所组成的气团在某些种类问题和方法逐渐清楚以后，诸行星以独立学科的形式脱离了——它们是数学、物理学、形式逻辑、心理学，等等。①如果这样，那么，在哲学领域和在哲学名义下所剩下的东西至少极不可能由任何单一种类的问题构成，因而通常也不

① 1958年在法国罗阿芒会议上，一个法国的提问者给奥斯汀提了一个形象的问题：“哲学是一个海岛，还是一个岬角？”奥斯汀回答道：“如果我们要去寻找这种形象，我认为我应该说它更像太阳的表面——一个相当有吸引力的谜团”。参看他的“施事话语—记述话语”（‘Performative-Constative’）一文以及随后的讨论，载于 C. E. Caton (ed): *Philosophy and Language*, University of Illinois Press, 1963.

可能有任何单一的方法能成为促进哲学进步之钥匙。因此，这些问题应简单地不带任何偏见地被探究，尽可能清楚地加以阐述，以任何可能看似相关和有效的方法来探讨。做这种工作所需要的德性是诚实，而且首要的是勤勉和耐心。典型的致命的哲学过失是不准确和过分简单化，尤其是虚假"解答"的大量繁殖。

这是奥斯汀长久以来相信的，而且是他始终确切相信的。从战前以来，关于哲学方法，奥斯汀已经形成两个新观点。第一个而且也是最著名的一个观点是，为了清楚和共同理解起见，哲学家不仅应使用日常语言，还应对它作彻底而又详尽的研究。这个观点激起了强烈的热情，但又极大地被误解。这个观点其实极为简单，后面还会涉及，这里无法详加讨论。

另一个观点是，哲学能够而且应当是一项合作的探求。这个观点相对较少得到讨论，这主要由于它从未得到认真的对待，人们猜测它直接来源于奥斯汀的战争经验。也许，人们可能会认为哲学一直是这样的。无论如何，在牛津，许多哲学家确实常常聚在一起讨论哲学。但奥斯汀的意思远甚于此。在战争中，他曾面对巨大而又复杂的问题，这些问题初看起来似乎是不能解决的。然而，它们还是被解决了，它们为数以十计甚至数以百计的训练有素的研究者的耐心细致的劳动以及他们探究和调查研究的持久的系统的协作所解决。哲学问题相当大而且复杂，为什么不应以相似的方式着手加以解决？很清楚，奥斯汀在哲学上喜欢有组织的小分队，一个受过训练的研究小组，就像数年前他所领导的战区情报小分队那样。

无疑，奥斯汀把他自己看作是这样一个小队的指挥。但是，在牛津，教学的要求异常重，又没有权威的结构，要形成并维持这样小队的存在实际上是很困难的。但是,想当然地认为这种实际的困难不可克服是不合理的保守。另外,无疑,授权任何一个个人去指挥别人的工作会对学术的自由产生严重的危害。但是,这种权力常常能够正当地授予,而且并不总是被误用。显然,对奥斯汀思想惟一有效的反对是这样一种主张,即哲学不是那样一种学科。可能有人会说,哲学是一种艺术,而不是一种科学。就是说在哲学上并不存在非常明确的、客观的、非个人的问题,对这些问题许多工作者可以有益地做出他们非个人的、部分的、累积的贡献。事情可能是这样的,但我们都知道它是这样的吗?奥斯汀的观念并未得到尝试,也不被发现是不合格的。人们因发现它的困难而不加以尝试。许多把他的思想看作是怪论的人们自己也相信哲学问题是可以客观地加以解决的,但不愿意认真考虑他的观点的含义。

这里有必要谈一下奥斯汀的"周六晨会"(Saturday Mornings)——在一段时期中的每周聚会,即不时在各个学院召开的通常是持续2-3小时的讨论会。在战后最初的那些年月里,这些讨论会只是奥斯汀头脑中的那种协作的一个辅助方案,或仅仅是最切近的可实际操作的近似方案。当然,它们首先是相当严格地有组织的。正式受邀请的参加者限于比奥斯汀年轻而且担任全职导师的那些人,非正式受邀请的参加者限于同情所谈论的问题的那些人。探究的领域——例如,在一段时期内讨论规则概念——被系统地分为几个方面,每个方面被分派给参加探讨的那些人当中的某个人。探究的结果被相当正式地报告,并用文字记录下来。在个性化强烈且平时相当忙的同事中,这样一个方案能够启动很大程度上是由于奥斯汀的独一无二的个人权威。对目的、方法和工作的感受肯定是活跃的,但额外的劳动也许太大了。因此,不很久，严格性的某种程度的放松就不足为奇。尽管讨论会继续进行，但变得越来越不正规，参加者越来越杂，其目的也更少得到严格的规定。

一个时期讨论的主题经常是对某个极为流行的半专门术语进行批判性的考察，例如赖尔的“倾向”(disposition)这个词，或“符号”(symbol)、“类”(class)等术语。一个时期认真处理数理逻辑。有时讨论一本原著，如弗雷格的《算术基础》、亚里士多德的《伦理学》、维特根斯坦的《哲学研究》，而在奥斯汀逝世前一段时期则讨论乔姆斯基的《句法结构》。很明显，奥斯汀的思想极端丰富而且富有力量，实际上，讨论会的有效性就有赖于此。但奥斯汀总是还有另外一个一般的目的——使主题从常规中摆脱出来。没有人比奥斯汀更能从普遍接受的观点中解放出来。但他正确地把流行学说例行的重复和对时髦术语的无批判的使用看作哲学进步的主要障碍。

奥斯汀的实践才能在战争服役中得到证明，他的这种才能也很快在大学的行政得以使用。1949－1950年他任学监，推动考试章程的修改工作，还以学监身份参加了许多委员会。他的工作特色被描述为“对细节极注意”。当时学院的秘书曾说：“一旦我们让一个提案通过奥斯汀之手，我们可以十分确信它是天衣无缝的。”从1953年起他当了两年的哲学分系主任，又是院委员会中活跃的一员，后来又成为七人组委员会和学院总委员会中的成员。在这种通常枯燥无味的工作中，他的标准异常高。他始终知道事情的进程，并对它形成见解。他参加会议从不仅仅是“没有理性的投票者”。这当然意味着艰苦的工作，尽管很清楚，他能够把握事实并以异常的速度衡量论辩。

但他最艰苦的实务是当大学出版社的代表,为大学出版社的巨大业务负最终的责任。出版社的秘书在谈到他在这方面的才能时简单地说“他是我所知道的最好的代表”。从1952年(在这一年他同时又成为怀特讲座的道德哲学教授)起,他对出版教科书和儿童用书方面特别有兴趣。也许更受欢迎的是在语言和语言学领域,尤其是出版了《新英语词典》的增补本。在哲学方面,他推动了出版社的亚里士多德新丛书的翻译。除此之外,他还经常光顾印刷车间,而且赢得尊重。他还光顾过出版社的伦敦事务所和纽约事务所。从1957年起他担任代表处的财政委员会主席。在这方面,他的实际判断、头脑的清晰和对细节的敏锐都明显地是有价值的。

在这里,试图去概括奥斯汀对哲学的贡献是无益的,即使这是可能的话。由于早逝,现在所出版的作品不是他最终赋予的形式,去猜测他可能怎样处理它是无用的。但已经完成的东西构成最高质量作品的一部分,具有持久的意义。作品本身就足以说明问题。当然,部分地为了抵制流行的误解倾向,这里作一两个一般的评论也许是合适的。

首先,有一个问题必须加以强调。在有关奥斯汀著作的诸多讨论中,有一种看法认为,奥斯汀主要想要传达有关哲学性质的一般看法,传达有关哲学策略和方法的一般原则,而他关于这个或那个问题的特殊看法几乎是不重要的。但实际上这个观点全然是个误解。奥斯汀自己的观点是,除了特殊问题,根本没有任何东西值得认真探讨。哲学的一般原则、重大的方法问题——他曾称之为“高谈阔论”(The Cackle)——尽管在某种程度上足够有趣,但并不真正值得注意。关于哲学,他自己所要追问的问题不是“这里隐含着什么样的有关哲学性质的理论?”或“这里所运用的是什么方法原则?”,而仅仅是“这推进了有关问题的讨论吗?”,这也是他希望他的读者去问的问题。他有时确实讨论一般的策略和操作方法,这种操作方法曾经是独特的、原创的,且非常有趣。但他仅仅在它们似乎很好地为他服务的范围内才重视它们。适当的问题不是那些一般的策略是否惟一普遍地有效,而是那些讨论是否因此得以推进。当然,对奥斯汀的极为个人的工作方法的讨论,或对他有关哲学的一般观点的讨论,不仅满足了哲学对一般性的渴望,而且实际上比从对他有关特殊主题的观点的讨论中获得更多的回报。事情也许是这样,但我们至少应该记住,奥斯汀自己并不认为这样,而坚持他的方法并不野心勃勃,而只是推进他所选择处理的特殊问题之解决的一种方法。

其次,谈一谈老掉牙的主题——“普通语言”,因为这似乎是奥斯汀的立场易被误解的地方。尤其是有两个观点经常被错误地归因于他:一是认为哲学问题通常全然由于语言的混淆和误用而产生或完全表现在语言的混淆和误用;二是“普通语言”是神圣不可侵犯的,它免于遭受批评且不容补充和修正。奥斯汀肯定不坚持这两点。他并不相信对哲学问题如何产生这一问题有任何惟一的答案,或对它们是什么种类的问题有任何惟一的答案。正如我们前面所提过的,哲学典型地是一个混合的问题,其中的某些内容存在于那里恰恰是因为它们的性质还是模糊不清的。另外,关于普通语言——作为一种工具是由说话者面对大量一直在变化着的种种实际的偶然性无意识地进化而来的——他确实很自然地认识到在某种程度上它是混淆的、不一致的,甚至对某些目的来说完全是不合适的。

因此，那是他并不坚持的有关语言的两个原则，而且事实上很清楚他在著作中曾多次加以拒绝。当然，他强烈且持久地对语言有兴趣。这是由于两个完全不同的原因。

首先，在任何领域中，至少哲学家的一个主要任务是区别：至少在清楚的理解中一个重要的因素是意识到区分且有能力做出区分。我们在开始学习任何东西时，都要学会标示许多区分。在学习讲母语时，我们既要学会标示大体的差别，而且在学习何时用和何时不用它的词和短语时，还要学会标示某些非常精细的细微差别。但是自然语言不可能应该如其所是，不应该无任何特别理由地进化为它现在所是的样子。当然，尽管存在普通言谈没有机会加以标示的无限多的区分（也许某些区分对某些目的来说是极为重要的），但在普通言谈确实标示语词区分的地方，很可能确实有区分值得标示，表达式的差别相应于事实的某些差别。我们无须教条地断定事情总是这样，或在事情是这样时，事实必然是有趣的。我们无须宣称我们母语特别的优点。但是，无论如何，在我们的语言中，我们拥有巨大的区分库，而认真地对待这个库存——研究它包含什么——作为一个方法规则，似乎仅仅是一个健全的见识。如果我们想要知道某两个事实是否应被区分，我们至少首先应考虑我们是否以同样的方式谈论它们，因为如果我们不这样做，那么，它们也许可以被区分开，而那种区分可能具有不可忽视的重要性。奥斯汀仅仅宣称在哲学上这是一个开始的好办法。如果得到正确理解的话，这个适度的主张不会引起严重的争议。

但是，语言在哲学上的重要性不仅仅是作为区分的指示物，它本身经常成为探究的主题。在这里，奥斯汀的论证是，有关语言的哲学讨论或有关语言特定部门的哲学讨论是不令人满意的、业余的,因为它们通常以过于零碎的、暂时的、勉强的方式进行。对语言来说,除了语词和短语的“意义”外,还有许多其他方面的东西。在流行的但过于随便的“使用”(use)或“用法”(uses)概念中还包含什么更多的东西又是不清楚的。奥斯汀认为对语言的哲学探讨需要一个更为坚固的理论基础。因此,由最初对许诺的兴趣和施事话语观念他被引导去研究真正的一般理论,即他所谓的言语行为理论。这个理论研究的是在说话中做了哪些事情,它们是如何被做出的,以及它们如何可能正常实施或出差错。这当然是他1955年的威廉·詹姆斯讲座的方案,直到去世时他还在做这项工作。他知道,这个方案把他带到哲学和语言学之间的尚未明确界定的新领域。如果他能多活些时,可能这是他最愿意继续工作的领域,甚至可能跨越这个领域。

奥斯汀于1960年去世,他的去世留下了一个可怕的裂缝,这个裂缝因未被很好地预见到而越发强烈地为人们所感觉。除了他的家里人,没有人能够宣称很了解他。在对他有些了解的那些人当中,对他的尊重和钦佩总是同时伴随着爱戴。除了在非个人事务中,他是一个害羞的人,惟恐自我展现。他不能不负责任地、漠不关心地、轻浮地对待人们,华而不实的亲切必定使他反感。因此,在一些人看来,他似乎是一个冷漠、甚至冷酷的人物。他的明显的正直和突发的理智可能非常吓人,而且他肯定不具有这样令人舒服的要求,即生活的表面应总是平滑而又容易的。无论是在哲学上还是在生活上,他都不能容忍回避和矫饰。他是一个令人敬畏的人,但他并不冷漠。

首先应当记住,尽管他通常是令人敬畏的,但在他那里并不存在生硬和乏味,不存在迂腐的严厉。在交谈中他能够迸发出思辨的火花,而且他总是完全不浮夸。他的演讲和讨论总是持续地有趣的,有时甚至极富趣味。他的说话方式并不枯燥、缓慢,而是相当清楚,充分体现了他的机敏风格。有时,它是一种有效的争辩工具,因为他能够仅仅通过大声读出来就把哲学命题还原为毫无希望的谬理。他不相信哲学是娱乐的一种形式,但他相信哲学实践的令人惬意总是更好的。他以特殊的方式接受提供给他的嘲笑目标。在他看来,从严肃到做作和欺骗只有很短的一步,而他则有意把他的自然机智看作是反对虚假的武器。在他手里,哲学似乎马上变得更加严肃,更加有趣。

奥斯汀以 1955 年春季学期的威廉·詹姆斯讲座演讲者身份访问哈佛大学,于 1958 年秋季访问加利福尼亚大学。在这两个地方,他对听过课的人产生巨大影响。在伯克莱,甚至在他到那儿的学期以前,他已被强烈请求去担任永久教席。尽管这个邀请很吸引他,但他并没有接受。他对美国的整个景象很着迷,美国的幅员、资源、无尽的可能和开拓的未来都使他着迷。正如汉普舍尔(Stuart Hampshire)教授所说的,他的气质和性格是彻底的改革者。有许多新的事物他想以新的方式做,并且寻求别人合作来做。显然,他觉得在美国做这些事情比在牛津来得容易,因为,在牛津,学术运作制度可能被无政府状态冷酷地弄僵化。在某些方面他个人在美国更自在。他觉得在美国气氛不复杂,友谊坦诚,有更大的清晰和自由,自己较不用提防。然而,他是英国式的,因此,不足为奇,他发现他要决定离开英国是不可能的。

1960 年 2 月,奥斯汀因癌症病逝。他的逝世在牛津的哲学上的损失是他的权威性。他的能力是卓越的,他的哲学工作是重要而且有趣的,尤其重要的是他在那里提供了一个重心。他的逝世使牛津丧失了一位最能干的哲学工作者,使哲学主题丧失了其本身的某种生命。

附录Ⅱ　周六晨会
(Saturday Mornings)

在20世纪50年代期间,奥斯汀在牛津大学,定期在周六早上,邀请一些他喜欢的同事和学生做非常自由的哲学讨论,这就是当年牛津有名的"周六晨会"(Saturday Morning Meetings)。他的学生瓦诺克曾特别写了一篇讲述晨会的文章。[①]为便于读者了解当年晨会情形,现摘译如下(下文中的"我"指的是瓦诺克)。

在50年代期间,几乎在每个学期之前或在第一周的某个时候,我和其他人会从奥斯汀那里接到一张有关该学期"周六晨会"的小卡片。我记得,这张卡片通常通知的是我们集会的地点和时间;我们所要讨论的问题,如果不是继续前一学期所讨论的问题,那就在第一次集会时讨论决定。规定的时间是早上10点30分。奥斯汀和少数其他人通常会准时到场,但受邀请的人可以在任何时间出现,或根本不出现,不会引起别人批评。虽然集会在人们的进午餐时间即下午1点左右准时结束,但参加者没有停留到结束的义务。在任何周六集会,都有相当经常的来来往往。除了参加

① 瓦诺克"周六晨会",载于伊赛亚·柏林等著的《诸家论J.L.奥斯汀》,牛津,牛津大学出版社,1973年。译文参考了台湾大学刘福增教授的《奥斯汀》,台北,东大图书公司,1992年。

集会的人必须得到奥斯汀的邀请这个事实外，这个集会是一种松散自由的谈论。没有人必须来或必须停留在那里，没有人宣读论文，也没有人答辩。偏离约定的题目是常有的，而如果有什么相当明显的“向主席说话”的倾向，那也是依自然而不是依约定出现的结果。

那时的牛津哲学家没有他们自己的房间。像其他的哲学社团一样，我们在不同的学院集会。我记得最牢的房间是巴里奥尔学院(Balliol)的前四方院里的维多利亚共同休息室，近乎简陋的舒适、结实，是黑尔(R. M. Hare)找给我们用的。比较没那么常去的，是在三一学院隔壁的一间类似但更小更旧的房间，是诺威尔－史密斯(P. Nowell-Smith)安排的。至少有一个学期，也在巴里奥尔学院里一间清冷而又隐蔽的讲演厅里，里面的桌子很小。偶尔，由格赖斯安排，我们使用一间在圣约翰学院里精致的现代房间，有一个大的中央桌子和高级的椅子，看起来像成功而又有节制地进取的商业公司的会议室。无论如何，这是奥斯汀喜欢的房间。他声称，扶手椅子和一个非正式的舞台布景是哲学衰弱的标志，而他则更喜欢围绕一张桌子和更直立的姿态。

我们的这些集会有两个方面与我参加的其他集会极为不同，也许这两个方面都不易表达。一个是奥斯汀自己的地位问题。我不能想到有任何可比的个人权威是如此不费力地运行。这并不是说集会的过程有什么形式上的约束；相反，它们是非常不固定和自由，根本没有形式上的规程。它们也不严肃，相反，它们不断给人乐趣和享受。奥斯汀除了享受哲学论证的乐趣外，也喜欢开玩笑和幽默(我认为，他的“伪装”一文是最为典型的例子)。他一点也不像维特根斯坦。据马尔康姆回忆，维特根斯坦不喜欢别人对他自己认为好笑的东西发笑。即使这样，这些讨论绝不仅仅是随意的，甚至实际上也不是松散的。奥斯汀的同辈和年轻的同事不但对他理智天赋的异常新鲜和力量感到尊敬，而且不可能不尊敬他这个人。他的出现总有点像校长出现那样。不论讲话多么不受拘束和气氛多么不拘形式，他仍然是校长。有时，奥斯汀自己必须提早离开，当他背后的门关起来时，即使讨论继续不断，人们在椅子上会有猛然松散的明显感觉，讲话更冲动，笑得更随便。因为他们现在脱离了强大的磁场。

另一个方面是这些集会很独特，没有哲学论辩中常见的好斗、好争的情形。当然，我们有许多分歧，但分歧不是公理，我们并不必须分歧，并不必须刻意从别人所说的东西中找出我们不同意的东西。没有人试图去赢得辩论，没有人有意去维护某一立场，因此，上午过去后，没有人是论辩的牺牲者。这有几个理由。最明显的是，没有人宣读论文，亦没有人答辩。因此，在开始时没有人刻意持有预备的敌对立场。奥斯汀有，而且无疑他知道他有批评者。这些批评者不喜欢他所做的东西以及他做这些东西的方式。那些人没有被邀请，而且即使被邀请也不会来。有一次，奥斯汀被要求陈述他的哲学上的正确性的“标准”时，他的回答是，如果你能够使一群“有些吵闹的同事”在论辩后都接受些什么，那就是“一点标准”。

那么，在这些持续的周六晨会中，实际上在做些什么呢？由于奥斯汀一般被视为对所谓的哲学方法论具有非常明确和特殊的观点，因此我们应该强调，我们通常所做的东西根本不特别。我们并不总是严格应用“为辩解辩”一文所使用的程序教训。这常常因为我们是在解释一部实际的文本，而且通常也不是什么非常深奥的东西。我的印象是,我们最常讨论亚里士多德《尼各马科伦理学》里的段落。1953年以后,维特根斯坦的《哲学研究》几乎也一样常出现。至少有一次,可能更早,我们花了一个学期讨论弗雷格的《算术基础》,1950年,奥斯汀把该书译为英文。我们也讨论梅洛-庞蒂。而后,在1959年,我在这里首次听到乔姆斯基的名字。我们花了这一年的秋季在他的《句法结构》上。在这些场合,我们的目标一点也不特殊,我们所要做的是绝对弄清我们面前的原文在讲什么,以及检讨我们是否被它所说的东西说服。奥斯汀对追求这个目标并没有什么秘方。但也许有一个情况这里应该提及。在这种场合,奥斯汀喜欢讨论的单位是语句,而不是段落或章节,更不是整本书。大致说来,他似乎倾向于认为,书写好了,或无论如何出版了,它们就是语句的序列,应该逐句阅读,在阅读下一句之前,应彻底解决每一句的意思。

但当然,有许多场合我们的讨论确实转入奥斯汀的特殊性质,尽管也许不是按人们所期待的方式进行。就我的记忆所及,有三种不同的特殊情况,其中第三,也许还有第二种有些令人惊奇。但我们还是先谈第一种吧。

正如人们所期待的,的确在有些场合,我们实际上列举了英文的字词,并尝试或多或少精确地区分它们的意义,从纳入到它们日常使用中的区分学点什么。有一次从当作专门术语的"disposition"一词的使用开始。在1950年左右,这个词在哲学上被看作是表示效能(virtue)的一个词,是赖尔在《心的概念》一书中提出的。奥斯汀相信,哲学家的专门术语或以专门方式使用的日常语词,有时易于(当然不是必定会)把应该保留或至少应注意的区分模糊掉。奥斯汀想知道"disposition"真正是指什么。这就使我们把

"disposition"一词，和"trait"（特性）、"propensity"（倾向）、"characteristic"（特征）、"habit"（习性）、"inclination"（倾向）、"tendency"（倾向）等等相比较和对照。① 奥斯汀叫我们注意当作某种职业制服字眼的"habit"的使用，如"Monks wear habits"（僧侣穿法衣），以及植物学家讲的"'habit' of plants"（植物的习性）。我记得，奥斯汀要求我们详细想像一个房客在房间里将可能在做什么：(a)如果人们抱怨他的"肮脏的习性"；(b)如果人们抱怨他的"肮脏的方式"。我们同样考虑奥斯汀的句子："他对寒冷的'敏感性'使他不适合参加国际地球物理年会"。另一个有些相似的讨论产生于哲学家在讨论意义中对"use"一词的使用，也许实际上产生于有关用具的语词的比较。这种讨论以两种方式进行。一种方式是，我们试图考虑在"如何使用"这或那的一般标题下，人们将期待被告知的是什么种类的事情。另一种方式是，我们比较和对照这样的名词："tool"、"instrument"、"implement"、"utensil"、"appliance"、"equipment"、"apparatus"、"gear"、"kit"，甚至包括"device"和"gimmick"。在这里，我记得奥斯汀要求我们对剪刀进行分类。我记得，我们认为壁橱剪刀是器皿（utensil），而花园的剪切机可能是器皿（或工具?），但做衣服用的那种剪子就是某种成问题的东西（缝纫"材料"可能应包括剪子，但那完全不是问题的答案）。

我必须承认，我总是觉得做这样的讨论是极其令人享受的，正合乎我的口味。我并不相信它对战后世界问题的解决可能有什么贡献，我也不相信它对任何哲学问题的解决一定或必然有贡献。但它能使人得到巨大的享受，它也并不容易，而且它还能训练机

① 这里英文词的中译仅供读者参考。

智。那些认为他们知道这种探讨方式不可能有教益的人简直就从不尝试这样做,或许不擅长这样做。当格赖斯和我以这种方式考察某些部分的知觉词时,他曾经说,“语言是多么聪明呀!”。我们发现它给我们提供了某种明显精巧的区分和同化。附带地说,那不是在周六晨会上。遗憾的是,我们在周六晨会上从未讨论过知觉问题。我记得斯特劳森说过,他希望我们讨论过,因为那是奥斯汀最擅长做的事情。但很可能,他并不特别想讨论他在这个时期经常讲演的主题。

第二种情形是极为不同的,它无疑是高度奥斯汀特色的,最好以我们一度极为关注的美学为例证说明。在这里,正像我们所期待的,奥斯汀决定要我们远离艺术、美和意蕴形式的普遍性。我们所要发现的是,在美学评价中,人们实际上说了什么样的东西,以及为什么这样说。我们查阅工业设计的说明手册,有关像茶壶、罐这样的家庭使用的低微对象包含大量可选择的自信的美学见解。但是奇怪的是,虽然奥斯汀对所使用的特殊用语不是没有兴趣,但是他似乎在找一种所有我们所谓艺术样品都可以适合的标准形式,这种形式会提及某种物理的和某种进一步的“审美”性质,以及这种性质如何以某种方式从这标准形式得来。在那时,这种对某种统一公式的兴趣,使我有点迷惑。也许奥斯汀在这里有一个理论在背后。我们应该记住,尽管奥斯汀对非常普遍的理论有一种直觉的怀疑,并且认为这样的理论常常未成熟而又草率地投入世界,但在他的脑后确实经常有这种理论,而且他通常使他保持在那里。

第三,也是很特别的,我们至少花了一个学期讨论实际的道德问题。无疑,这种讨论的目的典型地是奥斯汀的,那就是使我们至少暂时收回理论,提醒我们去关心人们如何实际去做,而不是去说或想。但是在这种讨论中有点奇怪的是,实际上没有什么哲学结论明白地被引导出来,而且我的印象是奥斯汀甚至也没有什么哲学在其脑后,他也没有希望我们应学得什么特别的哲学教训。惟一与哲学明确有关的是,奥斯汀似乎以嘲讽的态度对待黑尔对"原则"迷恋。但当然,由于为极为不同的另一种兴趣——即对人们所说的东西的兴趣——所吸引,我们全都几乎偏离了哲学。我不敢肯定该学期我在哲学上学了点什么,但这些讨论无疑一样给人以享受。

奥斯汀要求我们把哲学看作更像科学,而不是艺术,看作发现并解决问题,而不是创造某种个人影响。他肯定不赞成哲学是一种表演艺术。有一次,当我看到他在听一个非常出名的哲学表演者的讲演时,他发现场面如此地令他难以忍受,以致必须离开,在这样做时,他本人不是在表演。他不可能有意做作。

我认为他毕竟不喜欢哲学的长久无序、长期分歧和争吵,以及几乎完全不能取得任何稳固和永久的进展。他认为在哲学的名目下所做的工作是令人沮丧的缺乏组织、无效率、无系统,确切地说,它甚至没有得到它的从业者的认真对待。奥斯汀想做一些清理工作。这在我看来一点也没有什么神秘之处。

无疑,我并不真正清楚为什么那些周六晨会对我来说,似乎是最好的哲学机会。也许是因为那时候我在哲学事业上还相当新进和比较年轻,因而一般说来,更充满希望和易受影响,因而更容易享受周遭和受周遭感动。在1950年代早期,每一个出现在那里的人,包括奥斯汀在内,都比我现在年轻;我们大部分人刚开始,而在一定意义上说,牛津大学战后也重新开始。我想并不是每个人都像我一样觉得奥斯汀的玩笑是好玩的，也不是每个人都立即被奥斯汀的可敬畏的人格所吸引，甚至有些人宣称他们不相信奥斯汀的目的是认真的。并不是每个人都为自然语言无尽的微妙所吸引，或欣赏罗列字词和试验它们的效能。但这些东西却给我快乐和满足。

奥斯汀绝对是第一手的。且不谈他的能力、批评力或学问如何，他不是哲学的承销商或解释者。他是哲学的制造者，一个真正的源头。我们时常感到，这些集会不是谈论哲学、教哲学、学哲学的场合，而是做哲学的场合。在这些场合中，哲学实际产生，然后形成生命，接着批评者和解释者就有了可加以解释的东西。现在我似乎少有这种感觉。有这种感觉的场合，是很值得在那里的。

附录Ⅲ 奥斯汀在哈佛大学讲学

1955年2月,奥斯汀到哈佛大学开有关“辩解”的讨论班并主持威廉·詹姆士讲座。普林斯顿大学的乔治·皮切当时是哈佛的研究生。他上了奥斯汀的课,师生两人以后又有比较密切的往来。后来皮切写了一篇个人回忆①,现摘译如下(文中的“我”指的就是皮切):

1955年2月,奥斯汀到哈佛大学来讲学。我们以最高的期待等待他的光临。我们听说奥斯汀是牛津大学最有趣的哲学家,他支配了那里的哲学舞台。这个名声自然叫我们认为他是了不起的,因为我们都把牛津看作是一个主要的哲学中心,而我们许多人把它看作世界上激励哲学新研究的地方。即使是他的讨论班的题目,虽然在保守的阵营里会引起贬损性的嘲笑,但却会激起我们其余人的好奇和愉悦。我们感到奥斯汀的光临也许意味着旧哲学论证的某种解放,某种全新的突破。我们看到了我们面前冒险奇遇的可能性。奥斯汀讨论班的第一次讨论会在爱默生馆的小教室C,挤满了研究生和教师。他走进来,穿着极为普通的蓝色套服,没有烫得很挺,在我的印象中,这是他外表的一个基本仪态。他给我的第一印象是某种紊乱的不相称:他看起来像一个精明的税律

---

① 皮切(G. Pitcher)“奥斯汀:个人回忆”,载于伊赛亚·柏林等著的《诸家论J. L. 奥斯汀》,牛津,牛津大学出版社,1973年。译文参考了台湾大学刘福增教授的《奥斯汀》,台北,东大图书公司,1992年。

师,或者一个能干、也许太严格的学校拉丁文教师,但与我心目中的杰出的哲学家应有的样子并不很相称。他立即开始按笔记讲,以一种紧凑但一点也不令人不愉快的高音,造出整齐的词语和极度精确的语句。他自信,不慌不忙,有效率和率真。他没有诉诸任何舞台效果,他的作风和仪态像是一个漠然的法律专家。他首先讲对日常语言密切注意的价值,以及他认为研究"辩解"可能有哲学上的回报的理由。对这个工作的要点和重点的这些一般性说明,对我十分有意义,但似乎并没有引起激烈的兴奋。奥斯汀好像是从一种义务感来表达这些说明,好像有人期待他去恢复我们的信心说,我们的哲学工作是值钱的。但是,当他开始处理日常语言中特别是"辩解"领域的实际研究时,气氛立即上升。他从对"辩解"词族的一般说明开始,然后在上课末尾引进整个学期我们所要做的工作——试图发现各种重要的辩解词的确切的含义。

奥斯汀在这第一次研究班讨论会上所说的,以及他后来所说的许多东西,现在大家都很熟悉,但是对我们来说,那时候是令人震颤的新。我清楚地记得我所感到的兴奋,例如,当他说我们用一个副词,譬如"voluntarily"(自愿地)或"involuntarily"(不自愿地),来修辞一个行动时,我们就把正常情况转换为不正常情况。在日常的事件过程中,我仅仅打呵欠或在阅读之后把报纸丢在椅子边时,我既非自愿地做它,也非不自愿地做它,我仅仅做它。

在我职业生涯的情感起伏中,奥斯汀的讨论班标志着一个高峰。这个高峰是一种大胆的做哲学的新方式,这种方式似乎在每一个地方都放射光亮。尽管"辩解"这个题目有意使自身不受注意,但我们所研究的东西绝不是琐碎的,因为实际上,它恰恰就是人类行为概念本身。使用谦逊但设计优美的例子,奥斯汀欲使我们看到“deliberately”(故意地)、“intentionally”(有意地)和“on purpose”(有目的地)做什么之间的差别,“recklessly”(粗心地)、“heedlessly”(不留心地)和“thoughtlessly”(欠考虑地)做什么之间的差别,“absent-mindedly”(心不在焉地)、“inadvertently”(不在意地)和“unwittingly”(不经意地)做什么之间的差别①。在这些看似平淡的分析中,我们实际上达到了严肃的目的:我们看到人类行为的异常复杂性,它们的多样性方面,以及我们评价它们的方式的复杂网络。

奥斯汀讨论班的部分趣味来自他的例子和他引人注意的形象。为表明专心地(attentively)做事和小心地(with care)做事之间的差别,奥斯汀让我们考虑这样的例子:一个年长的、谨慎的驾驶者很慢、很专心地(attentively)在马路中间驱车。这个人不是在小心地(with care)驾驶。在举例说明意图(intention)和目的(purpose)的不同时,奥斯汀指出一个女孩的父亲问她的求婚者:“你的意图是什么?”,而不是“你的目的是什么?”。我们花了许多时间在行为的结果(result)、后果(consequence)和效果(effect)之间的差别上。关于结果,奥斯汀举了一个例子:如果一个小孩拾起一颗地雷,拿来玩,而被炸死了,这是敌人行为的一个结果;但是如果一个成年人拾起一颗地雷,把它锯成两半,因而被炸死了,这不是敌人行为的结果。在另一个场合,奥斯汀说,只有在你能够解释在正常情况下习惯是对的,诉诸“习惯的力量”才能作为一个辩解。因此,尽管某人出于习惯的力量而在非吸烟区点烟,可以有某种辩解,但是一个谋杀者无法拿“他因习惯的力量而谋杀人”作为一个好的辩

① 这些英文词的中译仅供读者参考。

解。在区分心理状态和心理构架的不同时,奥斯汀说,如果某种东西使你处于某种心理状态(沮丧、迷惑、烦扰),则它使你的心理机制失常,然而你如果处于某种心理构架中,你的心理机制并未失常,而是处于特别的运转中。

在我们最后一次讨论会中,我们花了一些时间尝试去解决在企图做什么(attempting to do something)中包含的是什么。我们没有达成任何结论,但其中有一个令人刺激的论证是,如果一个人对棉被下的一堆木头用斧头乱砍,认为它是躺在床上的一个人,尽管法庭认为这不是谋杀,但难道它不是企图谋杀吗?最后,他留给我们一个想像的案子,这个案子至今仍然萦绕在我心中:琼斯准备经过沙漠做一长期旅行。他有两个敌人A和B。A阴险地给琼斯的水壶添进致命的毒药,B前来,对A的行为毫无所知,给水壶打了一个洞。琼斯带着他漏洞的水壶向沙漠进发,死于干渴。问题是:谁杀了琼斯?A或B?(我相信奥斯汀的许多例子来自司法报告和法律课本。在牛津,他和H.L.哈特一起开讨论班,许多材料无疑首先来自哈特。哈特对奥斯汀的有关许多辩解词的意义的观点有强烈影响。)

在任何哲学讨论中,奥斯汀简直是一个指挥者。他不仅老练,而且更为引人注目的是,他完全负责。我们记得,我们对许多人总是洗耳恭听,因为他们所说的一般是值得听的。但奥斯汀万无一失地从他人、学生和同事博得的态度远甚于此。无论何时,当一群人中的另一个成员做批评时,大家都会本能地注视奥斯汀,看他的反映如何;在论辩的每一个阶段,我们都会急切地想知道他想什么。因此,不用提高嗓子,不用求助于猛烈抨击或讥讽,不用表现支配的虚饰,奥斯汀平静地支配着他所参与的论辩。我从未目睹过与之可以相比的自然权威的展现。

在哈佛的那个春季,奥斯汀和他的同事们进行了一系列著名的"周六晨会"。有两三位研究生也被邀请,我很幸运是其中的一位。该学期的论题是感觉材料。罗德里克·费思(Roderick Firth)承担对该概念的合法性和有益性进行论证的任务,而我们则使它遭受批评性处置。在这些讨论中,身体位置和谈话的重心都落在奥斯汀这个人那里。他坐在木制的扶手椅子上,我们其他人对着他形成大致的半圆形。我们的讨论似乎认定这种身体位置的排列,其他人的讲话似乎不是对人群的全体,而是对着奥斯汀,而他则依次回答每一个人。

奥斯汀给我最鲜活的印象之一是,他在一次周末晨会上,聚集了他在哈佛的同事。他笔直地坐着,笔记放在腿上,没有使用;他的脚交叉在膝部,而不是踝部。他静静地讲,但十分专心,越过我们的头顶凝视教室后面。他的眼睛敏捷闪烁,而他那有特色的微笑并不表示轻率。他左手拿着一枝装满烟,但未点火的烟斗。他的右肘轻放在扶手,右手拿着燃烧到尽头的木制火柴。从他填好烟斗,已经点了第四枝或第五枝了;每次都直到烧尽,就像现在这一枝那样快烧到手指头了。我们的注意力被同等地分到奥斯汀这样专注在讲的东西,和火柴的燃烧过程之间。在最后可能时刻,而且仍然未看火柴,奥斯汀通过缓慢地摇动它而十分平静地把它熄灭,而不是吹熄它。我总是半信半疑,做这种习惯行为是为了戏剧效果,但无疑大半是在无意中做的。但如果这实际上是辩论者的一个技巧,就我所知,这是奥斯汀的剧目中仅有的。

我个人和奥斯汀的相识,在他到达哈佛之后很快就开始。有几个月我一直在做我的博士论文,当然,这篇论文想对哲学做出重要贡献。维特根斯坦的《哲学研究》使我相信语词是有许多不同使用的工具。这令我想到一个尚未被详细研究的一个思想，我的论题就是要做这项工作。在聆听第一次威廉·詹姆士讲座的开场白的几句话中，我知道奥斯汀将要讨论的恰好和我所要处理的问题相同。他选的这个演讲系列的题目是“如何以言行事”。依他的解释，这个题目具有实效论特征，是为了尊敬这个讲座所纪念的那个人，因此显然奥斯汀所要讲的是语言的使用。

在他接下来一次威廉·詹姆士讲座之后，我紧张地接近他；我记得跟在他后面走到艾略特院(Elliot House)，他在那里有房间。我很兴奋，因而可能不知所云。但奥斯汀不但以他不慌不忙的步态和全然合理的谈话，而且以我不能预期的十分亲切的态度，很快使我轻松下来。他说，他当然会很乐意阅读我的论题已写的部分。我问能不能在两周以后我们见面讨论它，他说，“呀！可以”。

就在两周后，奥斯汀和我于午餐后在艾略特院里他的房间中见面。客厅陈设朴素整齐，除了书架上排列整齐的书本和桌上一些纸张外，看不到奥斯汀的私人物件。奥斯汀仔细地阅读完我的手稿，做了许多有益的批评。我很好记得其中一个批评。我坚持，一个词，或一个句子是一个一般概念，即在说出它时所发出的声音或在写出它时的标记具有某种特定的结构方面。从这个观点明显可以推出，如果一个人发出适当的声音，他必定在说相关的语词或语句。奥斯汀用一个简单的例子证明这个观点是错误的。假如我问你“如果冷水是冰冷的水，那么冷墨水呢？”，而你回答“冰冷的墨水”(iced ink)。你可能发出声音“I stink”，而不是词组“I stink”；确切地说，在说词组“冰冷的墨水”(iced ink)时，你发出了声音“I stink”。

在第一次会面，我们没有讨论奥斯汀的所有批评，因此安排下周再次见面。在我离开时，他同我走了一段路，因为他有一封信要邮寄。他告诉我，他每天给他的妻子写信，而每几天给他的四个孩子每个写信。这是我首次发现奥斯汀生活的另外一面，对于这一面我后来还有一些更切近的观察，这就是奥斯汀作为丈夫和父亲的一面。

在我们下一次的会面中，我们完成第一次无法完成的工作。在我们的谈话过程中，我说我认为词是具有多种使用的工具。奥斯汀说，"让我们看看维特根斯坦怎样讲"。他拿了一本他的《哲学研究》。他读23节，在那里维特根斯坦列举了语言的一些使用——下命令、沉思一件事、演戏、讲笑话，等等。奥斯汀评论道，这些东西都十分不同，不能像那样混在一起。然后，他对字词的器具性(tool-hood)表示怀疑："你十分确信'器具'是一个适当的字眼吗？它们不也更像一些其他东西——例如器皿(utensils)吗？"他建议我们尝试去决定种种可能是什么；他一页一页翻阅《简明牛津词典》，挑出候选者，我把它们记下来。我的条目表中有约三十个词，包括："appliance"(用具)、"apparatus"(器械)、"utensil"(器皿)、"implement"(器具)、"contrivance"(机械装置)、"instrument"(工具)、"tool"(器具)、"machine"(机械)、"gadget"(小机械)、"contraption"(机巧品)、"piece of equipment"(装备)、"mechanism"(机械)、"device"(装置)、"gimmick"(小机械)。[①] 我们试图去想有关这些词中的每一个的例子，并决定它们之间有什么重要的差别。

奥斯汀在哈佛的停留给人印象深刻。他展现的以及他在每一

---

① 这里英文词的中译仅供读者参考。

件事上力求的语词使用的极其高度的精确标准，对听过他讲演的人产生了恒久的影响。在研究生当中，不少人甚至完全、明确地转变成他的特别的处事方式，我就是其中的一个。大家普遍同意奥斯汀所做的东西，他做得相当好；但是有少数人并不确信它与哲学有什么关系，而且有些人确信无论如何，它与哲学没有什么关系。就我所知，在哈佛的每个人，无论是哲学的朋友还是敌人，都喜欢他，尽管我们都对他有尊敬的距离。

1955－1956年，我获得哈佛的旅行奖学金。即使在奥斯汀来哈佛之前，我就计划到牛津大学去一年，已经申请去马格里达学院。现在我认识奥斯汀了，自然更热切想到牛津去了。在学期结束奥斯汀离开后，我下次看到他是在八月，那是我在去柏林途中在牛津停留，我在柏林呆了几个星期，而后回英国访学一年。我打电话给他。第二天他邀请我和他的家人一起吃午餐。他开车接我到他家。

对奥斯汀的家事我很没有准备。我全然不知道我期待发现什么。也许我几分预见一位一丝不苟的中年太太，戴着大眼镜受惊的聪明的小孩子，保守而又拘礼的冷静气氛。但我完全错了。奥斯汀的妻子绝非一丝不苟，也不是中年。如同我很喜欢发现的，她在家里创造出亲切温暖的气氛，使得不安和冷漠很快消失。奥斯汀的四个孩子的确都很聪明，但没有什么东西使他们受惊，也没有戴大眼镜。实际上，他们每个人都有他们自己十分不同的方式，十分逗人喜爱。我很快就喜欢他们。他们有一个可见的共同点，但它肯定不具有我事先半意识地形成的荒唐形象的任何特征。这就是他们的幸福。奥斯汀的家充满宁静的欢乐和放心的喜悦。的确，如同在别处一样，奥斯汀在家里拥有绝对的权威；但是这种权威绝不是从别人那里要求来的，在我看来，它也没有施展，它仅仅是家人亲和地让他拥有。自那时起到现在，对我来说，奥斯汀一家构成了一个家庭所能拥有的一个理想。

在这之后的一年，除了参加奥斯汀的演讲和上课之外，我平均两三周看他一次。他很亲切地自愿当我的非正式的指导者。虽然他没有阅读我在写的论文，但我们定期见面，讨论我艰苦处理的问题。我常被邀请参加奥斯汀家的周日午餐。在这些场合，吃完饭后，奥斯汀全家和我经常拥进奥斯汀的古旧的战前洛瓦（Rover）牌轿车，到外边小游。这古旧的洛瓦常常抛锚，停在公路旁。奥斯汀会下车去，神秘地乱动马达；不论怎样，每次都行得通。还说只有当我在车上时才抛锚；奥斯汀有一次很坚定地说："你看，皮切，它就是不喜欢你！"

在二月或三月的某个时候，我得知奥斯汀在几年前是拉小提琴的。由于我弹钢琴，我请他找出藏在阁楼中的小提琴，以便我们能够一起演奏一些简单的奏鸣曲。奥斯汀有点犹豫，然后同意了我的提议。我买了一些简单的科勒里（Corelli）和德里曼（Telemann）的奏鸣曲，之后几周里，奥斯汀和我在他的客厅里，有几次极其愉快的演奏。我不知道他单独练习多少，但是我认为对好几年没有摸乐器的人来说，有这样的演奏，已经是很好了。他好像和我一样享受这些演奏，但是我想他从未克服在公众面前表演的那种窘迫感。

由于奥斯汀的帮助，我被允许参加导师哲学俱乐部。在那年早些时候的一次聚会上，马塞尔（Gabriel Marcel）宣读了一篇论文。奥斯汀出席了那次会议，并在讨论期间与马塞尔发生争论。大家知道，马塞尔的华而不实的见解对奥斯汀来说，必定是令人不快的，奥斯汀的质问尽管尖锐，但平静而有礼貌。我确实认为奥斯汀不可能不礼貌。经过他坚持不懈的查究，马塞尔的许多隐晦的话语被证明为，通常都是陈词滥调。例如，当马塞尔告诉我们人类自由是对死的本体论上的抗衡力时，他所意味的不过是，尽管我们都知道我们会死，因此我们的努力终究是徒劳的，但我们仍然通过自由意志行为使某种东西具有价值。

我已经谈过奥斯汀的自然权威。这种权威引起奥斯汀几乎不会错的公众形象。这是一个他似乎感到极为需要保持的形象。这样，尽管他的观点有时当然发生变化，但我从未听过他明确或不明确承认他弄错或犯错误。因此，他态度优越。但是，就我所知，没有人觉得这是冒犯。因为我们知道，奥斯汀私下里有最严厉的自我批评。实际上，大家模糊地意识到，他的自信部分是对抗内在不确定性的大胆外表。

我认识的奥斯汀是一个慷慨善意的人；因此我有点难以理解，为什么他的许多同事畏惧他。部分的理由也许是他不尊重公认的意见，或公认的做事方式。在一切事情上，他都希望把他认为不好的去除掉，并在全新的基础上重建起来。他肯定寻求在哲学上这样做，我猜想，他的计划是那样有技术和有权威，因此必定吓倒他的许多哲学同事，因为这可以很容易被视为对他们工作价值的一种严重的威胁。在这个意义上说，奥斯汀是一个革命者。他有一次告诉我，他认为学生在其相当后期的生涯以前，也就是在他们学过若干年有关日常语言的哲学相关领域之后，才可以给他们介绍标准的哲学著作和问题。下面这个事例生动地说明了奥斯汀性格的这种彻底的一面。学校有一次开会讨论学校的建筑规划。对校长公馆多少应该保存和多少应该摧毁这个问题，意见分歧，争论了很久。校长最后转向请教奥斯汀的意见如何。奥斯汀直截了当严肃地说:"把它夷为平地"。

在牛津的那年之后,我只看到奥斯汀两次。1957年夏天我到英国度假时,有一天和他的家人一起吃午餐。1959年1月,从加州柏克莱回牛津,奥斯汀停留在普林斯顿大学作一次演讲,我和他见了面。第二天上午,他和一些老师和研究生开了一个座谈会。之后汤姆·帕顿(Tom Patton)和我驱车把他送到斯瓦斯摩尔(Swarthmore),他在那里要作一次讲演。在斯瓦斯摩尔,奥斯汀讲的是感觉材料。他对某些感觉材料理论者的主张提出异议,如他们主张,有关感觉材料的陈述相当于,在普通英语中运用这样的语句"It seems to me now exactly as if I were seeing the cat on the mat"可以做出的陈述。他把这个句子写在黑板上。他认为,这种断言的核心是"as if"后面那部分;例如,在一种标准的情况中,说出这个特定句子的人是在断言他正在看草席上的猫,而该句子的前半部分的功能仅仅是修辞该断言的力量,对它表达某种保留。

我们驱车把他送回特灵顿(Trenton),并送他上了去纽约的火车。这最后一次见面,从我个人观点看,极为不令人满意。我们没有时间重建旧日的交流。我们没有五分钟单独相会的时间。我们好像是陌生人似的,虽然我们都知道这不是事实。次年二月的某一天,在课间匆忙吃午餐时,我无意中听到我的一位同事同另一位同事说:"你知道奥斯汀将死于癌症吗?"在这之前,我丝毫未听到他生病的事。事实上,这个报告有点不准确,因为他已经死了。

奥斯汀在我的生命中至少起了两种作用。他是一位老师,又是一位朋友。我想我能相当客观地把他看作我的老师。他对我的影响既有好的,也有坏的。除了从他那里学到许多可靠的真理外,奥斯汀使我觉察到并尊重语词意义的微妙区分。十分一般地说,他为我建立了语言使用中(因而在思想中)的高标准的精致和准确,这对我不负责的夸大的天生倾向是有意义的核查。坏的影响部分不是奥斯汀的错。这个坏影响就是,我感到太长时间完全在他的支配之下,变成他的信徒。这就是说我有接受他所说的一切东西的倾向;我接受它主要不是因为论证或支持的根据,而仅仅是因为他说过他们。例如,在感官知觉领域,我想的似乎是,“好,如果奥斯汀反对感觉材料理论,那么这个理论就不能有什么。”但是比这还坏的是,我事实上模仿奥斯汀。在我应该尝试用自己的方式去做哲学时,我持续太长时间以我想像的他做哲学的方式去做哲学。这是我自己弱点的一种衡量,但也是奥斯汀可畏的人格和理智力量的一种衡量。

自然,师生之间的关系不能不影响我们彼此之间的个人情感。我几乎是以一个下级军官对他可敬且和蔼的司令那样的方式看他。我不能记起我曾以任何名字称呼他。他叫我“皮切”,而在我们的谈话中并没有讨论个人事务。奥斯汀对我的个人情感当然没有公开表示,但我知道它存在。他的情感在旧式的英国礼节拘束之墙的后面,但那是有裂隙之墙。在我这边,我认为我感到一些爱他。无论如何,我知道,我从没有停止想念他。

附录Ⅳ 奥斯汀和牛津哲学的早期阶段

伊赛亚·柏林爵士在1930年代曾和奥斯汀是哲学讨论的合作者，后改治思想史，曾任牛津大学沃尔夫逊(Wolfson)学院院长，他写了一篇纪念文章讲述奥斯汀和牛津哲学早期情况，[①] 现摘译如下：

后来逐渐被称为“牛津哲学”的那个哲学倾向主要产生于一小群年轻的牛津哲学家的每周一次的讨论。这些年轻的牛津哲学家中，年龄最大的是27岁，而每周一次的讨论则开始于1936到1937年间的某个时候。这些讨论会是在奥斯汀提议下进行的，直到因战争被迫终止，奥斯汀一直是其主要灵魂。奥斯汀于1933年秋季被选为全灵学院的研究员。那时他还没有完全决定从事哲学职业。他深信并因此常常说，哲学(像牛津所教导的哲学)对年轻人来说是极好的训练；没有什么更好的方式能使他们合乎理性，在那个时代合乎理性是一个最高的赞扬词汇。他后来修正了他的看法，认为即便是他所教导的哲学也无法对抗他的多数有才华的学生中某些人的传统虔诚和朴素的信念。他抱怨说，他的所有努力不但不能削弱他们的传统观点，反而使其中的大部分不可救药地受尊敬并具有模糊的效力。他知道作为一个教师他拥有卓越的才

---

① 伊赛亚·柏林等著的《诸家论J.L. 奥斯汀》，牛津，牛津大学出版社，1973年。

能，但他同时又有强烈的愿望去做某种更具体、更实际的事情，一种作业性的工作，在一天结束时，有更多的东西表现出来的事情。他常常告诉我，他后悔花了那么多时间在古典著作上，而不是学做一位工程师，或一位建筑师。然而，现在为时已晚，他只能做一个理论家。他热爱精确、事实信息、严格的分析、可检验的结论、把东西装配在一起而后又把它们拆开的能力，而憎恶含混、模糊、抽象、借助隐喻或修辞或行话或形而上学的幻想对问题的回避。从一开始，他就决定尝试去把能够还原的东西都还原为普通的散文。尽管他钦佩实践的专家，但实际上他本人为纯粹的哲学问题所吸引，而且在他初到全灵学院时，似乎很少想其他东西。他最钦佩的两位尚在世的哲学家是罗素和普利查德。他钦佩罗素是由于他的原创性的天才、独立的头脑和表述力量；他钦佩普利查德是由于，在他看来，普利查德是那时牛津所发现的最严格、最精密的哲学家。奥斯汀既不接受普利查德的前提，也不接受他的结论，但他钦佩他论证的目的专一和秩序井然。在我看来，他自己的有关语词施事功能的学说，在很大程度上应该归功于普利查德对许诺的逻辑性质的痛苦的反省。普利查德说道："如果我说'我同意'这或那，我就创造了以前所不存在的权利"。奥斯汀并不认为普利查德的这种说法或他对道德义务性质的讨论不重要的或表述不恰当，在1933到1935年间，关于这个问题，他同我谈了许多。我们的讨论通常在早餐之后开始，地点是全灵学院的吸烟室。在我有学生需要教导时，我在上午11点时离开他；但在另一个上午，我似乎重新拾起我们经常讨论的东西，直到午饭时间。那时，他没有任何稳固的哲学立场，也没有透露任何原则。他仅仅抓住那时某个流行的话题，一个作家或一个演说家所讲的某个命题，以高度的技巧和理智专注把它分成越来越小的碎片。在我听G.E. 穆尔的演讲之前,我从未碰到过如此精细的分析技巧。三十年代的牛津最受崇拜的哲学家是亨利·普赖斯(Henry Price),他的清楚、机智和优美精致的演讲使他的听众着迷,并在很大程度上使知觉问题成为当时牛津哲学注意的核心。就年轻的哲学家所关注的东西而言,相反的影响力是对作为宇宙知识来源的整个传统哲学概念的不断增长的厌弃。A.J. 艾耶尔领导了牛津的实证主义运动,他的有关维特根斯坦的《逻辑哲学论》的论文是在1932年春季宣读的。《语言、真理和逻辑》还未出版,无论如何,除了《系统地引人误解的表达式》外,赖尔的观点也还没有公开发表。不过,实证主义的攻击,尤其是体现在约翰·威斯顿(John Wisdom)那时发表在《心》杂志上的那些早期文章中的那种形式的攻击,成为新派哲学家的启示和激动的来源,而对于老派哲学家来说则是极大的耻辱。彻底的反形而上学的经验主义迅速获得改变。那时惟有普赖斯(尽管在某些方面他是一个牛津实在论者)对新的运动表示理解和同情,而被其成员看作是敌对阵营结盟的某种东西。该运动迅速增长。它已经挤进《心》杂志,并拥有自己的地盘《分析》杂志。这个运动是深刻困境和对最有影响的老派哲学家普利查德、约瑟夫和约阿希姆(Joachim)感到失望的源头。这些老派哲学家以很不相同的方式做出反应。约阿希姆是温和的大陆唯心论的最后的、最小心翼翼的和最文明的代表,他生活在亚里士多德、斯宾诺莎、康德、黑格尔和布拉德雷的世界里,他倾向于忽视这股浪潮,把它看作一种偏离正轨、一种向粗糙的原始状态和非理性的暂时倒退。普利查德明显对该运动表示轻蔑并缺乏兴趣。受害最深的人也许是约瑟夫。他对真实的传统有极为敏锐的感觉,他感到有义务去捍卫从他深为钦佩的导师库克·威尔逊那里接受的传统。虽有其门徒的努力,但库克·威尔逊的名声在牛津仍然有限。这种实在论的形而上学的最致命的敌人不再是唯心论者,而是经验主义者和怀疑论者,从休谟开始,追随者有穆勒、威廉·詹姆士、罗素和其他的理智上和道德上颠覆性的作家。他们的学说是约瑟夫感到有义务加以反驳和根绝的。终其一生,他都从事于清除哲学之园的巨大任务。我相信,他曾经认为重建古老真理任务至少在英语世界最终能够达到。但是随着二十年代的消逝和三十年代的开始,他惊恐地看到,丛生的杂草再次发芽。兰姆塞、布莱斯威特(Braithwaite)、艾耶尔及其同盟者、以及美国的各种各样的实用主义者,都是错误的传播者和煽动者。约瑟夫的最后讲演是在新学院的庭院中举行的,他对罗素及其同道者进行了猛烈的攻击。我怀疑,他是在理智绝望的状态中逝世的,因为在他看来,真理已经淹没在谬误之海中,而这是一个他绝对无法解释的灾难。

奥斯汀本人是一个危险的经验主义者,尽管在这个阶段他不是一个好斗的争论者。他的经验主义也并不为对任何特定传统的忠诚所压制。他不是一个教条主义者。他也并不持有纲领。在这个期间,我不记得我曾听他说过什么,这就是说,在战前,他没有提出任何种类的系统观点。但是,当然,他具有非常清楚、敏锐和原创性的理智,因为在他谈论时,在他和他所批评或阐述的主题之间似乎什么也不存在,没有传统评论的累积,也没有特定原则所提供的有色眼镜。他经常使人产生这样的感觉:问题是首次清楚地得到陈述的。在那些日子里,当他明白别人对他所提出的问题时,他总是以他自己的话来回答。在他把问题转译为他自己的语言(他自己某种特定的术语系列)之前,他并不假装问题是不清楚的。在这整个时期,他仍然对哲学的价值保持怀疑,除非作为教育的工具。但他不可能与哲学脱离关系:在三十年代,无论我们何时见面,他总是寻找机会提出某个哲学问题。

当艾耶尔的《语言、真理和逻辑》于1936年出版时,奥斯汀对它表示了极大的钦佩,然后开始在我们下午的散步时间逐页逐句对它加以评论。1936年,在他到马格达灵学院约一年后,有一天晚上,他到我在全灵学院的房间,问我在读些什么,问我是否在读苏联哲学,以及它是否值得读?他曾经作为一个旅游者访问过苏联,并对他的旅游经验留下深刻印象。他为他在那里所见到的无人格外表的男人和女人的严厉、严格和奉献所吸引,而且觉察到国家主义和对马克思、列宁等伟人崇拜的增长。我认为他对共产主义奠基者的钦佩是短暂的。他后期所欣赏的理智美德的典范是达尔文和弗罗伊德,这倒不是因为他特别欣赏他们的观点,而是因为他相信,一旦一个人本人确信他的假说到底值得追求,他就应该一直追寻到它的逻辑结局,无论结果如何,不应因畏惧奇怪的结果或因市侩常识的控制而受阻碍。如果逻辑结果事实上不可靠,人们应该能够依据无可否认的证据收回假说或对它们进行修正。但如果人们不能探索假说的全部逻辑结论,真理将永远为胆怯的可敬所打败。他说,一个不顾抱怨、警告和批评而坚定地追求选定的道路的无畏的思想家,是适当的钦佩和仿效的对象。奥斯汀读过或认为值得读的惟一的英国的马克思主义者是拉尔夫·佛克斯(Ralph Fox)的著作,而除此之外,我也没有读过任何值得向他推荐的当代共产主义哲学家的著作。但我在一、二年前读过一本有趣的哲学书,就是我以前没有听说过的哈佛大学教授C.L. 刘易斯所写的《心灵和世界秩序》。该书谈到牛津哲学的隔绝和自我中心,而很少谈美国哲学。一个纯粹偶然的机会我在布莱克威尔书店的书架上碰到它,我翻阅了一下,觉得颇为有趣。我买了这本书,仔细阅读,认为它对康德范畴的实用主义的转换是原创性的、有成果的。我把它借给奥斯汀,而他也几乎马上离开我。他告诉我他不再拉小提琴,而马上开始读这本书。三天后,他向我提议我们应该开一门有关这本书的课程。显然,该书也引起了他的极大兴趣。

对这件事我可能有弄错的地方,但我记得这是在牛津所开的第一个有关当代思想家的课程或讨论班。这次,奥斯汀作为一个教师的名声相当成功,相当数量的本科生一周来听一次我们在全灵学院开的课。我对合作的课程如何进行没有概念,而认为主持者应该开始就文本所提供要点进行对话。奥斯汀开始请我阐述一个论点。我选择了刘易斯的特定的可感性质学说,就此谈了我的想法。奥斯汀严肃地盯着我说,"你介意再说一遍吗?"我就重述了一遍。奥斯汀语调缓慢地说,"在我看来,你刚才所说的东西完全没有意义"。无疑,奥斯汀在我们课堂上的表现对参加听课的某些学生有深刻的、持久的影响。他们中的某些人后来成为著名的职业哲学家,已经验证了奥斯汀表现的异常的力量和丰富。他的表现很像穆尔每年在亚里士多德学会和心灵学会联会上所开的课。奥斯汀始终如一地同等对待有洞察力和乏味的批评和反对意见,缓慢、使人敬畏、严酷。在这个过程中,他使我们班上真正的哲学家不受压制、不灰心丧气,而是为他所捍卫的刘易斯的唯名论理论的简单性和清晰性鼓舞和激励。"如果在这张纸上有三块朱红斑迹,那么那里有多少种朱红斑块?"我的回答是"一种",而奥斯汀的回答是"三种"。这个学期的其余时间我们都花在这个问题上。奥斯汀就像哈佛法学院的令人敬畏的教授那样引导这个讨论班。他向班上的学生提问。如果每个人由于惊惧而保持沉默,他会随机指定某个学生回答。而被指定的学生有时由于害怕就默不做声。奥斯汀就意识到这一点,而自己做了回答,并回到正常的讨论状态。除了这些有些令人害怕的片刻外,该讨论班保持了学生数量不减少和兴趣强度。我们那个学期就花在唯名论上。这是我曾参与的最好的讨论班,而且在我看来,这标志着奥斯汀作为一个独立的思想家生涯的真正开端。

1936年夏季,我们提议我们举行经常性的哲学讨论会,探讨我们以及我们同时代的牛津哲学家所感兴趣的主题。他希望小组非正式聚会,除了澄清我们的思想和追求真理外,他没有考虑发表我们的"结果"(如果我们曾经取得结果的话)或任何目标。我们同意邀请艾耶尔、麦克纳博(Macnabb)、伍兹利(Woozley),这些人当时都在牛津教哲学;还邀请了汉普舍尔(Stuart Hampshire)和麦克肯龙(Donald MacKinnon),前者已经被选为全灵学院的研究员,而后者已成为凯伯学院(Keble)的研究员。讨论会开始于1936到1937年的某个时候(我记得是1937年的春季)。它们于周四晚饭后在我的全灵学院的房间中进行,持续到1939年夏季,中间有几次间断。回顾往事,它们似乎是我所参加的最富有成果的哲学讨论会。讨论的主题事先并没有仔细准备好,也不必预先宣布,尽管我们每周都知道我们将可能讨论什么。主要的讨论题目在数量上有四个:知觉,即普赖斯和布劳德(C. D. Broad)所讨论的感觉材料理论;先天真理,即看起来必然真或假的命题,这些命题不能被还原为规则、定义以及它们所推导出的东西;反事实陈述的证实和逻辑性质,那时我们称之为未完成的假说或违反事实;个人同一性的性质和标准,与此相关的是我们有关他心知识的主题。当我谈到知觉是我们的主题之一时,我应该说我们谈论的主要是现象主义和证实理论,与艾耶尔强烈主张的著名观点密切相关。奥斯汀攻击整个感觉材料术语学,质问感觉材料的同一性标准是什么:如果一个人的视觉领域像老虎的皮肤一样包含七种黄色和黑色的条纹,它包含七种黑色材料和黄色材料吗?或由一种连续的条纹材料构成?材料的平均尺寸是什么?它的平均寿命是什么?人们如何计算它们?这些都是那时人们所熟悉的问题。艾耶尔为实证主义辩护,而且希望知道,如果现象主义被抛弃,将以什么东西取而代之?奥斯汀假设存在古老的、原始的洛克意义上的不可感知的实体或现代科学和哲学意义上的不可证实的、形而上学的存在物吗?我不记得奥斯汀曾经试图为这些问题提供任何肯定性的答案,或试图表述他自己的原则。无疑,他更喜欢寻找别人所提供的解决办法的漏洞。在这种怀疑论式的攻击过程中,四种或五种纯粹现象主义的还原论表述被奥斯汀驳倒。艾耶尔惊呼道:"你像一只自己并不想跑的赛犬,而且还咬别的赛犬,目的是使它们也不能跑"。我记得在战前,奥斯汀并未完全从现象主义之林中脱离出来。但是,即便是那时他确实开始说他看不出用于谈论外部世界的普通语言有多少毛病。例如,由光学幻觉——双重影像、水中的棍子等——所产生的问题是由于为哲学家错误分析的语言的歧义性,而不是由于不可能的非经验信念。在他看来,在这一点上,贝克莱是正确的。一根"实际上"弯的棍子当然与在水中是弯的棍子极为不同,而且一旦光的折射规律被发现,混乱就不会产生:弯是一回事,而看起来弯是另一回事。如果一根棍子插在水中而看起来并不弯,那确实就是怪事。感觉材料语言是一种亚语言,为了特定目的而用于描绘印象派画家的作品，或是要求病人描绘它们症状的医生所需要的。这是一种从日常语言中精炼出来的人工语言，而日常语言对我们的通常的目的来说是够用的，其本身并不引人误导。人们可以想像到，艾耶尔，也许还有我们当中的其他人，强劲地抵制对穆尔、罗素、布劳德和普赖斯观点的这种正面攻击，抵制对英国学派的知觉理论的工具和术语的全盘拒绝。这些讨论导致了"牛津分析"的产生。这种分析主要并不是奥斯汀的特定理论的结果，也没有明确涉及维特根斯坦后期学说，尽管"蓝皮书"已经在剑桥流行并于1937年左右传到牛津，而是出于我们所有人所确定的对普通语言用法的诉求。相似的方法被用于讨论反事实陈述——它们的延伸以及它们与证实原则的关系，同样也运用于个人同一性原则及其与记忆的关系。如果我记忆正确的话，关于后一个问题我们选择的主要事例是卡夫卡的《变形记》中的男主人公，一个名为格里高尔·萨姆沙商业旅行推销员，他在一天早晨醒来后发现他变成一只巨大的甲虫，尽管他对他的日常人生活保持清楚的记忆。我们是把他看作是具有甲虫身体的人，还是看作具有人的记忆和意识的甲虫？奥斯汀宣称，"二者都不是"。"在这种情况中，我们不应该说我们知道怎么说。这就是我们所说的'言词使我们失望'的情形。我们将需要新的词汇。旧的词汇恰恰不能胜任。它们无法涵盖这种特殊的情形。"从这个例子我们又转移到说话者关于他本人做出的命题的分析和他所做出的关于他人的命题的分析之间的不对称性，明显的不对称性。这个问题从艾耶尔和奥斯汀相应的不同立场来处理，他们逐步成为两种不相容的观点的支持者。在我看来，在与艾耶尔及其支持者的实证主义和还原论的持续的对立中，奥斯汀特殊的哲学立场在这些周四晚上得到发展。我的意思并不是说奥斯汀和艾耶尔完全支配了讨论,而我们其余人几乎仅仅是听众。我们大家都说了许多,尽管如果我问自己,除了批评证实原则和纯粹卡尔纳普式的逻辑实证主义外,我自己说了什么,或者,相信什么,我将会发现这很难说。我所能记得的一切是,没有任何东西定型为永久的派别。

对先天陈述的讨论产生于罗素在剑桥道德科学俱乐部上所宣读的一篇论文,论文题为"经验主义的界限"。罗素的论点是,尽管像"同一个对象不可能在同时同地既是红的又是绿的"这样的命题似乎不容置疑地是真的,而不可能是假的。这是因为它们的真理性似乎不是从语词的定义推出的,而是从颜色词的意义推出的,而颜色词的使用是通过指示行为学会或解释的。因而,这种命题的矛盾命题最好被描绘为荒谬的、无意义的或不可理解的,而不是术语上的矛盾。这就激起了关于语词定义或非语词定义的长久讨论。奥斯汀和艾耶尔的方法的差别再次清楚地表现出来。如果艾耶尔知觉到一个特定的理论推导出他所确定的错误或荒谬结果,他就感觉到整个论证必定按错误的路线进行,而他就准备去拒绝那个前提,并试图去考虑一个新的前提,不合乎需要的结果不能从它那里推出的前提。奥斯汀则盯着摆在他面前的东西,准备跟随那个论证。他的一些批评者后来坚持,这种哲学的自发性和明显摆脱预想的原则不完全是真的:事实上,它们是煞费苦心的苏格拉底方法,其中隐藏着他不准备表达的肯定性原则。我相信这种观点是错误的。在1936到1939年期间,他在哲学上具有非常开放的头脑。实际上,在那时,他对任何枯燥乏味的原则充满怀疑。在我看来,他的主要目的是建立特殊的真理,在后面的阶段引出原则。他确实希望"拯救现象",而在这个意义上说,他是亚里士多德的追随者，而不是柏拉图的追随者，是贝克莱的追随者，而不是休谟的追随者。他不喜欢整齐划一的二分法，如普遍和特殊、描述语言和情感语言、经验真理和逻辑真理、可证实的表达式和不可证实的表达式、可矫正的表达式和不可矫正的表达式之间的二分法。在他看来，所有的这些清楚而又彻底对照的断言不能履行他们所期望的功能，即不能借助它们给语词的普通用法分类。在他看来，意义的类型和区分通常反映在普通语言中。普通语言不是无误的指南，但它是语言所描述或表达的主题的区分的最好的指示者。而这些区分却被全然无效的哲学所提出的整齐划一的二分法消灭了。他极为尊重自然科学，但他相信，学习行为、知识、信念、经验种类的惟一可靠的方法在于有关实际惯用法的数据的耐心积累。奥斯汀并不认为惯用法是神圣不可侵犯的，但他确实坚持惯用法的差别反映了意义的差别，并反映了概念的差别，因此提供了一个有价值的并相对受忽视的通向确立意义区分、概念区分、可能的事态区分的道路，而且在这方面，确实有助于清除混乱和消除发现真理的障碍。奥斯汀不大相信特别的哲学技术。无疑，他对语言和语言学的不知足的兴趣本身与此有关，而他的出色的古典学问助长了他的无节制的收藏家的好奇，有时以真正的哲学问题为代价。不过，他对逻辑上的理想语言（能够反映实在结构的语言）原则的含蓄拒绝来自一种与维特根斯坦并不相似的哲学观，那时，维特根斯坦的未发表的但暗中传播的观点——例如“蓝皮书”和“棕皮书”——就我所能记得而言，战前没有传到我们小组的成员。确实，他的第一篇有关“先天概念”的哲学论文中的许多肯定性的原则与维特根斯坦的观点并没有直接的联系，也许，通过阅读约翰·威斯顿的文章，他对维特根斯坦观点有间接的了解。

偶尔,这些周四晚上聚会的人讨论道德问题。我们确实讨论意志自由,在讨论过程中,奥斯汀为了不激怒艾耶尔(他那时是一个坚定的决定论者),低声地对我说,"他们都在谈论决定论并说他们相信它。我在生活中从未碰到决定论者,我的意思是一个真正坚信决定论的人,如同你和我相信人是有死的一样。你碰到过吗?"在一次散步中,他也这样回答我所提出的一个问题。我问道:"假如一个小孩表示希望见到奥斯特利茨战争中的拿破仑;我对他说'这是不可能的',那个小孩就问道:'为什么不能?',我回答说'因为它发生在过去,而你不可能既活在现今又活在一百三十年前,并保持为相同年龄';那个小孩进一步追问道:'为什么不能?',我回答说:'当我们使用语词时,说你能够同时在两个地方或回到过去是无意义的';而这个极为老练的小孩说:'如果这仅仅是一个语词问题,我们难道不能简单地改变一下我们语词的惯用法?那将可以使我们看到奥斯特利茨战争中的拿破仑,又同时使我们处于现在的时间和地点。'"我问奥斯汀,该如何对这个小孩说。奥斯汀回答说,"不要这样说。而叫那个小孩试图回到过去。告诉他没有什么规律反对他这样做。让他试一试,而后看发生了什么。"在我看来,奥斯汀理解哲学的性质,即便他过于学究、过于谨慎。

由于几个原因,这些讨论是富有成果的。其一是参加讨论的人数很少,从未超过七人,通常更少。其二是参加者彼此认识,谈论极为自由。其三是讨论完全是自发的,不必担心犯错误。其四奥斯汀和艾耶尔个人的理智创造性和力量。他们总是处于不断冲突的状态中,艾耶尔像一颗无法抵挡的导弹,而奥斯汀则像无法移动的障碍物。他们冲突的结果不是僵局,而是我所知道的最为有趣、自由和生动的哲学讨论。

这些讨论会的缺点之一在我看来是可以一般地运用于牛津哲学的某种东西，至少在那些日子里是这样。我们过于自我中心。我们希望去说服的人仅仅是我们自己所钦佩的同事，因此，我们没有发表的压力。我们没有感到发表我们想法的需要，因为我们惟一的听众是生活在我们身边的同辈人。我们并不认为其他人发现不了关于知识的性质或其他任何东西的真理，但我们确实认为在牛津学派、剑桥学派和维也纳学派之外，没有人对我们有太多的教益。这种想法自负而又荒唐，并且无疑激怒了别人。但我怀疑那些从不被这种幻觉所迷的人不曾知道真正的理智快乐。

附录V　奥斯汀：一位原创性的哲学家[①]

奥斯汀生前仅发表七篇论文，都收于他逝后出版的《哲学论文集》中。其中最早的论文"有先天概念吗？"发表于1939年，而最后一篇论文"伪装"发表于1958年，即他逝世前两年。还有三篇论文他生前未发表，其中一篇是"施事话语"，是1956年所作的广播演讲稿。这些论文都是为适应不同场合以各种各样风格写成。然而，这些论文都同样不容易读。由于其中的三篇论文都是继续别人在心灵学会和亚里士多德学会所组织的年会上的讨论，尽管奥斯汀总是交代清楚他由以出发或批评的论点，但在这些情况中，背景自然被遗漏。

《感觉和可感物》是有关知觉的一系列演讲，这些讲演于1947年在牛津首次开设，在随后的12年中多次修改。这些演讲笔记高度浓缩，因为奥斯汀能够依据很少的书目材料做出完好形式的讲演。该书现在出版的形式是由G.J. 瓦诺克先生重建而成的，瓦诺克的重建做得极富技巧。它以轻松、非正式的风格写成，与奥斯

---

① 本文摘译自大卫·皮尔斯(David Pears)的"一个原创性的哲学家"一文，载于K.T.Fann编的《J.L. 奥斯汀讨论集》，伦敦，劳特利奇和基根·保罗出版公司，1969年。我在写好本书的正文(1999年完成的博士论文)后，收到台湾大学哲学系刘福增教授寄给我的《J.L. 奥斯汀讨论集》一书英文本的复印件，阅后知皮尔斯的这篇文章与本书正文中的观点颇有相似之处，特摘译于此以备读者参考。

汀的其他论文相比,该书是对他做哲学的独特的方式的更好的记录。

在其最早的论文中,奥斯汀对哲学术语的不信任就已很明显。他认为,那么多哲学争议被拖延和不能决定的原因之一是双方都已经接受不切实际的术语。如果两个人发明一种游戏,而后在玩游戏过程中发现游戏规则不能涵盖不可避免产生的某些偶然情况,或发现它们是相互矛盾的,那么双方都无望取得胜利,惟一合理的事情就是回过头来定更为实际的规则。与此相似,在哲学中,许多合作性的工作必须在竞争性阶段能够开始之前完成,大多数人会发现这种合作性的工作更能给人乐趣。例如,假设两个哲学家都接受专门术语"T",当其中一个人提出一个论题:所有的属于T的东西都是X,而另一个哲学家举例说,某个东西肯定不是X,但确实似乎是T,那么,如果他们两个人都不知道它是否是一个T,以致他们不能决定最初的论题是真还是假,那就是可悲的。

这当然是专门术语与实在失去联系的极为简单的方式。如果在科学中经常发生这种情况,那将是荒唐的。但在哲学中,新的术语常常未得到严格定义就仓促引进,因此,即便是这种缺乏实在性的简单形式也经常发生。而且还存在其他的更为复杂的情形。例如,两个专门术语能够相互冲突地存在达数个世纪,尽管总是存在它们都运用于其中的非常熟悉的例子。另一种情况是,两个专门术语一起似乎涵盖了所有情况,尽管存在它们二者都无法运用的例子。或专门术语可能是含混的,或它混合了两个应加以分开的观念,或它可能引入分类原则的混乱。

人们通常认为,奥斯汀坚持,或至少倾向于坚持,在哲学中专门术语必定是不切实际的,因为最大数量的有效区分已经在非技术的语言中被划分和标示。但这种看法是不可靠的。因为奥斯汀自己在“如何谈论”和“施事话语”中就引进了一些新的专门术语。实际上,他相信的是,如果专门术语被仓促地引进就是不切实际的,而在哲学中专门术语的引进几乎总是仓促的。但这种观点不能被表达为,哲学术语必定是不切实际的。

当然,有几种情况可以解释对奥斯汀的误解何以产生。首先,尽管他的哲学从未改变方向,但在早期他的哲学更倾向批判性,而在后期则更倾向于建设性。他早期的某些论文削弱传统哲学术语的无情方式也许暗示他相信没有任何哲学术语能够很好地建立起来。

但这种误解还有另外的更为重要的原因。许多哲学问题首先产生于人们所关注的人类经验领域尚未为科学或其他精确的学科所触及的时期(许多哲学问题还处于这种状态,也许某些问题还会继续处于这种状态)。当然,这并不意味着哲学家所面对的是完全未分类的材料。相反,人们思考特定经验领域(如感觉—知觉领域)的普通的、非严格的方式,以及他们描述它们的方式,将给他提供一个他能够由以出发的许多很好的区分(亚里士多德的著作经常以这种方式开始)。即使专门的区分后来增加上去——维特根斯坦把它们比喻为围绕旧城建立起来的郊区——作为核心的普通区分仍然很重要,当一个哲学家引进某些他自己的新的专门术语时,要求这些专门术语至少应该建立在这些普通区分的基础上是合理的,奥斯汀就是这样要求的。但这种要求容易被误解。因为对哲学专门术语的非技术基础的强调导致了科学家们的所有技术术语都被拒绝这样一个幻觉,而这个幻觉又加强了一切专门术语在哲学中被消除的幻觉。

奥斯汀有两个假定，二者都不是新东西：第一，语言揭示了思想的结构；第二，如果一个思想体系长期成功地起作用，以它的对象分类为基础的区分将会很好地建立起来。在这两个假定条件下，自然就集中注意非科学语言。尽管集中注意非科学语言的这种原因可能似乎意味着对科学语言的不信任，但实际上它所意味的不过是前者拥有保证实在论的凭据（它的长期服务），而后者通常缺乏这种凭据。但最新引入的术语并不必然意味着缺少实在性，如果科学术语为了满足特定的需要而小心地引进，它将会是持久的。这种引进同时也将保证哲学术语的长期生命。但是，当然，重要的是长寿的原因，而不是长寿本身。维特根斯坦所谓的“空转”的长寿将是无价值的。

对奥斯汀哲学的这些误解值得一提，因为表达真理的良好方式之一就是从超出真理的虚假开始，更何况这些误解已经赢得某些接受。但是，尤其需要理解奥斯汀对哲学术语批判的性质，这不仅因为这种批判本身是重要的，而且因为他的建设性著作从这种批判产生的方式。因为他的批判性工作和他对哲学的肯定性贡献是密切相联系的。

二者之间的联系是复杂的，但其发展的主线并不难于追踪。假设奥斯汀意欲摆脱一部分不切实际的专门术语。那么，仅仅引用以非技术语言描述的熟悉例子有时就足够了。但同时也存在一些情形，需要穿透非技术语言和思想的表层，并试图发现在它表面下的是什么。因为非技术体系的结构需要得到彻底探究，这样才可能判断专门的哲学体系是否与它一致。

当然，存在他为何进行这种探究的其他理由，实际上，这种探究占据了他大部分时间。其中一个原因是，他想修正经常使哲学著作无效的另一个错误,即非专门术语的不切实际的使用(关于知觉的演讲包含这种批评的很好的例子,这种批评与对专门术语的批评一样重要)。但这种探究的最重要的结果是他自己的建设性的著作。这种转换是自然的,因为他用于批评别人的那些事实本身值得研究。通常,他想阻止的是不理解情况下的哲学思考。如果他的目标能够实现,其否定性的后果将会是不切实际的专门术语和非专门术语的不切实际的使用都在哲学中得以消除,而肯定性的后果将是对实在的理解,这是哲学应该关注的重要任务。

他的建设性步骤通常是选取某个熟悉的词或某个词族,描述揭示它们意义的使用的那些特征。鉴于他的两个假定中的第一个假定,其结果将是对潜含在所考察的那部分语言之下的概念框架的解释。这种工作的最简单的例子是"伪装"一文。但是,即使在这里,人们也可以学到许多,而且会感觉到惊奇,因为概念是那么熟悉。然而,这种现象在很久以前就为苏格拉底所注意:熟悉概念的分析仅仅需要比通常走更深一点,而且它产生了人们不能够说他们是首次学到还是仅仅回忆起来这样一个结果。

关于这种工作在有关知觉的演讲中表现更为复杂。在这里,奥斯汀攻击坚持仅有物质事物和感觉材料两种知觉对象的传统理论(当然,感觉材料在不同时期被赋予各种不同的名称,在20世纪这两种东西之间的区分被表达为两种语言之间的区分)。因此,这些演讲的一般计划是争论性的,最经常被批评的文本是艾耶尔教授的《经验知识的基础》(1940年)。但在许多点上,奥斯汀放弃了批评,目的是独立发展他自己的思想。无论他是以建设性的方式工作,或以批判性的方式工作,他在这些讲演中的步骤总是相同的。耐心地理解非专门语言和思想的复杂体系,这种体系的进化为复杂的感知事实所限制。这本书是经典性的,知觉这个主题已永远为其所改变。

在其他书中,这种工作的最好的例子可以在论文“他人的心”和亚里士多德学会主席演讲“为辩解辩”中找到。在后者中,他考察了初看起来似乎属于一个人的行为的东西如何在那些词的充分意义上可能不能成为他的行为的各种各样的方式。这些方式中的每一种方式都为适当的副词或修饰词所标示,它们中的某些词被认为是在缩减责任。附带说及,这种讨论是他愿意从技术语言开始的一个很好的例子,因为某些区分是从法律术语选取的。

“他人的心”一文包含对知识和信念的原创性的重要讨论,而且在这里所使用的也是同样的分析程序。但专门术语也被使用:他在这里首次引入了施事话语和描述话语的区分。这种区分在他1956年的广播讲演中也以非正式的方式被论及,但其充分的阐述见于他的有关“言与行”的演讲中,这就是后来出版的《如何以言行事》一书。事实上,在论文集中包含他系统地提出他自己的专门区分的惟一论文是“如何谈论”,它是有关不同种类述谓的。人们常说,致力于对非哲学术语透彻分析的哲学家冒在细节中使自己迷失的危险。但奥斯汀总是更多地为相反的危险所影响,这就是,如果他引进他自己的新哲学术语,他会使自己迷失在概括中。然而,在他的后期的生涯中,他越来越多地使用第二种步骤。

在他所有的批判性和建设性著述中,他的首要目的是使哲学和人类经验保持密切的联系。其结果是,他的肯定成就具有严格性和可靠性,而这在哲学史中是罕见的。一些人发现这令人激动,而另一些人则失去继续前进的勇气。似乎在平面上表达第三维度的方法刚刚找到,或更确切地说被重新发现,因为奥斯汀的实在论并不是全新的。它依赖于语言的特有的方式是新的,而他语言分析实践的细致和专心也是新的。但其他时期的其他哲学家已经鼓吹回到实在论,并付诸实践。这种实践极端困难,但遵循实在论的那些人赢得了理智的自由。他们的著作总是特别新颖并具有力量。这些品质在奥斯汀的著作中极为明显。阅读奥斯汀著作的人们会感到,哲学或至少其中的一部分变得更像科学。

奥斯汀所做的哲学看起来如此异于其他人所做的哲学,以致它的新颖性已经既被它的崇拜者又被它的贬损者所夸大。确实,他以新的方式运用语言证据,但是他试图从这种运用中赢得的仍然是其他哲学家以其他方式所寻求的那种理解。因此,尽管方法不同,但目标是一样的。但人们也夸大了他在哲学中使用新方法的程度。把方法表达为戒律应该是可能的,奥斯汀的惟一戒律是,某些语言事实应该得到详细的研究,而至今为止,它们多半为哲学家所忽视。他自己遵循这个戒律的成功应归功于他对语言的极端敏感(当然,这对于以他那种方式做哲学来说是极为重要的)和他头脑的极端敏锐。无疑,在他作品背后应该还有更多的东西,某种秘密的方法论戒律或理论假定系列。

据说,在哲学讨论中,像苏格拉底一样,奥斯汀具有使人麻痹的效果。这在他的批评中有明显的运用,但同时也运用于他发展他自己的思想的方式。因为当他思考某种东西时,他就对这种东西密切注意,并以细节作为立足点,以致从哲学标准来说,他的动作是缓慢的。但这与不变是两回事,他所压制的是速度。他夸大了以几句话涵盖很大距离的危险吗?他的立脚稳固的风格必要吗?

奥斯汀确实和苏格拉底有类同之处。当有人问苏格拉底美德是否能被教导时，苏格拉底说，他无法回答这个问题，因为他不知道美德是什么。当然，他的意思是，他并不确切知道美德是什么。许多人发现这种做哲学的方式令人难以接受，这是可以理解的。因为连贯的思想是一种如此困难的成就，以致当某人挑出主要的语词并质问它的确切运用时，有人自然感到不满。

当然，奥斯汀使思想更为实际的方式与苏格拉底的方式不同。当苏格拉底试图发现美德或其他东西是什么时，他总是寻找以直接的方式把该词项和其对象相连接的定义。但当奥斯汀分析一个词项时，他并不寻求与实在的这种简单的联系。他相信，经常的结果是，词项可以运用于各种不同的情况，而这些不同的情况不能被置于任何一般的公式之下。这就是他总是收集各种各样的事例并极为注意细节的原因。他从未有维特根斯坦所谓"对普遍性的渴望"或"对特殊事例的轻蔑态度"那种感受。奇怪的是，有些人认为，当奥斯汀使哲学更为经验时，他使哲学变得更为容易。但实际上，如果说奥斯汀使哲学有所变化的话，他哲学变得更为困难。当然，他实际上所做的是表明它是如何困难。

奥斯汀与20世纪其他哲学家的关系是一个颇不易谈论的问题。由于他与维特根斯坦的两个相似之处(对语言和语言使用的详细研究的坚持)已为人们所提及，这里主要谈谈他们在其他方面的不同之处。奥斯汀比维特根斯坦对不切合实际的哲学理论的原因更不感兴趣。维特根斯坦试图发现思想和实在之间的图像如何，而且以直觉的同情和理解描绘它们。与此不同，奥斯汀使思想和实在之间的关系的讨论更为实际。他们之间另一个重要的差别是，奥斯汀相信系统哲学的可能性，而维特根斯坦在其后期则不相信这种可能性。

他的真正的先辈是G.E. 穆尔。他和罗素在非专门语言和思想是否需要改革问题上发生分歧。改革者的主张是,非专门语言无法涵盖新的科学事实,而且存在哲学论证表明它甚至无法连贯地处理旧的事实。奥斯汀承认这两点中的第一点,但坚持这仅仅表明需要的是补充,而不是修正。他拒绝第二点,因为他认为对受指责的那部分语言的详细研究几乎总是表明,需要修正的是哲学论证。

奥斯汀的批评者大多专注于一般的问题,即在多大程度上他与以前的哲学家在同一领域工作。这部分是历史事实问题,部分是价值问题。即使是历史问题也难于回答,因为奥斯汀哲学的原创性及其形式的新颖性使其难于看到基本的连续性。价值问题由于其他原因而难于回答,它以两种方式产生:一些人相信,永久的哲学问题是重要的问题,因此对它们的忽视是一个错误;另一些人相信,许多传统哲学问题是站不住脚的,因此它们的消除是一种美德。这两种信念都是有争议的,很明显,它们二者都不可能是完全真的或完全假的。同时我们有必要决定它们在多大程度上可以以奥斯汀的方式达到。他的那种工作是所有哲学工作中的一个要素吗?

幸运的是,他是一个原创性的哲学家,因此我们不必在完全追随他和完全拒绝他之间进行选择。他自己发现如此这般的虚饰性的二难推论荒谬可笑,而有讽刺意味的是,他的特殊的理智性质有时会使别人把他装扮成这种可笑的形象。当然,他的工作的范围和潜能难于估价,我们首先要做的是力图弄清他的工作究竟是什么。

参考文献(Bibliography)

Ⅰ.奥斯汀(Austin, John Langshaw)著作:

Philosophical Papers, third edition, Oxford University Press, 1979.

How to Do Things with Words, Oxford University Press, 1962.

Sense and Sensibilia, Oxford University Press, 1962.

Ⅱ.相关英文著作:

Armstrong, D.M.:

Perception and Physical World, Humanities Press, New York, 1961.

Ayer, A.J.:

The Foundation of Empirical Knowledge, Macmillan, 1940.

Philosophy in the Twentieth Century, Rondom House, New York, 1982.

Berlin, Isaiah:

Two Concept of Liberty, Clarendon Press, Oxford, 1958.

Essays on J.L.Austin, Oxford University Press, 1973.

Cavell, Stanley:

Philosophical Passages: Wittgenstein, Emerson, Austin, Derrida, Blackwell Publishers, 1995.

Chapell, V. C. (edited):

Ordinary Language, Dover Publication, Inc., New York, 1964.

Charlesworth, Maxwell John:

Philosophy and Linguistic Analysis, Paquesne University, Pittsburgh, 1961.

Chisholm, Roderick M.:

Theory of Knowledge, third edition, Prentice-Hall Inc., New York, 1989.

Craig, Edward (ed.):

Routledge Encyclopedia of Philosophy, Routledge, London, 1998.

Fann.,K.T. (edited):

Symposium on J.L. Austin, Routledge & Kegan Paul Ltd, London, 1969.

Flew, Antony (edited):

Logic and Language, (I), Basil Blackwell, Oxford, 1951.

Logic and Language, (II), Basil Blackwell, Oxford, 1953.

Essays In Conceptual Analysis, Macmillan, Co Ltd, 1963.

Furberg, Mats:

Locutionary and Illocutionary Act: A Main Theme in J.L. Austin's Philosophy, Gothenburg Studies in Philosophy, Alongvist & Wiksell, Stockholm, 1963.

Griffiths, A. Phillips (edited):

Knowledge and Belief, Oxford University Press, 1967.

Hacker, P.M.S.:

Wittgenstein's Place in Twentieth-Century Analytic Philosophy, Blackwell Publishers Ltd, 1996.

Hill, Thomas

Contemporary Theory of Knowledge, The Ronald Press Company, New York, 1961.

Holdcroft, David:

Words and Deeds, Clarendon Press, Oxford, 1978.

Lehrer, Keith:

Knowledge, Oxford University Press, 1974.

Lewis, H. D. (edited):

Clarity Is Not Enough, George Allen & Unwin Ltd, London, 1963.

Lean, Martin:

Sense-Perception and Matter, Routledge & Kegan Paul Ltd, London, 1953.

Lucey, Kenneth G. (edited):

On Knowing and the Known, Prometheus Books, New York, 1996.

Macdonald, Margret:

Philosophy and Analysis, Philosophical Library, New York, 1954.

Moore, G. E.:

Principia Ethica, Cambridge University Press, 1903.

Ethics, Oxford University Press, 1912.

Philosophical Papers, George Allen & Unwin Ltd, London, 1959.

Philosophical Studies, Kegan Paul, London, 1922.

Parkinson, G.H.R. (edited):

The Theory of Meaning, Oxford University Press, 1968.

Passmore, John:

A Hundred Years of Philosophy, Penguin Books, 1966.

Pitcher, G. W. (ed.):

Truth, Prentice Hall, Englewood Cliffs, NJ, 1964.

Price, H. H. :

Perception, Methuen, London, 1932.

Prichard, H. A.:

Moral Obligation, Clarendon Press, Oxford, 1949.

Ramsay, F. P.:

The Foundations of Mathematics and Other Logical Essays, Kegan Paul, London, 1931.

Recanati, F.:

Meaning and Force, Cambridge University Press, 1987.

Rorty, Richard M. (ed.):

The Linguistic Turn: Essays in Philosophical Method, The University of Chicago Press, Chicago, 1992.

Rosenberg, Jay F. And Travis, Charles (edited):

Readings in the Philosophy of Language, Prentice-Hall Inc, New Jersey, 1971.

Russell, Bertrand:

The Problem of Philosophy, Williams & Norgrate, London,1912.

Our Knowledge of the External World, Open Court Publishing Company, 1914.

Portrait from Memory, Allen & Unwin, London, 1956.

Ryle, Gilbert:

The Concept of Mind, Penguin Books, Ltd, 1949.

On Thinking, Basil Blackwell, London, 1979.

Dilemmas, Cambridge University Press, Cambridge, 1954.

Schillp (Ed.)

The Philosophy of G.E. Moore, Northwestern University, Chicago, 1942.

Searle, John R. (ed.):

Speech Act, Cambridge University Press, London, 1969.

The Philosophy of Language, Oxford University Press, 1971.

Nowell-Smith, P. H.:

Ethics, Pelican Books, Harmondsworth, 1954.

Strawson, P. F.:

Logico-Linguistic Papers, Methuen Co, Ltd, London, 1971.

Introduction to Logic Theory, Methuen & Co Ltd, London, 1952.

Individual, Methuen & Co Ltd, London, 1959.

Analysis and Metaphysic, Oxford University Press, 1992.

Urmson, J.O.:

Philosophical Analysis, Clarendon Press, Oxford, 1956.

Warnock, G.J.:

Berkeley, Pelican Books, 1953; revised edition, Blackwell, Oxford, 1982.

English Philosophy Since 1900, Oxford University Press, 1958.

J.L. Austin, Routledge, London and New York, 1989.

Weitz, Morris:

Twentieth-Century Philosophy: the Analytic Tradition, Free Press, New York, 1966.

White, A.R.:

G.E. Moore, Oxford, Blackwell, 1958.

Williams, B. and Montefiore, Alan (edited):

British Analytical Philosophy, Routledge & Kegan Paul, London,

1966.

Wittgenstin, Ludwig:

Tractatus Logico-Philosophicus, Translated by D. F. Pears & B. F. MacGuinness, Routledge & Kegan Paul, 1961.

Philosophical Investigation, Translated by G. E. M. Anscomber, Basil Blackwell, Oxford, 1958.

Ⅲ. 相关论文

Ayer, A. J.: 'Has Austin Refuted Sense-data?', *Synthese* 17 (1967), 117–40.

Bennett, Jonathan: '"Real"', *Mind* 75 (1966), 501–15.

Cavell, Stanley: 'Austin at Criticism', *The Philosophical Review* 74 (1965), 204–19.

Firth, Roderick: 'Austin and the Argument from Illusion', *Philosophical Review* 73 (1964), 372–82.

Goldstein, Leon: 'On Austin's Understanding of Philosophy, *Philosophy and Phenomenological Research* 25 (1964), 223–32.

Hampshire, Stuart: 'In Memorial: J. L. Austin', *Proceedings of the Aristotelian Society* 60 (1959–60), I-XIV.

'J. L. Austin and Philosophy', in *The Journal of Philosophy* 62 (1965), 511–13.

Harrison, J.: 'Knowing and Promising', *Mind* 71 (1962), 443–57.

Malcolm, Norman: 'Understanding Austin', *The Journal of Philosophy*, LXⅡ (1965), 508–9.

Osborn, Jane M.: 'Austin's Non-conditional Ifs', *The Journal of Philosophy*, LXII (1965), 711–15.

Quine, W. V.: 'J. L. Austin, Comment', *The Journal of Philosophy*, LXⅡ (1965), 509–10.

Ryle, G.: 'Systematically Misleading Expression', in *Proceedings of the Aristotelian Society*, 1931–2.

Sesonske, Alexander: 'Performatives', *The Journal of Philosophy*, LXII (1965), 459–468.

Urmson, J. O. : 'J. L. Austin', *The Journal of Philosophy*, LXII (1965), 499 - 508.

Urmson J. O. and Warnock, G. J. : 'J. L. Austin', *Mind*, LXX (1961), 256 - 57.

V. 中文书目

柏拉图《理想国》,商务印书馆,1986 年版。

亚里士多德《尼各马科伦理学》,载苗力田主编的《亚里士多德全集》第八卷,中国人民大学出版社,1992 年。

休谟《人性论》(下卷),商务印书馆,1980 年版。

金岳霖《知识论》,商务印书馆,1983 年第 1 版。

洪谦主编《现代西方哲学论著选辑》(上册),商务印书馆,1993 年。

陈启伟主编《现代西方哲学论著选续》,北京大学出版社,1992 年。

陈启伟"塞尔",原载于涂纪亮主编的《当代西方著名哲学家评传》第 1 卷(语言哲学)山东人民出版社,1996 年;重印于陈启伟《西方哲学论集》,辽宁大学出版社,1998 年。

涂纪亮主编《语言哲学名著选辑》,三联书店,1988 年。

车铭洲主编《现代西方语言哲学》,四川人民出版社,1989 年。

周昌忠《西方现代语言哲学》,上海人民出版社,1992 年。

何自然《语用学概论》,湖南教育出版社,1988 年。

刘福增(台湾)《奥斯汀》,台北,东大图书公司,1992 年。

黄宣范(台湾)《语言哲学》,文鹤出版社有限公司,1983 年。

后　记

本书是在我的博士论文基础上修改扩充而成的。国内对奥斯汀的介绍较少,为了便于读者了解奥斯汀的生平事迹、学术背景以及相关的一些情况,同时也为了增加本书的可读性,弥补博士论文过于专门化的不足,我选择摘译了国外的一些较精彩的评介性材料,作为本书的五个附录。除此之外,本书基本上保持原论文的基本框架和基本内容,只是在细节上作些修改。

我对奥斯汀哲学的兴趣首先源于准备博士生入学考试时对奥斯汀作品的一些阅读。进入北京大学外国哲学研究所后,在导师陈启伟教授指导下选定以"普通语言学派哲学"作为主攻方向,并在中期考核后确定以"奥斯汀哲学"作为博士论文选题。博士生三年的学习研究,以及博士论文的写作和修改,颇多受惠于陈老师的指导。陈老师严谨的治学态度和可敬的学者风范令我景仰。在本书即将出版之际,陈老师慨然应允拨冗作序,使我倍感荣幸。

中国人民大学哲学系钟宇人教授、中国社会科学院哲学所涂纪亮研究员、北京师范大学哲学系宋文淦教授、北京大学外国哲学研究所陈嘉映教授和叶闯副教授对我的论文详加评阅,他们的肯定和鼓励使我信心倍增。他们还在论文答辩会上提出一些非常中肯的意见,指出某些错误,有助于论文进一步的修改和完善。台湾大学哲学系刘福增教授给我寄来了不少有关奥斯汀的资料,给论文的修改和扩充带来很大的帮助。学友薛孝斌仔细阅读了论文,提出了不少重要的修改意见。责任编辑王希勇博士细致而又出色的工作使本书增色不少。在此,我要对所有这些师长和学友表示诚挚的谢意。

在厦门大学哲学系学习期间,导师白锡能教授,以及王善钧教授、陈嘉明教授、陈墀成教授、陈亚军教授等诸位师长,给我诸多指导和帮助。这两年在福建师范大学从事博士后研究,得到导师陈征教授、李建平教授和郭铁民教授的关心和指导。在此一并表示衷心感谢。当然,我还要特别感谢妻子戴音对我生活的悉心照顾,对我学习和科研的理解与支持。

漫漫求学生涯,始得年迈父母苦力支撑,后得兄长杨玉增鼎力相助。今先父已逝十载有余,每念及先父刚毅之面容和对我拳拳之希冀,不禁潸然泪下!

杨　玉　成

2002年2月3日谨识于福州

重印后记

感谢商务印书馆提供重印本书的机会。我这几年没有再致力于奥斯汀哲学的研究,没有什么新见解,只是对书中的文字错误或不当进行订正,没有任何实质性的修改。

近几年,奥斯汀哲学得到国内学界的更多关注。令人高兴的是,由陈嘉映教授召集的奥斯汀著作翻译工作进展顺利。奥斯汀的《感觉与可感物》一书已由商务印书馆出版,他的另外两本著作《哲学论文集》和《如何以言行事》也将由商务印书馆陆续出版。我和赵京超承担《如何以言行事》一书译事,重新细读该著,深感其中因奥斯汀英年早逝而未及得到阐发的某些思想还有待进一步深入挖掘。陈嘉映教授在《感觉与可感物》一书的"中文版导言"中说:"奥斯汀的哲学思想中还有许多宝藏未得到开发,他提出的许多问题,可以引导我们更深地运思"。我十分赞同这一见解,并热心期盼有后来者探赜索隐,能把奥斯汀思想中的一些初露端倪的东西加以阐发和运用,这或许还有助于推动哲学的实质性进展。

杨 玉 成

2011 年 11 月 28 日于北京